老HR手把手教你从有证书到会干活

崔学良　任红波◎著

北京联合出版公司
Beijing United Publishing Co.,Ltd.

图书在版编目（CIP）数据

老HR手把手教你从有证书到会干活 / 崔学良，任红波著. -- 北京 : 北京联合出版公司，2019.9
ISBN 978-7-5596-3405-4

Ⅰ. ①老… Ⅱ. ①崔… ②任… Ⅲ. ①人力资源管理 Ⅳ. ①F243

中国版本图书馆CIP数据核字（2019）第138476号

老HR手把手教你从有证书到会干活
作　　者：崔学良　任红波
选题策划：北京时代光华图书有限公司
责任编辑：孙志文
特约编辑：太井玉
封面设计：水玉银文化
版式设计：程海林

北京联合出版公司出版
（北京市西城区德外大街83号楼9层　100088）
嘉业印刷（天津）有限公司印刷　新华书店经销
字数368千字　787毫米×1092毫米　1/16　29.5印张
2019年9月第1版　2019年9月第1次印刷
ISBN 978-7-5596-3405-4
定价：88.00元

目 录
CONTENTS

序　言

PREFACE

为什么老板总是对 HR 不满意

工作性质决定了 HR 不能像其他业务部门的工作者一样，靠业绩数据、能力、资源、优质客户生存。但很多企业老板却强调 HR 部门要和其他部门一样，凭绩效说话。这就导致 HR 们虽然一直很努力，却依然得不到老板的支持和信任。而得不到老板的信任和支持，HR 的很多工作就寸步难行。

我们都知道，HR 部门是一个“花钱”的部门，本身不产生直接效益。很多 HR 同行遇到问题怪老板，埋怨老板不懂人力资源管理，不能体会 HR 的良苦用心。其实，老板对员工不满意，不应该是老板自己的问题。HR 也要思考，老板为什么对 HR 不满意，领导是如何判断 HR 的工作能力的？

任正非在一次组织优化会议上强调：“我调查了一些基层 HR，基本上不主动学主航道业务，工作时间、业余时间不下战场，用主观意识管控行使权力，而不是服务。所以华为对 HR 部门进行拆分，主要的原因就在于部分 HR 不懂业务，不光华为，应该是有 99% 的企业 HR 都有不懂业务的通病。”

所以，HR 管理者遇到这种职场困境时，要问一下自己是否对企业的业务都一清二楚，是否真的为业务部门提供了更为全面而专业的及时服务？自己是定位于做一个运筹帷幄的问题处理专家，还是做一个员工们的出气筒？是顺着自己的脾气对看不惯的事情大声训斥，还是唯唯诺诺，领导说什么就是什么，做老板和员工的传声筒？同时还需要思考，自己是否真的具备了HR从业者所需要的沟通协调能力及带团队培养下属的能力？是否站在老板的角度，具备了全局意识，从老板的高度思考企业的明天？是否真正让老板了解了人力资源的价值？

老板对HR不满意，其实主要原因还是在于很多HR缺乏对企业人力资源的解决方案建议。很多时候老板和高管们的很多关于人力资源方面的想法和计划，很难在业务部门执行。所以，要改变传统人力资源管理者的困境，HR就需要从经营的角度对自己的人力资源管理工作进行调整，用经营的思路去做人力资源管理。因为未来的人力资源管理，一定是以经营为主导，以业务为驱动的管理方式。

如今，人力资源部门面临的挑战越来越多，管理大师拉姆·查兰博士写了一篇《分割人力资源部》的文章，托马斯·斯图沃在《财富》上扬言要“炸掉人力资源部”，在管理界引起巨大轰动，致使一些互联网企业高喊“去人力资源化”。其实从人力资源到人力资本，从传统人力资源管理的六大管理模块到人力资源部的拆分，再到近期流行的HR三支柱，人力资源管理在不断变革。

一个合格的HR要关注企业外部环境变化，根植于企业业务战略，从业务角度出发思考企业的管理问题、人才问题等。既要上接企业战略，也要下接整体绩效。具有这种视野和认识的HR才是老板们真正需要的HR管理者。

因此，这就要求我们的HR管理者眼光不能仅仅局限于人力资源领域的六大模块，局限于单个部门，而需要将眼光聚焦于整个公司，整个业务体系，真正成为企业需要的业务合作伙伴，成为企业发展的驱动力。

特别是新入行的HR从业者们，应抓紧学习和掌握基本的专业知识，尽快熟悉人力资源的所有模块，将思维转变为成为企业业务的合作伙伴。对外要了解行业，了解市场，对内要了解企业的业务特点，参与企业的业务环节，快速响应企业的战略发展，协助业务部门招到最合适的人。尽可能做到既懂HR相关专业知识，又懂公司业务，知道业务部门真正的需求是什么。

管理技能一

人力资源计划

技能点 1
人员编制设置

人员编制设置是指 HR 对企业内部各个部门及各个岗位上的人员数量进行相应的配置计划。这个计划要考虑企业业务发展需要、人员流动率、人力成本计划等诸多因素。企业的年度人员编制计划和季度人员编制计划，如表 1–1、表 1–2 所示。

表 1–1　年度人员编制计划表

序号	部门	负责人	季度 1 人员编制	季度 2 人员编制	季度 3 人员编制	季度 4 人员编制	总编制人数
合计							

表 1-2　季度人员编制计划表

序号	部门	负责人	第 __ 季度 人员编制	正式 入职人数	本季 离职人数	本季 入职人数	剩余 编制人数
合计							

技能点 2
人力供给预测

人力供给预测需要整体分析企业内外部的人力资源环境，做出人力预测判断。

一、内部人力资源供给预测

由于组织经营活动规模的扩大和内容的增加，或由于本组织员工队伍的自然减员，组织必须获得必要的人力资源补充或扩充。影响内部人力资源供给的主要因素有现有人力资源存量、员工内部流动、员工培训等。从总体上看，内部供给是现有各类岗位的人力资源数量，减去晋升、调动、流出、退休后的数量，并加上由本组织内部变更（下级晋升和平级调动）而来的人员数量。

进行人力资源内部供给预测，一般应遵循以下程序：

（1）确定人员预测的范围；

（2）估算各岗位未来的实际存留人数；

（3）评价和确定每一关键职位的接替人选；

（4）确定专业发展需要，并将员工个人目标与组织目标相结合；

（5）挖掘现有人力资源的潜力。

企业常用的人力资源内部供给预测方法有马尔可夫法、管理人员接替计划、技能清单等。

1. 马尔可夫法

马尔可夫法是全面预测企业内部人员转移从而预知企业内部人员供给的行之有效的方法。其基本思想是找出企业过去人力资源变动的规律，以此来推测人力资源的变动趋势。该模型假定：企业内部人员的转移是有规律的，且转移比例是固定的，即在给定时期内员工从低一级向高一级或从一职位转移到另一职位的转移率是一个固定值。若各类人员的起始人数、转移率和未来补充人数给定，则各类人员的未来数就可以预测出来。

2. 管理人员接替计划

这是预测管理人员内部供给的最简单的方法。制订这一计划的过程包括：一是确定计划范围，即确定需要制订接替计划的管理职位；二是确定每个管理职位上的所有接替人选；三是评价接替人选，主要是判断其目前的工作情况是否达到提升要求，可以根据评价的结果将接替人选分成不同的等级，例如分为可以马上接任、需要进一步培训、问题较多三个等级；四是确定职业发展需要及将个人的职业目标与组织目标相结合，根据评价的结果对接替人选进行必要的培训，使之能更快地胜任将来可能从事的工作，但这种安排应尽可能与接替人选的个人目标相吻合并征得其同意。

3. 技能清单

技能清单是一个用来反映员工工作能力特征的列表。这些特征包括培训背景、以前的经历、持有的证书、已经通过的考试、主管的能力评价等。技能清单是对员工竞争力的一个反映，可以用来帮助人力资源部门的规划人员估计现有员工调换工作岗位的可能性，决定有哪些员工可以补充企业当前的空缺。企业的人力资源规划不仅要保证数量，同时还要保证质量。因此，有必要建立员工的工作能力记录，其中包括基层操作员工的技能清单和管理人员擅长管理的岗位及所达到的水平清单。

二、外部人力资源供给预测

组织的人力资源需求预测数减去组织人力资源内部供给预测数，就是组织在一定时期对人力资源需求的缺口，这就形成了组织的外部人力资源需求。为此，组织必须对外部人力资源供给进行预测和规划，决定组织未来的招聘方式和吸引人才的政策和方法，以获取自己所需的人力资源。

影响外部人力资源供给预测的因素具体包括：

（1）经济、社会、文化因素对人力资源市场的影响，如经济、技术发展变化趋势，变动中的劳动力结构模式，社会失业率与行业失业率等；

（2）社会新成长劳动力数量与质量状况，如相关院校毕业生数量和质量等；

（3）政府相关法律、法规，如劳动法、就业政策等；

（4）企业所在地区人口净迁入量和净迁出量；

（5）人力资源市场上本组织所需的人力资源状况；

（6）政府和行业的培训计划；

（7）本组织的工资竞争力、工作环境、社会形象等；

（8）社会上同类型组织的数量与综合竞争力。

外部人力资源供给预测的常用方法具体包括：依靠政府及咨询机构的数据统计分析方法、市场调查方法及各种统计预测方法等。

三、人力资源供求平衡

人力资源供求达到平衡（包括数量和质量）是人力资源规划的目的。人力资源规划就是要根据企业人力资源供求预测结果，制定相应的政策措施，使企业未来的人力资源供求实现平衡。人力资源供求关系表现为以下三种类型。

1. 供求平衡

企业人力资源供求完全平衡的情况极少见，甚至不可能，即使供求总量上达到平衡，也会在层次、结构上产生不平衡。

2. 供不应求

当企业预测人力资源在未来可能发生短缺时，要根据具体情况选择不同措施以避免短缺现象的发生。常用的方法有：

（1）将符合条件而又处于相对富余状态的人员调往空缺职位；

（2）如果高级技术人员出现短缺，应拟订培训计划和晋升计划，在企业内部无法满足要求时，应拟订外部招聘计划；

（3）如果短缺现象不严重，且员工又愿意延长工作时间，则可制订延长工时、适当增加报酬的计划，但这只是一种短期应急措施；

（4）提高资本技术有机构成，提高员工的劳动生产率，形成机器替代人力资源的格局；

（5）制订聘用非全日制临时工计划，如返聘已退休者、聘用小时工等；

（6）制订聘用全日制临时工计划。

以上措施虽是解决人力资源短缺的有效途径，但最为有效的方法还是通过实施科学的激励机制、改进工艺设计、加强培训等方式来调动员工的积极性，以提高劳动生产率，减少对人力资源的需求。

3. 供过于求

人力资源区域不平均是我国企业面临的主要问题，个别地区会有人才过剩的问题，这是人力资源规划的难点问题。解决人力资源过剩的方法主要有：

（1）永久性辞退劳动态度差、技术水平低、劳动纪律观念淡薄的员工；

（2）合并或裁减某些臃肿的机构；

（3）制订优惠措施，鼓励提前退休或内退；

（4）制订全员轮训计划，为企业的扩大再生产准备人力资本；

（5）减少员工的工作时间，降低工资水平；

（6）加强培训，使员工掌握多种技能，鼓励员工自谋职业。

企业在制定人力资源措施的过程中，应具体情况具体分析，制订相应的人力资源规划，使各部门的人力资源在数量、质量、结构和层次等方面达到协调平衡。

技能点 3

人力成本控制

人力资源管理部门应与财务等部门合作，建立人力资源会计体系，开展人力资源投入成本与产出效益的核算工作。人力资源核算工作不仅可以改进人力资源管理工作本身，而且可以为决策部门提供准确和量化的依据。

在企业经营管理中，人工成本包含了员工的薪酬福利和退休金等成本支出，也包括了其他员工管理成本支出。在实践中，人力成本控制的重点则集中在直接的薪酬成本上。

企业薪酬水平的高低会对总费用产生重大影响，为了控制人工成本，需要控制以下因素。

一、员工数量和工作时间控制

控制员工数量和工作时间是人工成本控制中比较普遍的做法。在工资水平相同的情况下，员工人数越少，所支付的薪酬就越少。

1. 分层聘用与人工成本控制

为了更好地控制人工成本，很多企业试图通过采取分层次有差异的聘用方式，分别与不同的员工群体建立不同的聘用关系。如图 1–1 所示。企业根据聘用的需要，将员工分为两个群体：核心员工和临时性员工。核心员工是指那些与企业建立稳固和长期关系的员工，临时性员工是指那些与企业签订短期聘用合同的员工。

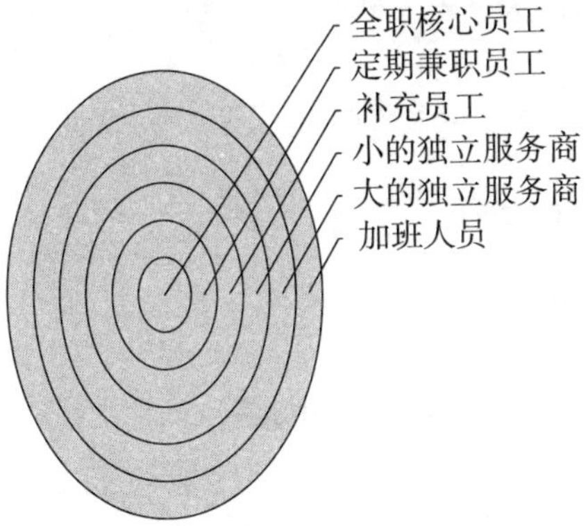

图 1-1　企业不同员工群体图

尽管临时性员工的薪酬体系也由多种要素和形式构成，但相对于核心员工来说，他们在薪酬支付方面有许多灵活性。例如，临时性员工的可变薪酬比重大，工资随市场供求状况而变动，他们得到更多的是现金而不是福利，并且可以节省较多的福利性成本，这些福利可能占总薪酬成本的 1/3 或更多。因此，在不同层次的员工中，越是核心化员工，其人工成本的弹性越小；越是边缘化员工，其人工成本的弹性越大。

很多企业通过增加或削减临时工而不是核心员工，来实现企业的灵活性，并达到控制人工成本的目的。如果人工成本中用于聘用核心员工的固定成本部分较小，那么用于聘用临时性员工的可变成本部分可以相对较大。

2. 工作时间安排与人工成本控制

工作时间是另一个重要因素。按照我国现行的劳动法，法定的工作时间是每周不超过 40 小时，对于超过 40 小时的工作时间，企业需要支付更多的工资：一般工作日不低于工资 150% 的支付率；休息日不低于 200%；法定假日不得低于 300%。因此，在人工成本管理中，要对工作时间和员工人数给予同样的重视。其做法无非包括两种：适当加班以降低聘用人员的数量；提高在岗人员效率，减少不必要的加班。

二、薪酬福利成本的控制

直接薪酬主要包括基本薪酬、可变薪酬与补偿薪酬。薪酬形式之间的控制要点是不同的，具体如表 1–3 所示。

表 1–3　不同人工成本形式的控制要点表

人工成本形式	控制要点
基本薪酬	1. 员工数量 2. 聘用模式 3. 薪酬支付时间的选择 4. 与工会的关系
加班费	1. 员工数量 2. 法律、习惯、工会的控制力度 3. 加班费支付的频率
法定福利	1. 员工数量 2. 支付的基本薪酬额 3. 全职员工与兼职员工的比例
非法定福利	1. 员工数量 2. 员工以前所享受的福利情况
失业薪酬	解聘人数与人员流动率
补贴	1. 聘用期间的意外情况 2. 企业薪酬支付条件的例外情况

从该表可知，对基本薪酬的控制主要通过基本薪酬冻结、下调市场薪酬水平、转变可变薪酬支付等方式；而可变薪酬可以通过不同形

式加以控制，即根据企业的实际情况设计不同的薪酬激励计划，并注意不同激励计划的综合使用，以有效降低可变薪酬成本。

员工的福利成本也是总薪酬成本的一个组成部分。随着员工对福利需求的增加，很多企业都遇到了福利成本增长过快的问题，因此迫切需要制定以成本为中心的福利方案。企业可采取以下方法对人均福利成本进行控制：

1. 试用期

新员工在进入企业时有一个试用期。试用期间的新员工除了“五险一金”外，可以不包括在其他的福利计划之中。

2. 延缓提薪

给员工提薪可以暂时推迟 1 ～ 2 个月，等到企业摆脱了困境，经济效益好转之时再予以提薪。在这里不妨向全体员工说明企业所面临的现状，争取营造“同仇敌忾”的气氛，团结一心，共渡难关。

3. 福利限制

企业可以在某些福利项目上规定员工享受的最高限额，比如在企业的补充医疗保险项目中，企业可以对疾病种类和医疗费用进行限制。

4. 共同支付

采取企业与员工分摊的原则，要求员工对福利保险项目支付固定或一定比例的金额，以减轻企业负担或减少浪费。

5. 降低管理成本

企业可以制定出不同的福利方案，并对其进行分析比较，选择最优者。通过最优方案的实施，力求达到节约福利管理成本的目的。

6. 福利管理外包

通过企业外部组织或专业人员对福利项目的设计与管理，企业可以获得专业指导和规模效应等。

技能点 4

薪酬总额预算

在确定公司的整体薪酬总额预算计划时，主要依据的是业务预计产出的情况，可以以年度预计业务总利润的某一个比例确定薪酬总额预算。

薪酬总额预算的计划除了参照行业平均薪酬福利水平外，还要考虑自身企业的支付能力、员工的基本生存现状，以及以往的员工薪酬福利水平。如表 1–4 所示。

表 1–4　薪酬总额预算表

单位：元　　　　　　　　　　　　　　　　　　制表日期：　　年　月　日

类别	明细	研发部	生产部	采购部	行政部	销售部	人力资源部	综合部
员工数量	年度人员编制数							
	季度平均人员编制数							
	月度平均人员编制数							

（续表）

类别	明细	研发部	生产部	采购部	行政部	销售部	人力资源部	综合部
薪酬预算	薪酬总额							
	年度人均薪酬（元/人）							
	月度人均薪酬（元/人）							
	其中：工资总额							
	福利总额							
	其中：固定工资总额							
	绩效工资总额							
	年终奖总额							
	其中：社会保险							
	住房公积金							
	补充福利							
	其他							

技能点 5
人才储备管理

随着市场竞争的愈演愈烈，人才储备在现代企业的人力资源管理中起到的作用也越来越重要。根据企业的发展战略，人才储备可以通过多种途径达成目标，比如通过招聘、培训和岗位培养锻炼等，从而使得企业的人才数量和员工结构能够满足企业不断扩张的需求。人才储备能够为企业的总体发展战略提供支持，它是为企业的长远发展服务的。

人才储备可以使企业在激烈的竞争中获得优秀人才，从而带动企业发展，获得竞争优势。人才储备并不是简单的人才资料的储存，而是要对进入人才库的每个人都进行仔细的评估与分析，甚至对其进行模拟测试，从而判断他是否具有足够的工作能力和承压能力，以考察他在面对以后有可能会出现的各种管理难题时将会做出何种反应。

实现人才储备这一战略目标，可以通过以下几个途径。

一、培育企业内部人才

在进行人才储备的过程中，很多人力资源总监往往习惯于发掘外部人才，忽视了企业内部的人才。其实，对企业内部人才进行培育是人才储备的一个非常重要的途径。人力资源总监要善于通过培训、提拔晋升等方式来加强企业内部人力资源的开发，把企业现有人力资源的潜能充分挖掘出来，并进行开发利用。

二、在招聘中丰富人才储备

人力资源总监在招聘的时候，重点是为企业挑选适合的人才，弥补岗位空缺。与此同时，还可以兼顾人才储备工作。在招聘过程中，人力资源总监要利用收集到的应聘者信息和资料，有规划地建立起一个人才数据库，丰富企业的人才储备。这样，等到企业的人力资源再度出现短缺的时候，就可以从人才数据库中甄选人才，向用人部门推荐。

人力资源总监要安排员工专门负责人才数据库中资料的整理与更新，从而保证人才信息的准确性和有效性。除此之外，人力资源总监还要通过电话、电子邮件等方式不定期地与这些人才进行联系，问候他们的工作、生活近况，以及工作意向，以体现公司对他们的关怀，在他们心目中建立起公司以人为本的用人策略形象。

三、建立储备人才管理体系

要使企业的人才储备发挥应有的作用，人力资源总监还需要在企业内部建立起一个完善的储备人才管理体系，对人才储备进行有效管理，从而为企业人才梯队建设提供支持，为人力资源管理工作提供助力。

储备人才管理体系的内容多种多样，总结来说，可以分为四个方面。

1. 储备人才管理政策

储备人才管理政策是储备人才管理体系的核心与重点，它主要是设定和明确企业中需要进行人才储备的岗位信息、需要储备的人才数量，以及如何为人才规划自身发展路径等政策性内容。

2. 储备人才培养计划

储备人才培养计划是指要为储备人才进行目标明确、针对性强的中长期培养，培养的手段除了培训学习以外，还可以给予储备人才更多的机会，进行授权及职位轮换调动等工作。

3. 储备人才任职能力评估

储备人才任职能力评估主要是对储备人才所具备的任职资格条件进行相应的评估。主要通过一系列的对比和分析，明确储备人才可以胜任的岗位。这能够帮助人力资源总监做出关于储备人才任用及调动的准确决策。

4. 储备人才薪酬管理

进行储备人才薪酬管理，目的是留住储备人才。在进行薪酬管理的时候，人力资源总监应该对储备人才进行特殊薪酬扶持政策，要判断哪些储备岗位更重要，然后对这些岗位给予更高的工资报酬。

总而言之，人力资源总监必须意识到，企业的人才储备不是单独存在的，其解决方案也是一个系统化、程序化的过程，这不仅需要进行周密的人力资源规划，更需要一个完善的人力资源体系的支持。人力资源总监只有尽早在企业中进行人力资源规划，构建人力资源体系，才能确保人才储备工作的顺利进行。

技能点 6
工作岗位分析

工作岗位分析是企业中的一项常规性管理活动，是人力资源管理的基础。它要随着内在、外在环境的变化而加以修订。

一、工作岗位分析时机

一般来说，当企业出现以下情况时，就表明非常需要进行工作岗位分析：

（1）缺乏明确、完善的书面职位说明，员工对职位的职责和要求不清楚；

（2）虽然有书面的职位说明，但工作说明书所描述的员工从事某项工作的具体内容和完成该工作所需具备的各项知识、技能和能力与实际情况不符，很难遵照它去执行；

（3）经常出现推诿扯皮、职责不清或决策困难的现象；

（4）当需要招聘某个职位上的新员工时，发现很难确定用人的标准；

（5）当需要对在职人员进行培训时，发现很难确定培训需求；

（6）当需要建立新的薪酬体系时，无法对各个职位的价值进行评估；

（7）当需要对员工的绩效进行考核时，发现没有根据职位确定考核的标准；

（8）新技术的出现，导致工作流程的变革和调整。

二、工作岗位分析的信息

为了准确地描述每个职位，人力资源经理有必要进行认真细致的职位分析工作，来收集职位描述所需要的各种与职位相关的信息，并了解该信息的来源。

1. 工作分析信息的内容

（1）工作内容。指所从事的工作活动，主要包括：

① 任职者所要完成的工作活动；

② 任职者主要加工的材料；

③ 任职者的这些活动会产生的结果或产品；

④ 任职者的工作结果要达到的标准。

（2）工作目的，主要包括：

① 执行这项工作的原因；

② 这项工作与企业其他工作的联系及对其他工作的影响；

③ 这项工作在企业中的地位。

（3）责任者。指对从事某项工作的人的要求，主要包括：

① 从事该工作的人必须具备的知识和技能；

② 从事该工作的人至少应具备的经验；

③ 从事该工作的人应具备的身体素质；

④ 从事该工作的人应具备的心理素质；

⑤ 从事该工作的人在其他方面应具备的条件。

（4）工作时间。表示在什么时间从事各项工作活动。主要包括：

① 哪些工作活动是有固定时间的？在什么时候做？

② 哪些工作活动没有固定时间？应如何安排？

（5）工作环境。表示从事工作活动的环境。主要包括：

① 工作的安全环境，包括工作的危险性、易患的职业病；

② 工作的自然环境，包括地点（室内与户外）、温度、湿度、光线、噪声等；

③ 工作的社会环境，包括工作所处的文化环境（例如跨文化的环境）、工作群体中的人数、环境的稳定性等。

（6）与相关人员的关系。其是指在工作中与哪些人发生关系、发生什么样的关系。主要包括：

① 在工作中的合作对象；

② 工作的请示、汇报对象；

③ 向谁提供信息或工作结果；

④ 可以指挥和监控何人。

（7）操作方法及操作工具。即指任职者怎样从事工作活动以获得预期的结果，以及在工作活动中怎样使用设备。主要包括：

① 从事工作活动的一般程序；

② 工作中所要使用的工具及所要操纵的机器设备；

③ 在使用设备中应注意的问题；

④ 工作中所涉及的文件或记录内容；

⑤ 工作中应重点控制的环节。

2. 工作分析信息的来源

工作分析信息的来源可以分为以下四种。

（1）已有资料。

每个企业都有关于职位方面的资料，例如，企业中现有的岗位职责、规章制度、供招聘用的广告，这些资料能对工作岗位分析产生一定的作用。除此之外，有些企业已做过部分的工作调查、顾客调查等，虽然这些比较零散，但对工作岗位分析来说，是不可或缺的资料。

（2）任职者提供的资料。

任职者做工作日志记录，能比较客观地描述工作实际进行的情况。因为只有任职者心里最清楚工作的实际运行，所以他们的记录往往具有不可替代性。另外，任职者与工作分析专家的面谈，也可以提供工作的相关情况。

（3）同事提供的资料。

同事包括任职者的上司、下属。在工作分析中，任职者提供的资料具有主观性，存在不少缺点，在这种情况下，同事提供的资料也就显得不可或缺。同事提供的资料有助于进行一个对比，以检验工作分析问卷的有效性和可信性。因为同事可以站在另外一个角度，对任职者所担任的工作提出他们自己的看法，所以他们提供的资料，也是工作岗位分析的一个重要来源。

（4）观察。

观察包括直接观察和间接观察。

直接观察就是工作分析人员直接出现在现场，直接观察现任职位者以获取资料的方式。直接观察容易对任职者造成一定的影响。

间接观察就是通过电子监测器或闭路电视，以隐蔽的方式进行观察以获取资料的方法。间接观察虽然避免了对任职者造成的影响，但成本昂贵。不论采用哪种观察方式，都有其局限性，却也都能为工作岗位分析提供一些有用的信息。

三、确定工作岗位分析目标

要想进行工作岗位分析，首先要明确工作岗位分析目标。因为工作岗位分析的目标直接决定了进行工作岗位分析的侧重点，决定了在进行工作分析的过程中需要获取哪些信息，以及用什么方法获得这些信息。

1. 选择研究对象

进行工作岗位分析时，应该选择哪些工作职位作为研究对象呢？一般说来，影响工作分析的因素有工作的重要性、完成难度和工作内容变化等。

（1）重要性。

对那些关系着组织成败的非常关键的工作是需要进行认真研究的，对那些因工作完成的难度比较大而需要对员工进行全面培训的工作也是需要分析的。

（2）完成难度。

由于技术变动或组织的管理方式变化使得员工当前的工作内容与以前制定的工作描述出现了差别，结果以原有的工作描述为基础的人力资源管理功能无法得到正确的体现，这时也需要对这一工作进行工作分析。

（3）内容变化。

如果企业中设置了新的工作岗位，也应对新的工作岗位进行分析。

2. 弄清工作岗位分析侧重点

在一个已成立的组织中，工作岗位分析的目的不同，其侧重点也有所不同。

（1）工作岗位分析的目的是编写工作说明书并为空缺的岗位招聘员工，这时工作岗位分析的侧重点一方面是该岗位的工作职责，另一方面是对任职者的要求；

（2）如果工作岗位分析的目的是培训和开发，那么侧重点就在于衡量每一项工作的职责，以及这一职责所需的员工的能力；

（3）如果工作岗位分析的目的是确定绩效考核的标准，那么其侧重点就应该是衡量每一项工作任务的标准，需要制定任职者完成每一项工作任务的时间、质量、数量等方面的标准；

（4）如果工作岗位分析的目的是确定薪酬体系，那么仅仅通过访谈等方法获得描述性的信息就显得不充分，需要采用一些定量的方法对职位进行量化的评估，确定每一职位的相对价值；

（5）如果关心职位的定编定员，那么在工作岗位分析的时候就需要对每个职位的工作量进行测算，从而计算出所需人员的数量。

四、制定工作岗位分析实施方案

一般情况下，详细的工作岗位分析实施计划应包括以下几个方面：

（1）目的和意义；

（2）欲收集的信息；

（3）项目的实施者；

（4）程序及时间；

（5）方法的选择；

（6）参与者；

（7）提供的结果；

（8）结果的审核与评价者。

在制定实施方案时，还应注意规范用语，应对工作岗位分析中的用语进行规范。在工作岗位分析过程中，信息的表达方式可以是多种多样的，对于一个问题的理解和解释也是不尽相同的。为了争取不同的工作岗位分析人员所收集上来的信息一致，应减少因用语不同所造成的误差。

五、成立工作岗位分析小组

收集工作分析资料的人员通常有三种类型：工作岗位分析专家、主管和工作的任职者，他们都有各自的优点和缺点。因此，在成立工作岗位分析小组时，应充分注意到这点。一般情况下，专门的工作分析小组的成员包括：进行策划和提供技术支持的工作岗位分析专家、实施操作的专业人员及负责联络协调的人员。通常情况下，专家是从外部聘请的，其他人员则由企业内部人员承担。成立工作岗位分析小组的原则有：

1. 人员选择和匹配应全面考虑

在工作岗位分析人员的选择和匹配上，要对整个组织的工作岗位分析活动有一个通盘的考虑。有的人员只要求能提供有价值的工作岗位分析计划方案，一般聘请专家担任；而有的人员只要求能熟练掌握工作信息分析的技能。熟悉操作工作岗位分析方案的能力，则需要较长时间才能掌握。因此，在考虑工作岗位分析人员的人选时，要充分依靠群众、相信群众，用非专家的方法来收集资料。特别要发动和依靠各个层次的管理人员，分派他们分析所管辖区域的工作。这样做有两个明显的好处：其一，可以节省费用；其二，可以加强管理人员的责任感，提高管理的效果。

2. 明确成员职责

在成立专门工作岗位分析小组的同时，还要明确小组成员各自的职责。这样在工作时就不会出现互相推诿的现象，从而保证工作的效率和质量。他们的职责主要有两个方面：其一，在基本步骤的框架中制订更为详细的工作计划，并要求员工下决心去做；其二，审查与督促计划方案的实施。第一个责任涉及计划方案的组织与细化，第二个责任涉及计划方案的实施。

3. 控制成员数量

工作岗位分析小组的人员数量视情况而定。如果工作难度大，重复性大，则小组的人员数量要相对多一些；如果工作难度不大，小组的人员数量就要相对少些。通常情况下，工作岗位分析小组成员的数量是单数，这样有利于结果的形成。

六、整理有关背景资料

在工作岗位分析中，有些信息需要去实地收集，而有些现存的背景资料对于工作岗位分析也是非常重要的，不能忽视。对工作岗位分析有参考价值的背景资料主要包括：企业现有的资料、国家职业分类标准或国际职业分类标准。

1. 企业现有的资料

（1）组织结构图。组织结构通常是通过组织图描绘出来的，组织图中既包括了纵向的报告关系，同时也包括了一些横向的职能责任。

① 组织结构的维度。

组织结构的两个最为关键的维度是集中化和部门化。集中化指的是决策权力集中于组织结构图上层的程度，它与将决策权分配到组织图的较低层次上的做法（即决策权的分散化）是相反的。部门化指的是各个工作单位在多大程度上是根据职能的相似性或工作流程的相似性进行分类的。

② 组织结构的形式。

企业常见的组织结构形式是职能式组织结构和事业部组织结构

两种。

（2）流程图。

组织结构对创造产出的不同个人及工作单位之间的静态关系提供了一种全面的概观，而工作流程设计对于投入转化为产出的动态关系提供了一种纵向的透视。相比较而言，流程图比组织图更为详尽，它表明了工作之间是如何彼此联系的。

组织图提供的是粗略的框架，而流程图则提供了对特定工作的更为详尽的分析。在实际的工作分析收集方法采用之前应该参考这些相近的资料来源。

（3）部门职能说明书。

部门职能说明书规定了组织中的一个部门的使命和职能，而工作分析就是要将部门的职能分解到下属的职位上去。仔细研究现有部门的职能说明，可以将部门的职能全面有效地分解到部门内部的各个职位上。如表 1–5 所示。

表 1–5　××公司人力资源部职能说明书

<table>
<tr><td>部门名称</td><td>人力资源</td><td>部门负责人</td><td>人力资源经理</td><td>直接主管</td><td>行政副总</td></tr>
<tr><td>职位设置</td><td colspan="5">人力资源经理、招聘专员、培训专员、绩效专员、薪酬福利专员</td></tr>
<tr><td>部门使命</td><td colspan="5">负责建立和健全人力资源开发与管理体系，并确保其得到持续、有效的实施与发展，为各部门提供人力资源管理服务和支持。</td></tr>
<tr><td>部门主要职　能</td><td colspan="5">1. 拟订人力资源管理规范；
2. 制订人力资源规划，进行人力资源供给与需求分析；
3. 实施工作分析，编写工作说明书；
4. 实施人员招聘、甄选、评估等工作；
5. 组织实施集团的绩效考核工作；
6. 建立与调整薪酬福利体系；
7. 分析培训需求，拟订培训计划，组织实施培训。</td></tr>
</table>

（4）企业中现有的工作说明资料。

在刚组建的企业中，并没有进行过工作岗位分析，其职位说明资料仅仅是企业的规章及供招聘的广告等少量资料。而在已走入正常发展轨道的企业中，关于职位描述方面的资料则要多一些。有很多企业都定期或不定期地实施过工作分析，因此在这些企业中一般会有一些现成的职位职责、职位描述等资料。这些现有的资料尽管可能不尽完善，或由于工作的变化已经与现在的实际情况不符，但仍会提供一些工作的基本信息，因此仍然具有参考价值。

2. 国家职业分类标准

职业分类是采用一定的标准，依据一定的分类原则，对从业人员所从事的各种社会职业进行全面、系统的划分与归类。职业分类的基本依据是工作性质的同一性。我国的职业分类辞典中将职业分为大类（8 个）、中类（66 个）、小类（413 个）和细类（1838 个）四个层次，依次体现由粗到细的职业类型。每一个层次都有不同的划分原则和方法。大类层次的职业分类是依据工作性质的同一性，并考虑相应的能力水平进行分类的；中类层次的职业分类是在大类的范围内，根据工作任务和分工的同一性进行分类的；小类层次的职业分类是在中类的范围内，按照工作环境、功能及其相互关系的同一性进行分类的；细类层次的职业分类即为职业的划分和归类，它是在小类的基础上，按照工作岗位分析的方法，根据工艺技术、对象、操作流程和方法的相似的同一性进行分类的。

在进行工作岗位分析时，首先可以查阅职业分类辞典，找到类似的职位描述，然后进行适当的参考、借鉴，但一定要注意，不可照搬现有的资料，只可将现有的资料作为参考。

七、收集分析信息

在实施工作岗位分析调研之前，需要事先考虑收集哪些信息。一般而言，工作岗位分析所需要的基本数据的类型和范围取决于工作岗位分析的目的、时间约束和预算约束等因素。

1. 信息收集原则

确定要收集哪些信息，可以从以下几个方面加以考虑：

（1）根据工作岗位分析的目的和侧重点，确定要收集哪些信息；

（2）根据对现有资料的研究，找出一些需重点调研的信息或需进一步核实的信息；

（3）按照工作岗位分析的内容考虑需要收集的信息。

2. 审查和确认工作信息

通过对收集来的信息的加工、处理而形成的文字资料，必须由工作任职者和任职者的上级主管进行审查、核对和确认，才会避免偏差。

八、取得相关人员理解

由于工作岗位分析需要深入到具体的每个工作岗位上，因此对每个岗位都要有全面而准确的了解，以便最终形成一份精确的工作说明书。在进行这项工作的过程中必然要同大量的工作任职者和管理者发生关系，因此赢得他们的理解和支持是非常必要和重要的。与参与工作分析的有关人员进行沟通主要有以下目的。

1. 消除员工的戒备情绪

在工作中被人面对面地仔细观察时，员工往往会产生出于本能的不安。为了消除不安的情绪，可以向他们介绍工作分析对于开展工作的意义，对于管理工作的好处，提高他们的兴趣，另外，还要澄清他们对工作岗位分析的一些错误认识。例如，要让他们认识到工作岗位分析的目标是针对工作的，是为了分析岗位工作的一些特性，而不是评估工作任职者的表现，消除他们一些不必要的担心。让他们认识到工作岗位分析的结果并不是给大家增加工作量，而是通过明确职责分工以提高效率，减轻大家的工作负担。

2. 采取适当的步骤

在进行工作岗位分析时，把步骤告诉参与的员工，有利于员工的心理安定。员工在进行工作时，若不知道工作岗位分析的步骤，就会有一种急躁情绪，告诉他们步骤，可以使得参与员工积极配合，最终使工作岗位分析得以协调进行。

3. 合理安排时间

让参与工作岗位分析的人了解该工作大致需要进行多长时间，大概的时间进度是怎样的。这样，他们就会了解自己大概需要花费多少时间进行配合，便于事先做好安排，留出足够的时间来配合工作岗位分析人员工作。

4. 使用正确的方法

让参加工作岗位分析的有关人员初步了解工作中可能会使用到的方法，以及在各种方法中需要如何进行配合、如何提供信息，这样会使收集的信息更加有效。

5. 选择参与的方式

工作岗位分析人员在进行工作岗位分析时，容易与员工产生隔阂。在这种情况下，告诉他们如何参与及有问题和向谁寻求帮助，可以减少阻力，使得工作岗位分析可以顺利地进行。

管理技能二

招 聘 管 理

技能点 1
招聘需求分析

招聘需求分析需要从招聘环境和人事配置两方面进行。

一、分析招聘环境

招聘需求的确定首先要对招聘环境进行分析。企业外部环境包括：经济条件，如宏观经济形势、技术进步、经济制度、产品的市场情况；劳动力市场，如供求变化，市场机制是否完善、专业；地理位置；竞争对手及法律法规等。企业内部环境包括：战略发展方向，如经营计划、战略类型；招聘成本与财务预算；企业形象和自身条件；企业声望；企业管理水平；岗位性质，如福利待遇和资格；企业文件与管理风格；用人策略等。

二、分析人事配置

人事配置指的是人与事的配置关系，目的是通过人与事的配合及人与人的协调，充分开发利用员工，实现企业目标。人与事总量配置分析是指有多少事要用多少人去做。人事配置有三种情况：人力过剩、人力不足、兼而有之。

人与事结构配置分析，就是根据不同性质、特点的事，选拔有相应专长的人去完成，人尽其才、才尽其用。人与事质量配置分析，即事的难易与人的能力水平的关系分析。当人员素质低于现任岗位的要求，调节方法是培训、调岗或降职；当人员素质高于现任岗位的要求，调节方法是晋升。人与工作负荷是否合理状况的分析，即工作要满负荷，但又要照顾人力资源的生理特点。人员使用效果分析，就是用绩效的好坏与员工自身能力的强弱作比较。

三、人员需求申请表审批

人员需求一般因业务的发展、人员的流动而产生，相关业务部门可以根据自身情况，填写《人员需求申请表》（如表 2-1 所示）和《职位说明书》，经过业务部门经理、人力资源部及总经理审批，作为招聘的依据。

表 2-1 人员需求申请表

<table>
<tr><td>部门名称</td><td></td><td>需求岗位</td><td></td><td>需求人数</td><td></td></tr>
<tr><td>申请理由</td><td colspan="3">扩大编制□　辞职补充□
储备人力□　短期需求□</td><td>要求到岗时间</td><td></td></tr>
<tr><td colspan="2">要求工作地点</td><td></td><td colspan="2">其他特殊要求</td><td></td></tr>
<tr><td>新增人员工作内容</td><td colspan="5"></td></tr>
<tr><td rowspan="7">应具备资格</td><td colspan="2">性别：男□　女□　不限□</td><td colspan="3">年龄：____岁—____岁</td></tr>
<tr><td colspan="2">婚姻：已婚□　未婚□　不限□</td><td colspan="3">户籍：本地□　外地□　不限□</td></tr>
<tr><td colspan="2">学历：</td><td colspan="3"></td></tr>
<tr><td colspan="2">专业：</td><td colspan="3"></td></tr>
<tr><td colspan="2">外语：</td><td colspan="3"></td></tr>
<tr><td colspan="2">经验：</td><td colspan="3"></td></tr>
<tr><td colspan="2">技能：</td><td colspan="3"></td></tr>
</table>

（续表）

审批意见	用人部门意见： 签字　　　　年　月　日
	人力资源部意见： 签字　　　　年　月　日
	总经理意见（超过了预定的编制须经总经理审批）： 签字　　　　年　月　日

技能点 2

招聘流程确定

对于不同的企业而言，虽然招聘的过程各不相同，但大致的流程却都有章可循。一般来说，各个部门的经理根据自身的业务情况提出用人需求，并把用人需求提交给人力资源部门。人力资源部门应当审核部门岗位空缺，在确定岗位需求后，随之制订相应的招聘计划，选择合适的招聘方式，以吸引应聘者；然后按照既定的标准，通过笔试、面试等方式选择合适的人才加以录用；通过考核、培训等措施使新员工更好、更快地适应职位要求；最后，对招聘工作进行评估，使招聘流程得到持续改进和优化，使其能够真正为企业的发展而服务。

一套完整、科学而又系统化的招聘流程，能够有效地促进企业的招聘工作，提高人力资源部门的工作效率，也能使企业获得更多的优秀人才。如今在大多数企业中，人力资源部门招聘的基本流程如图 2-1 所示。

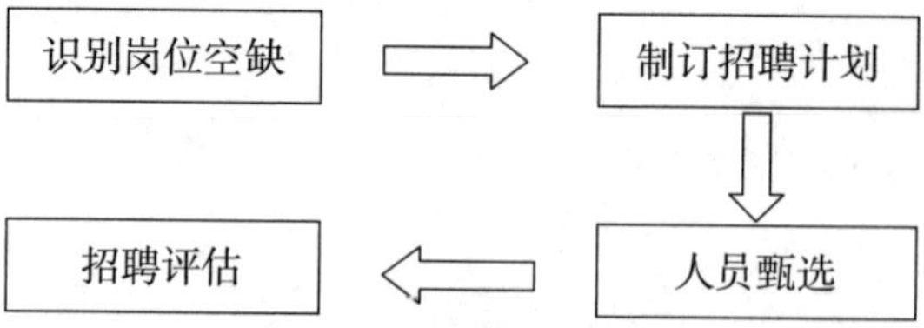

图 2-1 招聘基本流程图

以这个基本流程为依据，人力资源部门可以为企业制订一个细化的招聘流程。

一、识别岗位空缺

识别岗位空缺主要可以通过两种途径：

一是人力资源部门在企业中进行岗位分析，判断是否应该设立新的岗位，或现有的岗位是否需要增补人员；

二是由业务部门向人力资源部门提出用人申请，以书面的形式告知本部门空缺的岗位、需要的人员数量、任职要求及申请用人的理由。

二、制订招聘计划

人力资源部门对用人需求进行审核，确认无误以后，人力资源总监就可以确定招聘的岗位名称和数量，开始着手制订详细的招聘计划。招聘计划中要明确招聘渠道、招聘方式、招聘时间、招聘对象等内容，其中最重要的有两点：

一要列清楚对应聘者的基本要求，比如年龄、学历、工作经验、能力素质及其他条件限制；

二要初步估算招聘成本，对招聘的开支进行估计，尽可能将费用控制到最低。

三、人员甄选

通过选定的招聘渠道发布招聘信息，接受简历投递，进行初步筛选；然后组织基本合格的应聘者参加笔试和面试；最终确定录用人员名单，发放录用通知书，为新员工办理试用期入职、劳动合同签订、合格录用转正等一系列手续。

四、招聘评估

通过对招聘工作进行评估，对招聘成本进行核算，对招聘的员工进行跟踪服务及不定期考核，及时反馈招聘的效果，并且总结招聘中出现的问题，从而进一步完善招聘流程。

技能点 3
招聘渠道选择

对于企业来说，建立一支高水平的人才队伍是十分重要的。而招聘作为企业吸收和引进人才的手段，也就成为人力资源部门工作至关重要的一环。人力资源部门要为企业制订符合企业实际情况的用人标准，站在战略的高度，开展有效的招聘工作，为企业实现战略目标提供人才保证，让企业站在发展的前沿，保持前进的速度。

什么样的招聘渠道能够为企业带来更多的人才？怎样选择一个好的招聘渠道？这些问题一直困扰着许多人力资源从业者。简单来说，好的招聘渠道应该拥有以下一些特征：

（1）目的明确。招聘渠道一定要有明确的目的，即在选择招聘渠道的时候要看它是否能够实现企业招聘的目的，是否能够满足企业的人才需求。然后，根据岗位的需求来选择合适的招聘渠道，做到有的放矢。

（2）成本最低。任何企业在招聘的时候都希望能以最小的成本招到最优秀的人才，一个好的招聘渠道必然能够使企业的招聘成本低于其他渠道。当然，招聘成本的高低不仅与企业所需人才的层次和专业性有着紧密的联系，也与招聘周期的长短密切相关。

（3）切实可行。人力资源总监在选择招聘渠道的时候要充分考虑企业的实际情况，好的招聘渠道一定能够满足企业的需求，符合企业的实际情况。

常见的招聘渠道主要有以下几种。

一、现场招聘

现场招聘是指企业在一定的场所，设置专门的招聘门面，接收应聘人员的简历，并且进行企业和应聘人员的双向交流，现场完成招聘的初步工作。比较常见的现场招聘方式有招聘会及人才市场招聘两种。

招聘会是由政府或其管辖的人才机构、高校就业中心组织的相对正规的招聘方式。招聘会有很多种，常见的有应届生招聘会、行业人才招聘会（比如文化传播类人才专场、计算机技术人才专场等）、大型综合招聘会等。

招聘会一般要对学历层次、专业类别及工作经验等内容进行区分，因此，在人力资源总监安排人员参加招聘会之前，要对招聘会所针对的行业和性质有所了解，然后再选择参加适合本企业的招聘会。

人才市场与招聘会在招聘方式上大致相同，但与招聘会会期短、集中等特点不同的是，人才市场长期存在，举办的地点也比较固定。所以，当人力资源总监需要进行长期招聘的时候，可以考虑采用人才市场招聘的方式。

二、网络招聘

随着互联网的发展，网络招聘逐渐成为很多人力资源总监在选择招聘渠道的时候优先考虑的方式。网络招聘指的是人力资源部门在网络上发布企业的招聘信息，接受简历投递，然后进行筛选后通知应聘者进行笔试和面试，最后确定合适人选。

网络招聘主要包括三种方式：

第一，在企业的网站、微博、微信公众号、今日头条等企业官方自媒体平台上发布招聘信息，构建一个完善的招聘系统。但这种方式通常要伴随其他的宣传手段，否则受众太小，招聘信息较难为目标人群所知。

第二，在综合性的招聘网站上发布信息，或在这些网站上搜索简历，主动寻找符合企业要求的人才。目前比较大型的综合性招聘网站主要有前程无忧、智联招聘、中华人才网、58同城、猎聘网等。这类网站受众广泛、信息量大，美中不足的是针对性比较弱。

第三，通过行业性的招聘网站进行招聘。比如中国卫生人才网、中国酒店人才网、建筑英才网、世贸人才网等，这些网站针对的是各个行业的应聘者，能够帮助企业找到需要的专业人才。

网络招聘摆脱了传统招聘方式的地域限制，受众数量大，可以快捷地传递信息，时效性强，人力资源总监只要动动鼠标就能够在很短的时间里获得大量应聘者的信息。

但是，人力资源从业者也必须认识到网络招聘的不足：在获取的大量信息中掺杂着诸多虚假信息和无用信息，信息的真实度比较低。因此，人力资源总监在简历筛选环节要对信息进行仔细辨认。

三、校园招聘

相对于具有一定工作经验的应聘者，应届生具有更大的可塑性，学习能力强、易于创新，而且充满干劲，能够全身心投入到工作中。正因如此，很多企业都把高校看成一个巨大的人才储备库，校园招聘也成为众多人力资源总监喜爱采用的一种招聘方式。

采用校园招聘的方式，不仅能够为企业招募到合适的人才，而且还能够广泛宣传企业品牌，在许多学子心中树立起企业的正面形象，有利于未来招聘工作的开展，更可以为将来的人才争夺战奠定基础，可以说一举两得。

在进行校园招聘的时候，人力资源总监要随时关注和了解大学生就业政策和方针，并根据政策变化来调整招聘工作。

四、传统媒体广告

媒体广告是企业经常采用的一种招聘方式，在报纸、杂志、电视、电台、公交车等媒体上登载、发布招聘信息，覆盖面广，受众多，容易得到诸多应聘者的关注。同时，从另一个角度来看，刊登媒体招聘广告也能够起到宣传企业的效果。

但是，通过传统媒体广告来进行招聘的方式只适用于招聘普通人才，中高层人才的招聘一般不会采用这种渠道。

五、职业介绍机构

很多人力资源部门也非常愿意与这种机构合作，因为这种方式十分便捷，人力资源总监只需要把企业的招聘需求提交给职业介绍机构，这些机构就会根据搜集到的信息，利用自身拥有的资源来寻找、考核人才，为企业推荐合适的人选。当然，由于职业介绍机构良莠不齐，需要提前考察资质。

六、内部招聘

内部招聘指的是当企业的职位出现空缺之后，人力资源部门向员工公布相关情况，鼓励员工竞争上岗，从内部选择适合的人才来填补空缺。对于企业而言，对内部员工比较了解，风险较小。采用内部招聘的方式有利于避免人才流失，使员工在企业内部进行有效流动。

另外，内部员工对企业的情况和业务已经有了详细的了解，因此很快就能够承担新的工作，降低了企业的培训成本。对员工来说，他们可以通过这种方式获得晋升，所以内部招聘也是一种激励手段，可以有效提高员工对企业的忠诚度和满意度。

七、内部推荐

内部推荐指的是企业鼓励员工推荐有才能的人来应聘。通过内部推荐的渠道来进行招聘，介绍人是关键，他既可以把自己了解的应聘者的真实情况向人力资源部门反映，又可以把企业的信息介绍给应聘者，从而使双方掌握的信息达到对称状态。

很多员工都有自己的“关系圈”“同学圈”“同行圈”及之前的“同事圈”，这些都是企业可以认真考虑和利用的有效招聘资源。现在很多人力资源部门已经意识到了这种招聘方式的重要性，所以企业都会对推荐者提供一定的奖励，从而激发员工推荐的积极性。

八、猎头

怎样才能为公司招聘到最优秀的人才，这是人力资源都面临的一个难题。在当今人才竞争日益激烈的社会，常规的招聘渠道和方法已经不能满足大多数企业的需求，因此，开辟猎头合作这种直接邀请人才进行交流的方式成为许多企业人力资源部的选择。

猎头是指帮助企业猎取高级人才的人或机构，通过猎头可以帮助优秀的企业找到高级人才和急需人才。相对来说，猎头的招聘成本比较高，但针对性强，吻合度高，可以定点寻找到合适的候选人。简历搜集的速度会比一般的招聘方式快，符合程度也较高。

高级人才在市场上会受到很多关注，拥有许多机会。因此，在其入职之前，人力资源部门要安排人员对他们的动态进行追踪，并及时与他们交流、沟通。这样可以加强高级人才对企业的了解，逐渐培养起他们对企业的认同感。总之，只要高级人才没有真正入职并通过试用期，引进工作就没有真正结束。

九、人才外包

人才外包也叫派遣招聘，利用劳务公司做劳务派遣或委托招聘。对于临时需要的短缺型人才，企业可以与人才外包公司合作，在短期内快速主动搜寻到企业急需的人才。特别是一些基层的劳动密集型人员招聘，外包人员和人员需求企业不存在劳动关系，从一定意义上也可以减少企业的用工成本。

其他的招聘渠道还有线上线下的社交论坛、行业协会，以及当地的政府、党委、工会、残联等渠道。

人力资源部门在为企业选择招聘渠道的时候，不应该盲目地依赖某一种招聘渠道，而需要结合企业的实际情况和具体需求来综合衡量。同时，招聘岗位的部门、类别、层次、资格要求等也应该在考虑范围之内，只有这样才能找到最适合的招聘渠道。

技能点 4
招聘 JD 编制

虽然现在招聘的渠道越来越多，但是通过网络招聘应该是大多数招聘者选择的主要方式。现在很多招聘者都抱怨投简历的应聘者太少，招不到人。

为什么招人难？可能是企业品牌不强势，招聘渠道不给力，薪酬福利不吸引人……总之，可能会有诸多理由。但我们仔细思考，很多情况下的主要原因在于招聘者不太在意职位描述（JD）的撰写，其实在职位描述上花的每一分钟都是值得的，因为在同一个区域和岗位，招聘的岗位都会面临着巨大的竞争。我们只有把职位描述写得足够出色，才能够快速胜出，招到合适的人才。不然只能是徒然浪费时间和精力，收效甚微。

不论我们采用哪种风格来撰写职位描述，有一些常见的错误是一定不能犯的，否则将难吸引到合适的应聘者来投递简历。站在应聘者的角度思考，能够影响应聘者投递简历的因素，无非就是工作职位、公司知名度、工作地点和薪酬福利这四大关键点。

一、搜索关键词要准确

如果我们的职位描述里找不到应聘者搜索的关键词，就会很少有人投递简历。特别是工作职位表述不太准确，词不达意，应聘者肯定也就检索不到。我们可以适当了解一些 SEO（搜索引擎优化）的常识，进行合理的关键词布局。比如招“活动执行”这个岗位，为了让工作看起来“高大上”，将招聘职位写成“项目经理”，投递简历的也一般不是合适的人选。再比如一家公司有多处经营场所，诸多分公司分布在全国各地，就要明确该招聘职位的工作地点。

二、突出公司优势

如果我们的公司知名度不够高，那么我们的职位描述就更要突出公司的优势。尤其是对于一些应聘者来说，根本不知道我们公司是做什么业务的。所以职位描述中如果不能呈现出公司的特色和潜力，也是很难吸引到优秀人才关注的。

职位描述与其说是职位描述，不如说是招聘宣传广告，我们千万不能简单地从公司的常用简介里面复制，因为如果我们不针对岗位人才进行细致的琢磨，这些公司简介很有可能没有吸引候选人的价值和意义。所以公司简介部分，一方面要突出公司是有前途的，说明公司目前从事的业务，以及在行业内的地位，突出公司优势。另一方面也可以描述一下公司的企业文化、福利政策，加一些图片或视频，增加对应聘者的吸引力。

三、突出岗位职责的重点

对于应聘者来说，最关注的还是职位是否适合自己，自己能否胜任。所以我们在写岗位职责的时候，一定要精雕细琢，站在应聘者的角度多考虑问题。很多企业的 HR 总是期望应聘者是万能的，所以岗位职责中的项目写得很多，这样可能没有重点，应聘者不知道这个岗位到底负责什么。

特别是公司在每个发展阶段对同一职位要求的岗位职责和素质是不一样的，所以 HR 一定要避免复制过时的岗位职责模板。我们可以将这个岗位最需要的三到五项职责写清楚，用简洁、准确的语言表达出来即可。

岗位职责不能只要求应聘者应做的工作项目，也需要强调这个职位会给应聘者带来什么样的挑战。如果岗位职责写得很平淡，会让应聘者对职位的薪酬待遇产生怀疑，认为即使应聘了也拿不到合适的薪酬，自然也就不会应聘了。

四、尽量标明薪酬区间

大多数应聘者最关注的是薪酬和职业发展机会。很多职位描述上面只写工资面议，会让人感觉这家企业不自信，优秀的候选人可能不会考虑这样的企业。其实“薪酬面议”既违法，也不道德。靠坑蒙拐骗而招来的员工，本身的工作能力也好不到哪里去。透明的薪酬信息，能够帮助我们对应聘者先进行一部分筛选，节省招聘时间。

五、申请方式明确

我们把职位描述内容写得很好，吸引了诸多应聘者，那么申请方式和申请流程一定要简单明确，避免应聘者不知道下一步该如何做。应聘者申请职位之后，我们最好给其一个反馈。同时我们也可以提供人力资源部的联系方式，公司官方微信公众号、官方微博、公司网址等信息。

技能点 5
招聘广告制作

一、招聘信息不能违反法律法规

国家对于招聘的相关法律规定要求保护个人平等就业的权利，因此企业在招聘的过程中不能有歧视性条款。如招聘信息中不能出现民族、性别、种族、宗教信仰等歧视性信息。特别是妇女享有与男子平等就业的权利，企业在招聘过程中，尤其要注意对妇女和未成年人的特殊保护。另外，企业在招聘过程中，不得要求应聘者提供担保或收取财物。不能以查验证件真伪为理由，擅自扣押个人相关证件。也不能以解决当地落户、提供工装、体检费为由，让应聘者提供保证金。

《中华人民共和国劳动法》相关条款

第三条　劳动者享有平等就业和选择职业的权利、取得劳动报酬的权利、休息休假的权利、获得劳动安全卫生保护的权利、接受职业技能培训的权利、享受社会保险和福利的权利、提请劳动争议处理的权利以及法律规定的其他劳动权利。

劳动者应当完成劳动任务，提高职业技能，执行劳动安全卫生规程，遵守劳动纪律和职业道德。

第十二条 劳动者就业，不因民族、种族、性别、宗教信仰不同而受歧视。

第十三条 妇女享有与男子平等的就业权利。在录用职工时，除国家规定的不适合妇女的工种或者岗位外，不得以性别为由拒绝录用妇女或者提高对妇女的录用标准。

第十五条 禁止用人单位招用未满十六周岁的未成年人。

文艺、体育和特种工艺单位招用未满十六周岁的未成年人，必须遵守国家有关规定，并保障其接受义务教育的权利。

第五十八条 国家对女职工和未成年工实行特殊劳动保护。未成年工是指年满十六周岁未满十八周岁的劳动者。

第五十九条 禁止安排女职工从事矿山井下、国家规定的第四级体力劳动强度的劳动和其他禁忌从事的劳动。

第六十条 不得安排女职工在经期从事高处、低温、冷水作业和国家规定的第三级体力劳动强度的劳动。

第六十一条 不得安排女职工在怀孕期间从事国家规定的第三级体力劳动强度的劳动和孕期禁忌从事的活动。对怀孕七个月以上的女职工，不得安排其延长工作时间和夜班劳动。

第六十二条 女职工生育享受不少于九十天的产假。

第六十三条 不得安排女职工在哺乳未满一周岁的婴儿期间从事国家规定的第三级体力劳动强度的劳动和哺乳期禁忌从事的其他劳动，不得安排其延长工作时间和夜班劳动。

第六十四条 不得安排未成年工从事矿山井下、有毒有害、国家规定的第四级体力劳动强度的劳动和其他禁忌从事的劳动。

第六十五条 用人单位应当对未成年工定期进行健康检查。

《中华人民共和国劳动合同法》相关条款

第八条 用人单位招用劳动者时，应当如实告知劳动者工作内容、工作条件、工作地点、职业危害、安全生产状况、劳动报酬，以及劳动者要求了解的其他情况；用人单位有权了解劳动者与劳动合同直接相关的基本情况，劳动者应当如实说明。

第九条 用人单位招用劳动者，不得扣押劳动者的居民身份证和其他证件，不得要求劳动者提供担保或者以其他名义向劳动者收取财物。

二、招聘简章制作

招聘简章是企业招聘员工的重要工具之一，招聘简章传递给潜在应聘者的信息将影响到应聘者的数量和未来的留用比率。招聘简章必须简明、吸引人，主要内容包括：

第一，企业的基本情况。简要介绍单位的基本情况，让应聘者有一个大致的了解。

第二，是否经过有关方面批准。一般情况下，发布招聘简章需要首先经过人事部门或相关机构的审批。

第三，应聘的基本条件。这是招聘简章中最重要的要素，条件界定应非常清楚，要能让应聘者很容易确认自己是否符合基本要求。另外，应聘条件应非常合理，条件太高会导致脱离企业的实际，条件太低会增加筛选的工作量和招聘的成本。

第四，录用后的各种待遇。主要包括录用以后的薪酬水平、福利、教育培训、健康保障、休假等内容。待遇的介绍必须真实、客观，否则即使招聘到了合格的，也无法保证人力资源队伍的稳定。

第五，不能遗漏的事项。主要包括报名的方式，需携带的证件和相关材料，报名的时间、地点及联系人。

北京××文化传播有限公司招聘简章

北京××文化传播有限公司成立于2000年3月，创建之初主要从事文化产业，立足于为客户提供优质的精神食粮，策划、组织、生产了一大批出版物、多媒体产品、管理软件、文化收藏品等，曾受到客户与社会的密切关注与欢迎。从2002年开始，北京××文化传播有限公司主体业务开始转型，集中精力专注于成人教育，特别是管理培训产业。至今已从一个单一业务的小公司，快速发展为具有较强实力的教育培训产业集团，成为颇具影响力的全国知名品牌。

因业务拓展，现诚聘区域经理。

1. 招聘区域经理若干名，工作地点包括上海、北京、西安、天津、重庆、广州等城市。

2. 职位描述

（1）区域市场策划。

（2）区域市场开发计划。

（3）控制营销计划。

（4）建立一个团结、合作的销售队伍，有效实施人员管理。

（5）按时完成所负责区域的产品的销售任务。

（6）维护现有客户并保持良好的业务关系。

（7）开发新客户并建立良好的业务联系。

3. 任职要求

（1）管理类、营销类及相关专业本科以上学历。

（2）两年以上产品销售经验（有两年以上同行业优秀企业销售工作经验，熟悉文化类产品销售者优先，待遇面议）。

（3）具有良好的语言（普通话）表达能力。

（4）具有良好的沟通与协调能力。

（5）具有良好的团队合作和协作精神。

待遇：底薪＋业绩提成

联系电话：　　　　　　　　联系人：

北京××文化传播有限公司

20××年×月×日

三、H5招聘海报制作

随着移动互联网的迅猛发展，H5技术在微信等社交平台大放异彩。微信H5招聘就是充分借助了微信平台，发布招聘信息，招募合适的人才。由于微信H5技术充分融合了招聘的社交性，以及在微信朋友圈的互动性，使得这种招聘形式异常火爆、有效。

常用的H5制作工具包括易企秀、秀米、点点客这些平台。我们可以根据文案和脚本的要求，将提前搜集好的图片、图标、音乐、企业LOGO等素材按照这些工具平台上的提示有针对性地进行设置，这些工具平台上有广告、招聘、产品手册等模板功能，我们可以应用这些模板进行制作。展示形式可以是幻灯片式，也可以是交互式的动画或功能型。制作完成之后通过微信二维码、QQ、微博等多种渠道进行传播和推广。

技能点 6
应聘简历筛选

应聘简历是应聘者自带的个人介绍材料，筛选应聘简历并没有统一的标准。应聘简历可以先用第三方招聘平台、邮件功能进行筛选，如通过设置职位名称、工作年限、行业、学历、更新时间、求职状态、期望薪酬等相关条件进行筛选。

接着对重点信息进行匹配，做进一步筛选，如通过基本信息里面的性别、年龄、籍贯、住址等，工作经验里面的工作年限、工作单位、职位、跳槽频率等这些信息进行重点筛选。最后要重点关注学历、经验等相关重点信息的空档和缺失，在下一步的面试中作为面试的重点。

筛选简历只适用于初步筛选，在利用这种方法进行筛选时，应注意以下五点。

一、分析简历结构

简历结构在很大程度上反映了应聘者的组织能力和沟通能力。结构合理的简历都比较简练，一般不超过两页。应聘者为了强调自己近期的工作，介绍教育背景和工作经历时，通常可以采取从现在到过去的时间排列方式。相关经历常被突出表述。

二、重点看客观内容

简历的内容大体上可以分为两部分，即主观内容和客观内容。在筛选简历时，注意力应放在客观内容上。客观内容主要分为个人信息、受教育经历、工作经历和个人成绩四个方面。个人信息包括姓名、性别、民族、年龄、学历等；受教育经历包括上学经历和培训经历等；工作经历包括工作单位、起止时间、工作内容、参与项目名称等；个人成绩包括学校、工作单位的各种奖励等。主观内容主要包括应聘者对自己的描述，如本人开朗乐观、勤学好问等对自己的评价性与描述性的内容。

三、判断是否符合职位技术和经验要求

在客观内容中，要注意个人信息和受教育经历，可利用“直接排除法”判断应聘者的专业资格和经历是否与空缺岗位相关并符合要求。如果不符合要求，就没有必要再浏览其他内容，可以直接筛选掉。在受教育经历中，要特别注意应聘者是否用了一些含糊的字眼，比如没有注明大学教育的起止时间和类别，这样做很有可能是在混淆专科和本科的区别，或者是统招、委培、成教等的差别。

四、审查简历的逻辑性

在工作经历和个人成绩方面，要注意简历的描述是否有条理，是否符合逻辑。比如一个求职者在其简历中描述自己的工作经历时，列举了一些著名的单位和一些高级职位，而他所应聘的却是一个普通职位，这就需要引起注意。或者有的求职者在其简历中称自己在许多领域取得了什么成绩（成绩最好用数字呈现），获得了很多的证书，但

是从他的工作经历中分析，很难有这样的条件和机会，这样的简历也要引起注意。如果能够断定在简历中有虚假成分存在，就可以直接将这种简历排除。

五、梳理简历的整体印象

通过阅读简历，招聘人员可以挑出给自己留下符合空缺岗位要求的简历。另外，要标出简历中感觉不可信的地方，以及感兴趣的地方，面试时可询问应聘者。

简历并不能代表本人，工作经历比学历更重要，不要忽视求职者的个人特征，让应聘者更多地了解企业，给应聘者更多的表现机会，注意不忠诚和欠缺诚意的应聘者，关注特殊人员，慎重做决定。同时，招聘人员也要注意自身形象。

六、对简历类型进行分类

通过简历筛选，最后要形成简历筛选的结果表，如表 2–2 所示。

表 2–2　简历筛选结果分类表

序号	姓名	岗位	年龄	学历	专业	工作年限	原岗位	工作业绩	相关培训	职业资格	结论
1											
2											
3											
4											
5											
6											

（续表）

序号	姓名	岗位	年龄	学历	专业	工作年限	原岗位	工作业绩	相关培训	职业资格	结论
7											
8											
9											
10											
简历汇总：本次招聘收到简历______份，符合要求______份											
筛选人： 日期： 年 月 日											
注：符号要求的请打“√”，应聘者简历请附后。											

技能点 7
面试筛选人才

一、面试计划

面试是通过让应聘者当面回答问题的方式，来了解应聘者的知识水平、业务水平、心理素质和多方面能力的一种方法。面试是单位最常用的，也是必不可少的测试手段。但面试也是一种操作难度较高的测评形式，随意性较大，一般人难以掌握。面试工作进行得好坏，直接取决于面试准备工作是否完善和充分。

二、面试通知

首先，面试通知可以通过电话的形式，也可以通过面试通知单的形式，通知面试者在预定时间进行面试，面试通知单适合招聘现场发放或者通过邮件发送。

面试通知单

______先生 / 女士：

欢迎您应聘本公司__________职位，您的学识、经历给我们留下了良好的印象。为了彼此能进一步了解，现请您前来本公司参加正式面试。

面试时间：____月____日____点

面试地点：本公司人力资源部，公司地址详见所附交通图。

需带文件：请携带个人身份证及复印件、学历证书及复印件、职称证书及复印件，个人一寸免冠彩色照片____张。

如您时间上不方便，请事先以电话与______先生（女士）联系，电话：__________________，公司地址：____省____市____路____号

如因故不能按时参加面试，请提前告知本公司人力资源部，否则视为自动弃权！

________人力资源部（盖公司章）

______年__月__日

现在很多单位通知面试，也经常采用短信通知方式，短信面试通知单如下：

短信面试通知单

______先生/女士：你好，请您于____月____日（周____）下午2点到________路________号__________大厦________楼人力资源部参加面试。如因故不能按时到达或者不能参加面试，请提前与我们联系，联系电话：________________，联系人李小姐，祝您好运！

________人力资源部

______年__月__日

面试通知单无论是现场发放，还是通过邮件或短信通知，都应在在面试日期前一两天发出，还可以电话再次确认应聘者是否可以按规定的时间参加面试。

三、正式面试

在面试正式开始前，招聘单位会给应聘者一份登记表，详细登记应聘者的相关信息。如表 2-3 所示。

表 2-3　应聘人员登记表

填表日期：　　年　月　日

<table>
<tr><td>姓名</td><td></td><td>性别</td><td></td><td>年龄</td><td></td><td>出生日期</td><td></td></tr>
<tr><td>应聘职位</td><td></td><td>第二职位</td><td></td><td colspan="3">与本公司员工是否有亲属关系</td><td></td></tr>
<tr><td>籍贯</td><td></td><td>民族</td><td></td><td>身高</td><td></td><td>体重</td><td></td></tr>
<tr><td>学历</td><td></td><td>职称</td><td></td><td>健康状况</td><td></td><td>婚姻状况</td><td></td></tr>
<tr><td>第一外语</td><td></td><td>级别</td><td></td><td>第二外语</td><td></td><td>级别</td><td></td></tr>
<tr><td>联系方式</td><td colspan="3"></td><td>身份证号</td><td colspan="3"></td></tr>
<tr><td>期望薪酬</td><td colspan="2"></td><td>上岗时间</td><td></td><td>其他要求</td><td colspan="2"></td></tr>
<tr><td rowspan="4">教育背景</td><td>开始时间</td><td>结束时间</td><td colspan="2">学校名称</td><td>专业</td><td colspan="2">学历</td></tr>
<tr><td></td><td></td><td colspan="2"></td><td></td><td colspan="2"></td></tr>
<tr><td></td><td></td><td colspan="2"></td><td></td><td colspan="2"></td></tr>
<tr><td></td><td></td><td colspan="2"></td><td></td><td colspan="2"></td></tr>
<tr><td rowspan="4">工作经验</td><td>开始时间</td><td>结束时间</td><td colspan="2">公司名称</td><td>所担任职务</td><td colspan="2">相关证明人</td></tr>
<tr><td></td><td></td><td colspan="2"></td><td></td><td colspan="2"></td></tr>
<tr><td></td><td></td><td colspan="2"></td><td></td><td colspan="2"></td></tr>
<tr><td></td><td></td><td colspan="2"></td><td></td><td colspan="2"></td></tr>
</table>

（续表）

<table>
<tr><td rowspan="4">培训经历</td><td>开始时间</td><td>结束时间</td><td>培训机构</td><td>培训内容</td><td>所获得的相关证书</td></tr>
<tr><td></td><td></td><td></td><td></td><td></td></tr>
<tr><td></td><td></td><td></td><td></td><td></td></tr>
<tr><td></td><td></td><td></td><td></td><td></td></tr>
<tr><td>奖励与处分</td><td colspan="5"></td></tr>
<tr><td>兴趣爱好</td><td colspan="5"></td></tr>
<tr><td>个人特长</td><td colspan="5"></td></tr>
<tr><td>对本公司有何了解</td><td colspan="5"></td></tr>
<tr><td>自我评价</td><td colspan="5"></td></tr>
<tr><td>对本公司的意见与建议</td><td colspan="5"></td></tr>
</table>

面试是供需双方通过正式交谈，达到全面了解的过程。一般来说，面试主要包括以下阶段：

1. 准备阶段

这一阶段包括确定面试的目的、科学设计面试的问题、选择合适的面试类型、确定面试的时间和地点等。要事先培训面试考官，统一招聘的标准。面试考官要事先确定需要面试的事项和范围，写下提纲，并且在面试前要详细了解应聘者的资料，了解应聘者的个性、社会背景及对工作的态度、是否有发展潜力等。与此同时，面试考官自己也应做好充分准备。

2. 开始阶段

面试的开始阶段主要是消除应聘者的紧张情绪，创造和谐的面谈气氛。面试时应从应聘者可以预料到的问题开始发问（一般先是问一些容易回答的封闭式问题），然后再过渡到其他问题，这样就可有效消除应聘者的紧张情绪。

3. 正式面试阶段

面试考官应采用灵活的提问和多样化的形式，交流信息，进一步观察和了解应聘者。此外，还应该察言观色，密切注意应聘者的行为与反应，对所问的问题、问题间的变换、问话时机及对方的答复都要多加注意。所提问题可根据简历或应聘申请表中发现的疑点，先易后难地逐一提出，尽量创造和谐自然的环境。

4. 结束阶段

在面试结束之前，面试考官确定问完了所有预定问题后，应该给应聘者一个机会，询问应聘者是否有问题要问，是否有要加以补充或修正错误之处。不管录用还是不录用，均应在友好的气氛中结束面试。如果面试考官对某一应聘者是否录用有分歧意见时，不必急于下结论，还可安排第二次面试。同时，工作人员要整理好面试记录表。

5. 评估阶段

面试结束后，应根据面试记录表对应聘人员进行评估。评估可采用评语式评估，也可采用评分式评估。评语式评估的特点是可对应聘者的不同侧面进行深入评估，能反映出每个应聘者的特征，但缺点是应聘者之间不能进行横向比较。评分式评估则是对每个应聘者相同的方面进行比较，其优缺点正好与评语式评估相反。

在面试之前，面试考官需要准备一些基本的问题。这些基本问题的来源，主要是招聘岗位的工作分析及应聘者的个人资料。面试人员通过回顾工作分析，就会对岗位的职责和任职资格有所了解，并且会考虑到该岗位所需要的主要能力，由此可以准备一些用来判断应聘者是否具备岗位所要求的能力的问题。另外，通过筛选应聘者的简历或申请表，面试人员会发现某些矛盾或对某些问题感兴趣，也可以准备一些有关应聘者过去经历的问题。

四、常用的面试问题

基本的面试问题不宜过多，而且这些问题最好是开放式的，能够让面试考官从应聘者的回答中引发出更多的问题。

以下是某公司在面试人力资源总监助理时的面试问题：

（1）你为何要申请这项工作？（了解应聘者的求职动机）

（2）你认为这项工作的主要职责是什么？如果你负责这项工作，你将怎么做？（了解应聘者对应聘岗位的了解程度及其态度）

（3）你认为最理想的领导是怎样的？请举例说明。（据此可了解应聘者的管理风格、行为倾向）

（4）对你来应聘，你家庭的态度怎样？（了解其家庭是否支持）

（5）你的同事当众批评、辱骂你时，你怎么办？（了解其在现场处理棘手问题的经验及处理冲突的能力）

（6）你的上级要求你完成某项工作，你的想法与上级不同，而你又确信你的想法更好,此时你会怎么办?（困境中是否能冷静处理问题）

一般来说，面试考官运用的提问类型主要有以下几种：

1. 开放式提问

开放式提问可以让应聘者自由地发表意见或看法，以获取信息，避免被动。一般在面试开始的时候运用，以缓解面试的紧张气氛，消除应聘者的心理压力，使应聘者充分发挥自己的水平和潜力。

2. 封闭式提问

封闭式提问即让应聘者对某一问题做出明确的答复，如“你曾干过秘书工作吗？”，一般用“是”或“否”回答。封闭式提问比开放式的提问更加直接。封闭式提问可以表示两种不同的意思：一是表示面试考官对应聘者答复的关注，一般在应聘者答复后立即提出一些与答复有关的封闭式问题；二是表示面试考官不想让应聘者就某一问题继续谈论下去，不想让对方多发表意见。

3. 清单式提问

清单式提问即鼓励应聘者陈述优先选择，以获取应聘者决策方面的能力，如“你认为产品质量下降的主要原因是什么？”。

4. 假设式提问

假设式提问即鼓励应聘者从不同角度思考问题，发挥应聘者的想象能力，以了解应聘者的态度或观点，如“如果你处于这种状况，你会怎样处理？”。

5. 重复式提问

重复式提问即让应聘者知道面试考官接收到了应聘者的信息，检验获得信息的准确性，如“你是说……”或“如果我理解正确的话，你说的意思是……”。

6. 确认式提问

确认式提问即鼓励应聘者继续与面试考官交流，表达出对信息的关心和理解，如“我明白你的意思！这种想法很好！”。

7. 举例式提问

这是面试的一项核心技巧，又称为行为描述提问。在考察应聘者的工作能力、工作经验时，可针对应聘者过去工作行为中特定的例子加以询问。基于行为连贯性原理，所提的问题并不集中在某一点上，而是一个连贯的工作行为。如“过去半年中你所建立的最困难的客户关系是什么？当时你面临的主要问题是什么？你是怎样分析的？采取什么措施？效果怎样？”，从而较全面地考察应聘者。

五、面试结果评估

当面试结束之后，面试官应对应聘者做出评估，形成面试评价表，将面试过程中的相关信息进行汇总填写。面试评价表如表 2–4 所示。

表 2–4　面试评价表

<table>
<tr><td>应聘者姓名</td><td colspan="2"></td><td colspan="2">应聘部门</td><td></td><td>应聘岗位</td><td></td></tr>
<tr><td>评价项目
（A 级为最好）</td><td>A 级</td><td>B 级</td><td>C 级</td><td>D 级</td><td colspan="2">人事部门
面试官评价</td><td>业务部门
面试官评价</td></tr>
<tr><td>教育背景</td><td></td><td></td><td></td><td></td><td colspan="2"></td><td></td></tr>
<tr><td>专业匹配度</td><td></td><td></td><td></td><td></td><td colspan="2"></td><td></td></tr>
<tr><td>业务能力</td><td></td><td></td><td></td><td></td><td colspan="2"></td><td></td></tr>
<tr><td>工作经验</td><td></td><td></td><td></td><td></td><td colspan="2"></td><td></td></tr>
</table>

（续表）

学习能力						
形象仪表						
沟通能力						
反应能力						
领导潜力						
合作能力						
价值观						
人事部门面试官初试意见： 结论：□推荐　□保留　□不予考虑 人事部门面试官签字：________						
业务部门面试官初试意见： 结论：□推荐　□保留　□不予考虑 业务部门面试官签字：______						
复试意见： 复试结论：□推荐　□保留　□不予考虑 复试面试官签字：______						

技能点 8
录用风险防范

一、面试结果通知

面试者面试通过之后，企业可以正式向面试者发放录用通知书。

录用通知书

×××先生/女士：

您已经通过我公司录用考核，被我公司________部门聘用，恭喜您成为我公司一员。月薪（年薪）________元。试用期________月。自聘用之日起签订________年期劳动合同，缴纳五险一金。

请于________年____月____日前来公司报到（如未能按时报到者，本公司将不再予以聘用）。报到时请携带学历证明原件、身份证原件、户口本本人页原件或职称证明原件。

请在规定的报到日期及时报到，如有疑问，请及时联系我公司人力资源部。逾期不能报到的，本公司视为自动放弃该岗位。

××公司（公章）

人力资源部

年　月　日

面试录用通知书与劳动合同同样具有一定的法律效力，人力资源部门在发放录用通知书前，一定要在自己的职权范围内填写，如果有确定不了的内容，需征得相关责任人（如总经理）同意。对于录用通知书是否出现薪资待遇，可以由企业自身情况决定，一般情况下，出现薪资标准，显得更正规，应聘者也很乐意看到有薪资待遇的录用通知书。对于没有被录用的人员，我们也需要对其进行回复，将其资料分类之后纳入企业备选人才库，说不定过一段时间，这些备选人才就可以成为“不可多得的人才资源”。

特别是有些应聘者是在职人员，我们的人力资源部向其发放了录用通知书后，应聘者才会向原工作单位提出离职，如果我们的企业内部反悔，对应聘者的损失需要承担的经济补偿就比较大。这方面虽然还没有相关的法律条款规定，但是对于企业和应聘者来说都会造成诸多的矛盾和风险。

二、逾期未回应处理

当企业发出录用通知书后，应聘者难免会有突然改变主意和同时对比几家备选企业的现象，为了提升招聘的有效性，我们在发放录取通知书的时候，可以设置限制回复和报到期限。如果在这个期限内应聘者还未给予回复或报到，我们就应该及时调整录用通知，通知下一位应聘者。这一方面，法律也没有相应的条款规定来追究应聘者的责任。所以，这就需要 HR 做好预防工作，提前挑选备选人员。

三、入职人员按时转正

一般情况下，新人报到后，HR 还需要与部门经理保持沟通，及时了解新人的工作表现，倾听部门经理及部门团队人员对新人的评价。如果出现新人不能及时转正的缺员现象，人力资源部就需要尽快把准备好的“候选人”补充进来，这样就不至于因人员缺岗而造成损失。

管理技能三

制 度 管 理

技能点 1
规章制定依据

根据我国相关的法律法规规定，企业可有自主制定规章制度的权利。企业在制定劳动报酬、工作时间、休息休假、获得劳动安全卫生保护、接受职业技能培训、享受社会保险和福利、提请劳动争议处理，以及劳动定额管理直接涉及劳动者自身利益的规章制度时，必须符合法律规定，必须走民主程序及公示，不得有违法行为，才具有法律效力。

我国目前对于企业规章制度管理的法律法规规定在《中华人民共和国劳动法》《中华人民共和国劳动合同法》《中华人民共和国公司法》《最高人民法院关于审理劳动争议案件适用法律若干问题的解释》相关条款中有所体现。

《中华人民共和国劳动法》相关条款

第三条 劳动者享有平等就业和选择职业的权利、取得劳动报酬的权利、休息休假的权利、获得劳动安全卫生保护的权利、接受职业技能培训的权利、享受社会保险和福利的权利、提请劳动争议处理的权利以及法律规定的其他劳动权利。

劳动者应当完成劳动任务，提高职业技能，执行劳动安全卫生规程，遵守劳动纪律和职业道德。

第四条 用人单位应当依法建立和完善规章制度，保障劳动者享有劳动权利和履行劳动义务。

《中华人民共和国劳动合同法》相关条款

第四条 用人单位应当依法建立和完善劳动规章制度，保障劳动者享有劳动权利、履行劳动义务。

用人单位在制定、修改或者决定有关劳动报酬、工作时间、休息休假、劳动安全卫生、保险福利、职工培训、劳动纪律以及劳动定额管理等直接涉及劳动者切身利益的规章制度或者重大事项时，应当经职工代表大会或者全体职工讨论，提出方案和意见，与工会或者职工代表平等协商确定。

在规章制度和重大事项决定实施过程中，工会或者职工认为不适当的，有权向用人单位提出，通过协商予以修改完善。

用人单位应当将直接涉及劳动者切身利益的规章制度和重大事项决定公示，或者告知劳动者。

第三十八条 用人单位有下列情形之一的，劳动者可以解除劳动合同：

……

（四）用人单位的规章制度违反法律、法规的规定，损害劳动者权益的；

……

第三十九条 劳动者有下列情形之一的，用人单位可以解除劳动合同：

……

（二）严重违反用人单位的规章制度的；

……

第八十条 用人单位直接涉及劳动者切身利益的规章制度违反法律、法规规定的，由劳动行政部门责令改正，给予警告；给劳动者造成损害的，应当承担赔偿责任。

《中华人民共和国公司法》相关条款

第四十九条 有限责任公司可以设经理，由董事会决定聘任或者解聘。经理对董事会负责，行使下列职权：

……

（四）拟订公司的基本管理制度；

（五）制定公司的具体规章；

……

公司章程对经理职权另有规定的，从其规定。

……

第五十条 股东人数较少或者规模较小的有限责任公司，可以设一名执行董事，不设董事会。执行董事可以兼任公司经理。

执行董事的职权由公司章程规定。

《最高人民法院关于审理劳动争议案件适用法律若干问题的解释》相关条款

第十九条 用人单位根据《劳动法》第四条之规定，通过民主程序制定的规章制度，不违反国家法律、行政法规及政策规定，并已向劳动者公示的，可以作为人民法院审理劳动争议案件的依据。

技能点 2
规章制定流程

企业的规章制度制定流程是规章制度工作的关键，一般包括以下几个步骤。

一、起草初稿

制定规章制度首先要对需求进行识别和确认，如果需求确定，一般由部门负责起草初稿。

二、研讨会签

然后与制度需求的相关部门进行研讨和征求意见（包括公司专业部门、工会、员工代表大会的讨论意见），然后按制度的不同级别程度进行会签。

三、领导审批

将规章制度起草的初稿，经过相关部门研讨和意见汇总，进行整理之后的定稿，上报主管领导进行逐级（含总经理和董事会）审批。

四、全面公示

企业的规章制度公示是要求企业全体员工遵守规章制度的前提，未经合法公示的规章制度不具有法律效力，不能作为处罚员工和解除劳动合同的依据。

获得领导审批后的企业规章制度，公示的方式可以以文件形式下发，也可以在公司的局域网或企业邮件中发布。同时，可以将企业的规章制度以《员工手册》的形式发放，并进行定期的培训及考试。对于新员工，还可以在《劳动合同书》中增加该企业的规章制度作为附件。

五、修订完善

经过一段时间的执行之后，为了适应企业新的发展需要，如行业新规，企业业务和技术的重大变化和调整，国家或地区的法律法规变化，流程及组织架构重新设计等，企业可以对原有规章制度中的内容进行修订完善。修订时需要负责规章制度编制的部门先提出书面的修订申请，经组织讨论和意见征求，再提交公司例会审定，最后经公司高管（总经理和董事会）审批，获准之后再进行公示执行。

企业规章制度的修订与制定基本一致，包括内容、格式、流程、公示均需要在修订的时候重新执行。

六、归档保存

所有的企业规章制度在起草、讨论、意见征求、审核、审批及定稿的正式文件都需要相关人员签字，与规章制度相关的文件资料，都需要归档和保存。

规章制度的管理控制是一个阶段性的动态过程，如果规章制度正常执行实施或直接被废止，代表这项阶段性的工作暂时结束。图 3–1 是常规的规章制度制定流程图。

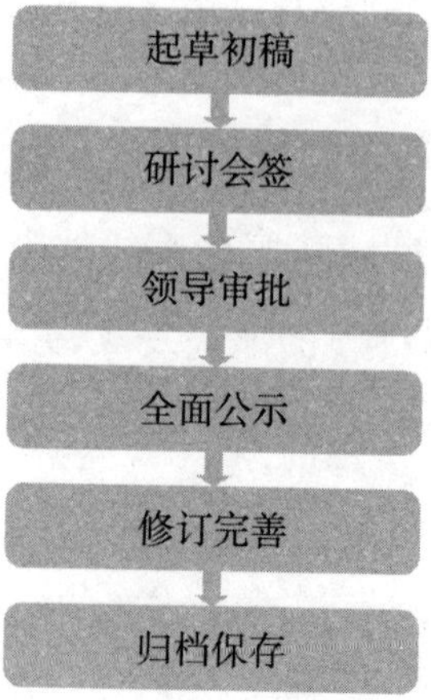

图 3–1　规章制度制定流程图

技能点 3
规章制度内容

企业主要的规章制度一般包括销售管理类、财务管理类、人力资源管理类、行政管理类、生产管理类、技术研发管理类。

一、常用格式

企业规章制度常用的格式包括标题、正文、补充内容三大部分。其中标题一般以《×× 管理制度》《×× 管理办法》《×× 管理规定》《关于 ×× 的管理实施办法》等形式命名。正文比较常见的是分章分条式和分条式两种形式。补充内容一般包括实施流程图、操作表单、制定部门、颁布日期、签发人、实施范围等。

考勤管理制度内容目录

第一条　目的

第二条　适用范围

第三条　责任

第四条　考勤方式

第五条　出勤时间要求

第六条　迟到、早退惩罚措施

第七条 旷工处理措施

第八条 加班考勤规定

第九条 调休规定

第十条 弹性工作时间规定

第十一条 考勤统计

第十二条 考勤工作流程

第十三条 考勤表单

1. 请假单

2. 加班申请单

3. 考勤统计表

二、常见形式

根据各个企业的行业特点、规模及性质，一般有以下几种形式：

1. 章程

例如 ×× 有限公司章程。此类是根据国家相关法律法规（如《中华人民共和国公司法》）的内容，来规范本公司的管理制度。

2. 制度

为规范公司某一业务或管理行为而制定的管理制度。包括：

（1）综合管理类的组织机构设置、职责划分、岗位设置等方面的制度；

（2）销售管理类的销售合同管理、项目立项管理、招投标管理、销售回款管理、采购管理、供应商管理等相关制度；

（3）技术管理类的研发管理、技术质量管理、项目管理等相关制度；

（4）生产管理类的工艺管理、配方管理、流程管理、安全管理等相关制度；

（5）财务管理类的核算管理、费用管理、资金管理、发票管理、固定资产管理、报销管理等相关制度；

（6）人力资源类的招聘管理、考勤管理、薪酬管理、绩效管理、培训管理、劳动合同管理等相关制度；

（7）行政管理类的印章管理、公文管理、会议室管理、着装管理、出入管理、车辆管理、邮箱管理、名片管理、票务管理等相关制度；

（8）其他类制度还包括信息安全管理、内部审计管理、机房管理等相关制度。

3. 规定

企业规定包括：员工体检管理规定、员工宿舍管理规定、员工班车管理规定、离职手续规定、公司局域网管理规定等。

4. 守则

企业关于守则的方面包括：服务守则、员工守则、销售员守则等。

5. 职责

职责一般是对于企业各个工作岗位所指定的相关管理制度。例如财务经理工作职责、安全主任工作职责、总经理工作职责等。

6. 办法

企业相关的管理办法，如办公用品管理办法、工装管理办法等。

7. 细则

企业针对实施的制度、规定、守则、办法而制定更为详细的管理制度，如员工报销管理实施细则。

8. 标准

企业的相关技术部门按照专业的要求确定的规定，如产品质量标准、产品技术标准等。

技能点 4

制度有效公示

并不是所有企业的规章制度都需要与工会组织或员工代表大会讨论，只有涉及法律法规中规定的关系到劳动者切身利益的规章制度或重大事项的规章制度，才必须经民主程序制定和公示。

企业的规章制度公示可以是公告栏张贴、邮件发送、官方网站、内部办公软件发布等。有的企业很大，分布在全国乃至世界各地，为了日后举证，还可以采用发放员工手册、内部培训、考试、内部传阅、在劳动合同中约定等，以利于员工确定，为日后留下证据。

（1）向全体员工发放《员工手册》，要求员工书面签收。对于老员工来说，他们可以随手翻阅，方便使用，对于新员工来说，对其要进行解释说明。

（2）组织全体员工培训学习所规定的企业规章制度，保留员工培训的签到记录及考试成绩。

（3）在劳动合同中加入企业规章制度，要求员工在签署劳动合同的同时阅读企业规章制度条款并遵守。一般情况下，规章制度的内容会比较多，劳动合同内容比较少。当两者发生矛盾时，劳动者坚持以劳动合同为准的，则以劳动合同为准。所以我们在制定企业的规章制度的过程中，不要忘记了劳动合同的约定。

（4）对新员工，可以在入职培训中加入企业规章制度的培训，并进行考试，保留签到记录、考试记录等。

（5）在企业组织经营活动中随时出台一些企业的规章管理制度，很多时候，采取集中培训的形式来传达不太现实，这个时候，我们也可以通过传阅和意见征求的方式通知大家。

技能点 5
违规制度处理

处理员工的违规违纪，程序和公示都要符合相关法律法规的规定，因为这是判断该制度是否具备法律效力的重要依据。所以，我们在处理的过程中，要确认员工违章的事实并形成书面依据，只有这些流程和文件是合法的，企业才可以处理违章的员工。

对于轻度违规的，可以及时加以劝阻和引导；严重的予以警告和批评；特别严重且造成重大损失和人身安全的，根据相关规定可以采取劝退和追究刑事责任。

当员工有严重违规行为的时候，在处理时应当注意对其行为的事实予以确认，取得该员工的书面认可资料。并通知工会，表明依据规章制度对违章员工的处理决定，由工会负责召开员工代表大会，对违章员工做出最终的处理结论。最后，公司人力资源部根据工会的决议结果，处理违章员工。表 3-1 是常规的奖惩登记表。

《中华人民共和国劳动合同法》相关条款

第二十六条 下列劳动合同无效或者部分无效：

（一）以欺诈、胁迫的手段或者乘人之危，使对方在违背真实意思的情况下订立或者变更劳动合同的；

（二）用人单位免除自己的法定责任、排除劳动者权利的；

（三）违反法律、行政法规强制性规定的。

对劳动合同的无效或者部分无效有争议的，由劳动争议仲裁机构或者人民法院确认。

第三十九条　劳动者有下列情形之一的，用人单位可以解除劳动合同：

（一）在试用期间被证明不符合录用条件的；

（二）严重违反用人单位的规章制度的；

（三）严重失职，营私舞弊，给用人单位造成重大损害的；

（四）劳动者同时与其他用人单位建立劳动关系，对完成本单位的工作任务造成严重影响，或者经用人单位提出，拒不改正的；

（五）因本法第二十六条第一款第一项规定的情形致使劳动合同无效的；

（六）被依法追究刑事责任的。

第九十条　劳动者违反本法规定解除劳动合同，或者违反劳动合同中约定的保密义务或者竞业限制，给用人单位造成损失的，应当承担赔偿责任。

表3-1　奖惩登记表

填表日期：　　年　月　日

姓名	所在部门	奖惩事项	奖惩级次					
			警告	记过	记大过	嘉奖	记功	记大功

（续表）

姓名	所在部门	奖惩事项	奖惩级次					
			警告	记过	记大过	嘉奖	记功	记大功

一、对于违反培训服务协议责任的员工的处理

根据《中华人民共和国劳动合同法实施条例》第十六条规定：劳动合同法第二十二条第二款规定的培训费用，包括用人单位为了对劳动者进行专业技术培训而支付的有凭证的培训费用、培训期间的差旅费用以及因培训产生的用于该劳动者的其他直接费用。

因此，劳动者接受企业给予的专业技术培训，在履行培训服务协议期间出现违约，企业可以追究其责任，要求其赔偿培训费（含有凭证的培训费、培训期间的差旅费、脱产培训支付的工资、福利、社保公积金等），约定违约金的总数不得超过用人单位支付的培训费。

核算公式：违约责任金额＝培训费总额 / 总服务期限 × 未履行时间。

二、对于违反保密协议责任的员工的处理

商业秘密，是指不为公众所知悉、能为权利人带来经济利益、具有实用性并经权利人采取保密措施的技术信息和经营信息。在《中华

人民共和国刑法》《中华人民共和国劳动法》《中华人民共和国公司法》《中华人民共和国劳动合同法》等众多法律中都有关于违反保密协议、侵犯商业秘密行为的处罚条例。

企业的商业秘密必须制定相关的管理制度加以监管；与企业的商业秘密接触者签订保密协议，明确约定违反保密协议将承担由此给企业造成的经济损失的赔偿责任，直至追究刑事责任。

《中华人民共和国刑法》相关条款

第二百一十九条　有下列侵犯商业秘密行为之一，给商业秘密的权利人造成重大损失的，处三年以下有期徒刑或者拘役，并处或者单处罚金；造成特别严重后果的，处三年以上七年以下有期徒刑，并处罚金：

（一）以盗窃、利诱、胁迫或者其他不正当手段获取权利人的商业秘密的；

（二）披露、使用或者允许他人使用以前项手段获取的权利人的商业秘密的；

（三）违反约定或者违反权利人有关保守商业秘密的要求，披露、使用或者允许他人使用其所掌握的商业秘密的。

三、对于违反竞业限制责任的员工的处理

竞业限制的人员限于用人单位的高级管理人员、高级技术人员和其他负有保密义务的人员。竞业限制的范围、地域、期限由用人单位与劳动者约定，竞业限制的约定不得违反法律、法规的规定。

竞业限制的生效时间是在离职之后开始，对于高级管理人员、高级技术人员和其他负有保密义务的人员，人力资源管理者要特别注意

其是否签署过竞业限制协议。若无，可以录用；若有，请慎重录用。

若企业没有支付竞业限制补偿金，则竞业限制约定无效，等于没约定。同时，如果相关企业录用了有竞业限制的劳动者，并且是明知其有竞业限制的，则需要承担连带责任。

《中华人民共和国劳动合同法》相关条款

第二十三条 用人单位与劳动者可以在劳动合同中约定保守用人单位的商业秘密和与知识产权相关的保密事项。

对负有保密义务的劳动者，用人单位可以在劳动合同或者保密协议中与劳动者约定竞业限制条款，并约定在解除或者终止劳动合同后，在竞业限制期限内按月给予劳动者经济补偿。劳动者违反竞业限制约定的，应当按照约定向用人单位支付违约金。

第二十四条 竞业限制的人员限于用人单位的高级管理人员、高级技术人员和其他负有保密义务的人员。竞业限制的范围、地域、期限由用人单位与劳动者约定，竞业限制的约定不得违反法律、法规的规定。

在解除或者终止劳动合同后，前款规定的人员到与本单位生产或者经营同类产品、从事同类业务的有竞争关系的其他用人单位，或者自己开业生产或者经营同类产品、从事同类业务的竞业限制期限，不得超过二年。

第九十条 劳动者违反本法规定解除劳动合同，或者违反劳动合同中约定的保密义务或者竞业限制，给用人单位造成损失的，应当承担赔偿责任。

第九十一条 用人单位招用与其他用人单位尚未解除或者终止劳动合同的劳动者，给其他用人单位造成损失的，应当承担连带赔偿责任。

技能点6
特殊人员规范

一、实习人员

实习人员分为假期实习和毕业实习两种类型。一般情况下，企业正式招用实习生，同样需要与实习人员签订实习协议。

实习协议书

甲方：__________（单位/公司）

乙方：__________（学校/实习学生）

为明确实习学生与实习单位的责任与义务，根据国家有关法律法规，本着平等自愿的原则，经甲乙双方协商一致，签订本协议。

一、实习期限及工作时间

乙方__________名学生到甲方实习，实习时间自______年____月____日起至______年____月____日止。

甲方应根据相关法律法规及本单位规章制度，合理安排实习学生的实习工作时间。

二、实习岗位

甲方根据乙方的实际情况和工作需要，安排实习学生到________部门，从事________工作。

实习期间，甲方应安排专门的技术与管理人员对实习学生进行业务培训、技术指导和日常管理，实习学生应自觉遵守劳动纪律，认真实习。

乙方愿意接受甲方的考试、考评，以及对考核或考评结果的处理。考评结果符合甲方要求的，经乙方同意，甲方可以考虑正式录用。

三、实习津贴

依照按劳取酬的原则，按甲方现行制度确定实习学生的实习津贴，月津贴人民币________元。如实习学生需变动实习岗位，甲方相应调整实习津贴（月津贴人民币________元）。

四、实习期间应遵守以下规定

1. 实习学生应遵守国家的法律法规；遵守甲方的实习规章及其他各项规章制度。如违反国家法规和企业的规章制度，甲方可以根据情节轻重给予必要的处分或终止实习。

2. 因实习学生造成实习基地财物损失的，按甲方规定处理。

五、劳动保护

1. 甲方须为实习学生提供符合国家规定的安全卫生的工作环境，保证其在人身安全不受危害的环境条件下工作。

2. 甲方根据实习学生岗位实际情况，按国家规定向其提供必需的劳动防护用品。

3. 实习学生在实习期间患病或意外伤害所花费的费用，由乙方自行承担。

六、协议解除

乙方在本协议履行期间，可以在说明原因的情况下向甲方提出终止实习合同，但必须提前7天通知甲方，并做好工作交接，否则应承担相关责任。实习期间，甲方如发现实习学生不符合实习要求或不适宜甲方安排工作等情况的，可以向乙方提出终止实习，在为实习学生履行实习津贴支付手续后，解除本协议。

七、未尽事宜由双方及时协商解决

八、法律效力

本协议正本一式两份，双方各执一份，经甲乙双方签字后生效。

甲方（盖章或签字）：________　　乙方（盖章或签字）：________

________年____月____日　　　　________年____月____日

实习人员可以根据学校课程安排与企业协商考勤。实习时间一般为 3 ～ 6 个月，当然医疗行业比较特殊，一般实习期最少为半年，有时会超过一年半。

实习期间，实习单位是否提供实习补贴或相关实习费用，可由学校与实习单位或实习人员之间协商约定。

学生在实习期间发生伤害事故，不属于工伤，不能享受工伤保险待遇，但可以以雇佣关系向用人单位主张权利，或由学校基于与单位之间的实习合同的相关约定主张权利。

实习人员和试用工、学徒工不一样，试用工需要有上岗资格证书，学徒工、实习人员不需要资格证书，通过学徒、实习才能取得上岗证书。试用工需要独立完成单位的生产任务，学徒工、实习人员不能独立操作，只能在师傅指导下操作，所完成的工作质量由师傅负责，完成的数量属于师傅的工作量。

实习期满后，企业可以根据实习人员需要出具实习人员鉴定表（如表 3-2 所示）。实习人员鉴定表除可以作为实习单位是否录用的证明文件之外，也可以为实习人员向学校或其他企业作证明文件使用。

表 3-2　实习人员鉴定表

姓名		部门		职位	
实习时间_____年___月___日至_____年___月___日				电话	
个人工作报告 签名：　　　　日期：					
部门经理意见	签名：　　　　日期：				
人力资源部意见	签名：　　　　日期：				
总经理意见	签名：　　　　日期：				

二、退休人员

企业要返聘退休人员，退休人员必须具有退休证明文件（如退休证）。企业返聘退休人员，需要签订退休人员返聘协议书。退休人员与用人单位的劳动关系，不属于《中华人民共和国劳动法》《中华人民共和国劳动合同法》的范畴，而适用于《中华人民共和国民法》《中华人民共和国合同法》的规定。用人单位除了不需要为退休人员再缴纳社保和公积金外，劳动条件、劳动保护、劳动报酬均需要双方协商后以书面形式确定。如果双方出现纠纷，程序是去法院诉讼，而不是劳动仲裁。

退休人员返聘协议书

甲　　方：　　　　　　　　乙方（退休人员）：

法定代表人：　　　　　　　身份证号码：

地　　址：　　　　　　　　住　　址：

鉴于乙方为退休人员，且已开始依法享受社保退休待遇，不具有劳动法律关系的主体资格。甲方因工作需要返聘乙方到甲方工作。根据《中华人民共和国民法通则》《中华人民共和国合同法》和有关规定，甲乙双方经平等协商一致，自愿签订本返聘劳务协议，共同遵守本协议所列条款。

一、协议期限

本返聘协议期限自____年__月__日起至____年__月__日止。

二、工作内容和工作要求

1. 乙方返聘期间的岗位。

2. 乙方在工作范围内应服从甲方安排，同时服从甲方的工作调整。

3. 乙方应当按照岗位职责和规范要求，完成工作任务。

三、工作方式和工作时间

1. 乙方提供劳务的方式为全职。

2. 乙方的工作时间为每天 8 小时。

3. 乙方在本协议期内应遵守甲方作息时间。

四、劳务报酬和福利待遇

1. 甲方按月支付乙方劳务报酬总计人民币____甲方要及时足额向乙方支付劳动报酬。实行月工资制的，甲方必须每月____日前以货币的形式足额支付乙方的工资报酬，不得克扣或者无故拖欠乙方的工资。

2. 甲方在协议期间内不承担乙方的社会保险费用。

3. 乙方不得以在职职工的身份向甲方报销医疗费用，同时乙方在医疗期间甲方不支付乙方劳务报酬。

4. 乙方在协议期间内各种节假日、休息日等均按国家和甲方有关规定执行，但乙方不享受法律规定的带薪年休假待遇。

五、保密义务

乙方负有保守甲方工作秘密的义务。

六、协议解除

1. 甲乙双方可以协商解除本协议。

2. 乙方严重违约，造成甲方较大损失的，甲方有权解除本协议。

3. 甲方因政策性原因需解除的，甲方有权解除本协议。

4. 甲方连续拖欠乙方三个月劳务报酬的，乙方有权解除本协议。

5. 法律、法规规定的其他解除情形。

七、协议的终止

1. 协议期满，本协议终止。

2. 乙方因疾病治疗等客观原因无法履行本协议的，本协议终止，但乙方须提供相关材料予以证明。

3. 法律、法规规定的其他终止情形。

八、经济补偿（赔偿）、违约金

1. 本协议解除或终止，甲方无须支付乙方任何经济补偿。

2. 乙方在工作中造成甲方损失（包括医疗事故）并负有责任的，应依法承担赔偿责任。

九、其他约定事项

1. 如双方或任何一方在协议期满不续约的，需于协议期满前 30

天通知对方，并在此期间完成工作交接。

2. 本协议如发生争议，甲乙双方应协商解决，协商不成，通过司法途径解决。

3. 本协议未尽事宜，甲乙双方可签订补充协议予以明确。

本协议一式两份，双方各执一份。本协议自甲、乙双方签字或盖章之日起生效。

甲方:(盖章)　　　　　　　　　　乙方:(签名)

年　月　日　　　　　　　　　　年　月　日

三、兼职人员

兼职人员是本人在其他单位工作的同时，又在本企业兼职的人员。兼职人员的社保、公积金应由原单位缴纳，否则，兼职企业就有缴纳社保、公积金的义务。企业可为兼职人员购买工伤保险，以降低用工风险。企业聘用兼职人员，要与兼职人员签订兼职协议书，并要求兼职人员出具社保、公积金由原单位缴纳的承诺书和证明。并且《中华人民共和国劳动合同法》的第九十一条有明确的规定:用人单位招用与其他用人单位尚未解除或终止劳动合同的劳动者，给其他用人单位造成损失的，应当承担连带赔偿责任。

兼职入职协议书范本

甲　　方:　　　　　　　　　　乙　　方:

法人代表:　　　　　　　　　　身份证号码:

地　　址:　　　　　　　　　　住　　址:

鉴于乙方现为我公司兼职人员，根据中华人民共和国相关法律法规的有关规定，甲、乙双方经平等协商，一致同意签订本协议，共同遵守。

第一条 工作内容

1.1 乙方同意在被聘用期间，根据甲方工作需要，在企业应用事业部从事__________工作。

1.2 乙方应按照甲方的要求，按规定的标准完成工作。

第二条 协议期限

本协议有效期自______年____月____日至______年____月____日止，本协议期限为______年。

第三条 劳动时间

3.1 乙方在被聘用期间执行不定时工作制，即在保证完成甲方安排的工作任务情况下，工作休息时间由乙方自行安排。

3.2 乙方必须尽职尽责完成甲方规定的劳动内容，并达到规定的质量标准。

3.3 乙方不能以甲方的名义开展任何与完成约定的工作任务无关的业务、活动或者从事违法犯罪活动，否则一切后果由乙方负责，同时甲方保留追究其法律及经济责任的权利。

第四条 劳动纪律

4.1 乙方在聘用期间，应遵守甲方的各项规章制度及劳动纪律，严格遵守劳动安全卫生、生产工艺、操作规程和工作规范，爱护甲方的财产，遵守职业道德。

4.2 乙方违反劳动纪律及各项规章制度的，甲方可视情节轻重，给予调职、降薪或提前解除本合同。

第五条 兼职劳动报酬

5.1 甲方将在每月____日前以人民币形式向乙方支付上月的税前劳动报酬，乙方应缴纳的所得税在每次发放报酬前由甲方代扣。

5.2 甲方不承担乙方任何劳保福利待遇，并且不负责承担乙方的任何医疗保险费用。

第六条　保密义务

协议期内，乙方须在甲方许可范围内使用甲方商业信息；协议期内以及协议终止后，乙方必须为甲方一切商业信息保守秘密，不得以任何方式向甲方以外的第三方泄露、给予或转让。

如果乙方违反上述义务，给甲方造成任何损失，乙方自愿承担最终的赔偿责任。

第七条　合同的终止

以下情形发生时，本合同可以终止：

7.1 合同期限届满；

7.2 在合同有效期内，乙方如不能达到甲方的工作要求，甲方将给予警告；如果在一次警告后仍然不能达到甲方的工作要求的，甲方提前30日告知乙方，本合同即可提前终止。

7.3 乙方在本合同有效期间，被依法追究刑事责任，甲方可以单方终止合同。

7.4 对于非因7.1、7.2和7.3的原因，合同任何一方违反合同约定，且违约方在非违约方书面通知后15日内仍未予改正的，非违约方可以书面通知的形式终止本合同。

本合同的提前终止不影响已经产生的权利义务关系。

第八条　其他

8.1 因履行本合同发生的纠纷，双方通过友好协商解决，协商不成的可以向当地人民法院提起诉讼。

8.2 本协议自签订之日起生效，本协议未尽事宜，按国家有关规定执行；必要时，经甲乙双方协商一致后方可对本协议进行修改或补充；对本协议的任何修改或补充，经双方签字、盖章后方可生效，并具有与本协议同等的法律效力。

8.3 本协议书一式二份，甲乙双方各执一份。

甲方（盖章）：　　　　　　　　乙方（签字）：__________

_____年___月___日　　　　　　_____年___月___日

兼职人员承诺书

本人________，身份证号：_______________，现郑重承诺，本人已在_______________（单位名称）缴纳了社会保险（养老保险、医疗保险、失业保险、工伤保险、生育保险）和住房公积金，因此，本人自愿要求___________（兼职单位名称）不再为本人缴纳社会保险及住房公积金，本人也愿意承担由此造成的法律责任和经济损失。此外，如需本人提供社保和住房公积金缴纳证明，本人愿意积极配合。

承诺人：

日　期：

四、临时人员

临时人员含劳务人员和非全日制人员。这类人员一般工作周期都比较短，或者以小时来计算工作时间。企业聘用劳务人员需要帮劳务人员代缴劳务费的个人所得税。非全日制人员用工双方当事人可以订立口头协议，聘用非全日制人员，需执行小时最低工资标准，可以不缴纳社保、不支付经济补偿，但工资支付周期不能超过 15 天。

关于非全日制用工方面的法律条款有：

《中华人民共和国劳动合同法》相关条款

第三节　非全日制用工

第六十八条　非全日制用工，是指以小时计酬为主，劳动者在同一用人单位一般平均每日工作时间不超过四小时，每周工作时间累计不超过二十四小时的用工形式。

第六十九条　非全日制用工双方当事人可以订立口头协议。

从事非全日制用工的劳动者可以与一个或者一个以上用人单位订立劳动合同；但是，后订立的劳动合同不得影响先订立的劳动合同的履行。

第七十条　非全日制用工双方当事人不得约定试用期。

第七十一条　非全日制用工双方当事人任何一方都可以随时通知对方终止用工。终止用工，用人单位不向劳动者支付经济补偿。

第七十二条　非全日制用工小时计酬标准不得低于用人单位所在地人民政府规定的最低小时工资标准。

非全日制用工劳动报酬结算支付周期最长不得超过十五日。

管理技能四

入 职 管 理

技能点 1
入职流程设计

新员工入职的流程一般包括以下几个方面：

提前准备→资料收集→签订合同→入职培训→领取物品→部门报到→资料存档→试用跟踪。

一、提前准备

人力资源部应该与候选人及时取得联系，提前确认具体报到时间，将即将入职的新员工的姓名、职位、所属部门、直属上级（有下级的含直属下级）及报到时间及时通知相关部门，其中也包括行政部、信息部、财务部、具体用人业务部门及人力资源部全体人员。特别需要准备的如劳动合同文本、员工手册、出入证、就餐卡、住宿卡、工位、电脑、工作服及一些基础的办公用品。

二、资料收集

新员工递交其入职的相关资料，人力资源部要对其真伪性做一下鉴定，并为以后办理相关手续做准备。

三、签订合同

新员工入职一个月内，用人单位需要与其签订劳动合同。建议大家可以选择在办理入职手续的同时，就与新员工签订劳动合同，即采用“先签订，后工作”的方式。

四、入职培训

新员工入职培训的主要目的是提升其对组织的认同感，消除新员工的陌生感。让新员工明白企业倡导什么，反对什么。特别是企业的规章制度，入职培训是最好的确认方式。

五、领取物品

向员工提供劳动必要的工具、设备，是企业应尽的义务。

根据相关法律规定，企业不能因为提供工具、设备和保护措施而要求劳动者缴纳押金，或扣留其相关证件。

六、部门报到

上述流程进行完毕以后，人力资源部需要把新员工带到部门经理面前，就相关事项做交代和对接。

七、资料存档

新员工到业务部门报到以后，人力资源部需要对新员工的相关资料进行整理和保存（如身份证、学历证、学位证、资格证书的复印件及离职证明、体检报告、照片、入职培训记录的考勤签到表、考试卷、劳动合同等）。一个员工的资料放在一个档案袋里，保存到档案柜，由专人保管。

八、试用跟踪

人力资源部需跟踪新员工一周甚至更长时间，看其是否适应新岗位，是否有心理问题或其他问题。人力资源部和部门经理要解释、沟通，并解决问题。

技能点 2

入职资料收集

新员工入职流程中最重要的一个环节是填写新员工入职登记表（如表 4–1 所示）。新入职员工要真实准确地填写表里的信息。

表 4–1　新员工入职登记表

编号：　　　　　　　　　　　　　　　　报到日期：　　年　月　日

<table>
<tr><td colspan="7">一、基本信息</td></tr>
<tr><td>姓名</td><td></td><td>性别</td><td></td><td>出生年月</td><td></td><td rowspan="4">照片</td></tr>
<tr><td>民族</td><td></td><td>籍贯</td><td></td><td>婚姻状况</td><td></td></tr>
<tr><td>手机</td><td></td><td>邮箱</td><td></td><td>最高学历</td><td></td></tr>
<tr><td>身份证号</td><td colspan="3"></td><td>政治面貌</td><td></td></tr>
<tr><td>户籍地址</td><td colspan="6">省　　市　　县　　街道
号</td></tr>
<tr><td colspan="7">二、通讯信息</td></tr>
<tr><td>手机号码</td><td></td><td>紧急联系人</td><td></td><td>固定电话</td><td colspan="2"></td></tr>
<tr><td>现居住地址</td><td colspan="6">省　　市　　县　　区　　街道　　号
小区　　号楼　　单元　　号</td></tr>
</table>

（续表）

三、教育背景

时间	学校名称	专业	学历层次

四、工作经历

时间	任职单位	职位	证明人	电话

五、家庭情况

姓名	与本人关系	工作单位	手机号	地址

六、培训经历

时间	培训内容	主办单位	所获证书

七、兴趣爱好特长

八、其他

填表人签字：　　　　　　　　　　日期：

人力资源部为员工办理入职手续，一定要收集员工的个人资料，要保留员工填写的表格。这些可以作为劳动者和劳动关系的依据，特别是入职日期，也可以作为补偿金的依据。

同时，用人单位有权了解劳动者与劳动合同直接相关的基本情况，劳动者应当如实说明。

相关的法律依据有：

《中华人民共和国劳动合同法》相关条款

第八条　用人单位招用劳动者时，应当如实告知劳动者工作内容、工作条件、工作地点、职业危害、安全生产状况、劳动报酬，以及劳动者要求了解的其他情况；用人单位有权了解劳动者与劳动合同直接相关的基本情况，劳动者应当如实说明。

第二十六条　下列劳动合同无效或者部分无效：

（一）以欺诈、胁迫的手段或者乘人之危，使对方在违背真实意思的情况下订立或者变更劳动合同的；

（二）用人单位免除自己的法定责任、排除劳动者权利的；

（三）违反法律、行政法规强制性规定的。

对劳动合同的无效或者部分无效有争议的，由劳动争议仲裁机构或者人民法院确认。

第三十九条　劳动者有下列情形之一的，用人单位可以解除劳动合同：

（一）在试用期间被证明不符合录用条件的；

（二）严重违反用人单位的规章制度的；

（三）严重失职，营私舞弊，给用人单位造成重大损害的；

（四）劳动者同时与其他用人单位建立劳动关系，对完成本单位的工作任务造成严重影响，或者经用人单位提出，拒不改正的；

（五）因本法第二十六条第一款第一项规定的情形致使劳动合同无效的；

（六）被依法追究刑事责任的。

第九十一条　用人单位招用与其他用人单位尚未解除或者终止劳动合同的劳动者，给其他用人单位造成损失的，应当承担连带赔偿责任。

新员工报到还需要向企业出具以下一系列材料。

一、身份证

确认新员工身份、年龄、办理社保及公积金开户手续等多都需要身份证上的员工出生年月、性别、户籍等相关信息，所以，查验新员工身份证，保留新员工的身份证复印件尤为重要。一般企业会经常使用员工的身份证复印件，可以多复印几份。

人力资源部要核对身份证上姓名、性别、年龄、出生日期、籍贯等相关信息是否与简历上的一致。

二、学历学位证书

毕业证书和学位证书是证明员工文化水平的重要证件，也是企业录用员工的基本标准之一。企业需要保留员工学历、学位等相关证书的复印件。

人力资源部要核查新员工学历学位证书的真伪，通过学信网、学位网、中国留学生网等查询。核对其姓名、性别、年龄、出生日期、籍贯等相关信息是否与简历上一致。

三、职称 / 培训证书

国家职称证书有官网可进行编号查询。人力资源部要核对新员工的姓名、年龄、培训 / 职称名称、发证日期、发证单位等相关信息是否与简历一致。

四、体检报告

企业之所以要员工提供体检报告，主要还是为了避免隐患，可以证明有些疾病在员工入职前已有，与本公司无关。特别是有些行业和工种要求必须持有健康证才能上岗。如果新员工提供不了体检报告证明，后期出现问题容易发生纠纷。

注意要求新员工提供的体检报告必须是地市两级以上医院的正规体检证明，必须加盖有体检医院的公章或体检专用章。要特别注意体检报告上的重大疾病史和传染病史。

以上这些材料是大多数公司都需要的，为了更完善和规避风险，有些企业还要求新入职员工提供如离职证明、社保和公积金转出手续、工资银行卡号、免冠照片、原单位竞业限制说明、培训服务期责任、劳动手册（如上海市）说明等。

如果新员工在报到时，个别证件无法提供或没带齐，要看具体缺什么资料，区别对待。如果不能提供离职证明、体检报告、个别地区要求的劳动手册，就不能与其签订劳动合同。个别证件不齐的，还需要新员工提供《关于证件不能提供的个人声明》，并且要求其尽快补齐。

关于证件不能提供的个人声明

________________公司：

本人因______________________原因，不能提供本人的__________证件，预计于______________之前，可以提供。

特此声明，本人愿意为此负一切经济与法律责任。

声明人：__________

日期：__________

技能点 3
入职物品领取

企业向员工提供工具、设备及保护措施，不能要求员工缴纳押金，或扣留其相关证件。为了确保企业提供的工具、设备和保护措施完好，最好的办法就是做好领用记录和管理登记。

人力资源部可以建立员工物品领用登记表（如表 4-2 所示），并制定好使用过程中损坏和遗失的处理决定。需要交还的物品设施，当员工离职时，人力资源部可以根据物品领用记录表进行核对，有损坏和遗失的按处理决定处理。

表 4-2　员工物品领用记录表

领取物品登记记录						归还物品登记记录			
序号	物品名称	数量	领取部门	领取时间	领取人	数量	接收部门	归还时间	经办人

（续表）

领取物品登记记录						归还物品登记记录			
序号	物品名称	数量	领取部门	领取时间	领取人	数量	接收部门	归还时间	经办人
员工离职时，人力资源部需进行物品确认。									

技能点 4
准备劳动合同

为推行劳动合同制度，各地劳动行政部门一般推荐使用劳动合同的示范文本。因其是依法根据当地经济、文化发展的一般水平和企业管理的一般状况制定的，部分条款可能与企业的实际情况有差距，故企业在使用示范文本作为订立劳动合同的基础时，必须要根据企业的实际情况进行修订和补充，使其更符合实际情况。

劳动合同的法定条款不可或缺，为使劳动合同当事人双方的权利和义务清晰界定并具有操作性，逐款详细规定必使劳动合同过于冗长，这时可以将企业依法制定的相关内部管理制度作为劳动合同的附件，通过附件的形式使劳动合同的相关内容具体化。

劳动合同各项条款的内容必须统一，不应存在内在的矛盾，否则该项条款极有可能成为无效条款而丧失法律效力。例如，劳动合同的期限为三年，专项协议中的服务期限协议却为五年，或者约定了服务期限，同时又约定了试用期等。

技能点 5
部门报到交接

上述流程都走完，人力资源部需要把新员工带到部门经理面前，就相关事项做交代和对接。

在将入职新员工交往部门之前，需要再次确认劳动合同是否签署，新员工是否领取了相关物品，熟悉了企业的相关规章制度或参加了相关入职培训，并通过考试达到熟悉程度。人力资源部需带领新员工前往相应部门，亲自交接给部门经理。并提醒和协助部门经理做好关于新员工的岗位职责确认，安全知识培训，试用期的考核、考勤、请假、休假等工作。

新员工交接到部门之后，人力资源部在一段时间内要持续跟踪新员工情况。

技能点 6
入职员工培训

入职培训的目的在于将企业录用人员由企业局外人转变为合格员工。具体来说，就是通过入职培训让新员工熟悉企业发展历史、现状乃至未来的前景，了解企业文化、规章制度和工作纪律，学习岗位所需的技能或知识，并在培训中转变新员工不适应企业发展的观念和习惯，使其尽快融入企业整体环境。培训过程中要先务虚、后务实，按轻重缓急来安排培训内容，运用书面讲解、参观现场、操作示范相结合的方式进行。

一般由公司人力资源部主持职前培训，制订职前培训计划，并经公司领导批准后实施。新员工应积极参加职前培训，并填写新员工职前培训表。各部门应配合人力资源部对新员工进行培训工作。凡涉及介绍本部门职责、功能的，均应认真准备。新员工培训完毕，要将其培训成绩记录在案。职前培训表员工签字及各级主管评价后留存人力资源部。

对于新员工的入职培训，一般包括以下几个方面。

一、企业概况介绍

介绍企业概况、企业历史、企业精神、经营理念、未来前景、组织结构等。组织员工参观企业，使员工对企业的全貌和各个部门有初步的了解、直观的认识，让新员工熟悉工作环境，消除陌生感。

二、企业规章制度介绍

介绍企业人事规章和福利，特别是对《员工手册》进行解释说明，向员工宣传服务守则、劳动法规及岗位职能、岗位规范、作息时间、打卡、用餐、服饰、礼仪、休假、加班、奖惩制度等。

三、岗位知识与技能

员工入职后必须熟悉自己的工作岗位和职责。应把员工岗位标准和条件、绩效标准等纳入培训范畴，培训完毕后请员工签字。当员工达不到所要求的录用条件和绩效标准时，企业可以以此作为与其解除劳动关系的依据。

因此，人力资源部应提供详细的岗位工作说明和技能说明教材，配备相应的设备，提供员工实际操作环境，并由本岗位熟练的技术人员为新员工做示范。同时要向新员工普及本岗位所需要的安全知识、处理紧急事件及投诉方法、合理化建议渠道和费用报销说明等。

四、团队精神

团队精神是企业文化的重要组成部分，是企业凝聚力和向心力的体现，所以，团体精神的培训是企业入职培训的重要内容之一。培训内容包括企业的核心理念、如何提高团队的凝聚力、如何提高团队管理技巧、如何打造高效团队、如何有效地进行沟通、如何提升团队精神等。

技能点 7

试用跟踪辅导

对于通过筛选测试而来的求职者，在签订劳动合同的同时应规定一定的试用期。通过试用期与求职者的接触，仔细观察、考核求职者在试用期的表现，一般能辨别出求职者能力如何。

新员工入职后的三个月内，一般都处于离职的高发期。员工离职，无论是对新员工本人还是对企业，都是一个不利的结果，所以试用期内的跟踪辅导工作尤为重要，这样可以有效降低新员工的流失率，保障招聘效果。试用期过后要填写《员工试用期考核表》。如表 4–3 所示。

表 4–3 员工试用期考核表

填表日期　　年　月　日

姓名		入职时间		职位	
出勤情况：迟到__次，早退__次，旷工__次，事假__天，病假__天，其他					
评估项目					评分
1	专业知识与技能	熟悉公司的文化、政策、流程			
		具有胜任本职工作的知识和技能			
		会分清工作的轻重缓急，完成任务质量高			
		能够吸收新知识，积极参加培训，且成绩优秀			

（续表）

<table>
<tr><td rowspan="2">2</td><td rowspan="2">责任心</td><td>严格执行公司纪律，按时完成工作</td><td></td></tr>
<tr><td>发现工作中的风险和隐患，及时提出解决方案</td><td></td></tr>
<tr><td rowspan="3">3</td><td rowspan="3">主动性</td><td>灵活运用专业技能，主动寻求高效方案</td><td></td></tr>
<tr><td>工作积极主动，敢于挑战困难，积极解决问题</td><td></td></tr>
<tr><td>努力追求设定的预期目标</td><td></td></tr>
<tr><td rowspan="3">4</td><td rowspan="3">合作性</td><td>服从主管领导安排，与同事和谐相处</td><td></td></tr>
<tr><td>有良好的沟通能力，乐于协助同事，分享信息</td><td></td></tr>
<tr><td>具备团队合作精神，积极参加公司组织的活动</td><td></td></tr>
<tr><td colspan="4">总评分＝以上各项表现平均分</td></tr>
<tr><td colspan="4">阶段指标、业绩评价填写</td></tr>
<tr><td colspan="3">具体指标及相关描述</td><td>评语 / 说明</td></tr>
<tr><td colspan="3"></td><td></td></tr>
<tr><td colspan="2">总体评价</td><td colspan="2"></td></tr>
<tr><td colspan="2">结论</td><td>□试用合格，予以录用</td><td>□试用不合格，解除劳动合同</td></tr>
<tr><td>人力资源部负责人</td><td></td><td>用人部门负责人</td><td></td></tr>
<tr><td>分管副总</td><td></td><td>总经理</td><td></td></tr>
</table>

试用期除了要定期与新员工沟通交流之外，还要及时了解新入职员工的工作动向和职业心态。尽量采取一对一的辅导方式，保证新人有人管，有人带，使新员工快速进入角色，平稳度过试用期。试用期期间，要填写《新员工试用期跟踪辅导表》，如表 4-4 所示。

表 4-4　新员工试用期跟踪辅导表

新员工入职时间	跟踪辅导方式	跟踪辅导要点	备注
入职第 1 星期	入职面谈 新员工培训	1. 新员工入职有哪些不适和困难 2. 部门安排的工作职责是否清晰 3. 直接上级沟通是否顺畅	如果通过跟踪辅导发现问题，应及时与相关部门沟通解决问题，加以改进
入职第 1 个月	个别面谈	1. 跟踪工作进展情况 2. 询问遇到的不适和困难 3. 询问与同事相处情况 4. 询问对公司的整体感受	
入职第 2 个月	个别面谈	1. 询问遇到的不适与困难 2. 询问对直属上级的评价 3. 询问对公司的整体感受 4. 询问工作进展和收获	
入职第 3 个月	个别面谈	1. 询问遇到的不适与困难 2. 询问对公司的整体感受 3. 询问工作进展和收获	

技能点 8
转正考核评估

新员工试用期满前，人力资源部需要落实转正考核，一般需要履行转正的审批流程。转正申请一般由员工个人提出，个人述职后逐级审批。此时，需要填写《员工转正申请审批表》，如表 4-5 所示。

表 4-5 员工转正申请审批表

姓名		性别		出生年月	
岗位		部门		联系方式	
学历		专业		试用期时间	
自我鉴定	签字：__________ 日期：__________				
直属上级意见	签字：__________ 日期：__________				
部门经理意见	签字：__________ 日期：__________				
人力资源部意见	签字：__________ 日期：__________				
总经理意见	签字：__________ 日期：__________				

试用期内与员工解除劳动关系，关键是要提供能够证明员工不符合录用条件的证据。因此，试用期内对员工及时、客观地考核评价非常重要，企业内部有具备完善的试用期考核体系，才能对不符合录用条件的员工进行客观地评价。

根据《中华人民共和国劳动合同法》规定，在试用期内有以下情形的，用人单位可以解除劳动合同。

《中华人民共和国劳动合同法》相关条款

第三十九条 劳动者有下列情形之一的，用人单位可以解除劳动合同：

（一）在试用期间被证明不符合录用条件的；

（二）严重违反用人单位的规章制度的；

（三）严重失职，营私舞弊，给用人单位造成重大损害的；

（四）劳动者同时与其他用人单位建立劳动关系，对完成本单位的工作任务造成严重影响，或者经用人单位提出，拒不改正的；

（五）因本法第二十六条第一款第一项规定的情形致使劳动合同无效的；

（六）被依法追究刑事责任的。

管理技能五

劳动合同管理

技能点 1
劳动合同核定

劳动合同是指劳动者与用人单位确立劳动关系、明确双方权利和义务的协议。订立劳动合同的目的是在劳动者和用人单位之间建立劳动法律关系，规定劳动合同双方当事人的权利和义务。劳动者和用人单位签订劳动合同时的法律地位平等。但在劳动合同履行过程中，劳动者必须参加到用人单位的劳动组织中，担任一定职务或工种、岗位的工作，服从用人单位的领导和指挥。遵守用人单位的劳动纪律、内部劳动规则和各项规章制度等，同时享有用人单位的工资、劳动保险和福利待遇。

起草劳动合同草案，必须掌握劳动合同的内容。劳动合同的内容是指当事人双方经过平等协商所达成的关于权利和义务的条款，包括法定条款和约定条款。

一、法定条款

法定条款是依据法律规定，劳动合同双方当事人必须遵守的条款，不遵守法定条款，劳动合同不能成立。《中华人民共和国劳动法》规定，劳动合同应当具备以下条款：

1. 劳动合同期限

劳动合同期限是指劳动合同规定的双方当事人权利义务的有效时

间。劳动合同期限分为三种：一是有固定期限的劳动合同，订立劳动合同时明确约定合同生效和终止的时间，也称定期劳动合同；二是无固定期限的劳动合同。没有明确约定终止日期，在正常履行劳动合同的情况下，劳动者可以一直工作到退休；三是以完成一定工作为期限的劳动合同，这是一种特殊的定期劳动合同，当事人把完成某项工作或工程作为劳动合同的存续期间，约定工作或工程完成后合同就可以终止。

2. 工作内容

工作内容是指劳动者应当为用人单位提供的劳动，即承担何种工作或职务，包括工种、岗位、工作地点和场所。关于工作的数量、质量标准，若不宜具体规定，做出原则性规定即可。

3. 劳动保护和劳动条件

劳动保护是指用人单位为保障劳动者在劳动过程中的安全和健康，防止工伤事故和预防职业病的发生，所应采取的技术措施和组织措施。劳动条件是指为完成工作任务应由用人单位提供的、不得低于国家规定标准的必要条件。

4. 劳动报酬

劳动报酬是指用人单位根据劳动者劳动的数量和质量，以货币形式支付给劳动者的工资。此项条款应明确员工适用的工资制度、工资支付标准、支付时间、支付周期、工资计算办法、奖金津贴获得条件和标准；如有必要，还可以明确加班加点工资的计算办法、支付时间，以及下岗待工期间的工资待遇等，工资标准不得低于当地最低的工资标准，同时也不得低于本单位集体合同规定的最低工资标准。

5. 社会保险

社会保险是国家通过立法建立的、对符合法定条件的劳动者在其生育、养老、疾病、死亡、伤残、失业，以及发生其他生活困难时，给予物质帮助的制度。本项条款应明确双方当事人各自的社会保险缴费项目、缴费标准和缴费办法等。

6. 劳动纪律

劳动纪律是指劳动者在劳动过程中必须遵守的规则和秩序，包括国家法律、行政法规规定的规则和用人单位按照合法的程序制定的内部劳动规则。

7. 劳动合同终止的条件

劳动合同终止的条件是指导致或引起合同关系消失的原因，包括法定终止条件和约定终止条件。合同期限届满、约定义务完成属于法定终止条件。约定终止条件，即双方当事人根据各自的实际情况，经对方协商一致，将一定情形的发生作为合同终止的法律事实，当约定的事实出现时，劳动合同自行终止。

8. 违反劳动合同的责任

劳动合同应当明确约定一方当事人违反劳动合同的规定给对方造成损失时，应承担的法律后果。

二、约定条款

一般常见的约定条款主要包括以下内容：

1. 试用期

试用期是指劳动者和用人单位为相互了解、选择而约定的考察期，当事人分别考察劳动者是否符合录用条件、用人单位所介绍的劳动条件是否符合实际情况等。依据劳动法的规定，试用期最长不得超过六个月，对于两年期以下的短期劳动合同，试用期不得超过两个月；半年期劳动合同试用期不得超过 15 天；一年期劳动合同试用期不得超过一个月。试用期包含在劳动合同的期限内。

2. 培训

双方当事人可以约定培训的条件、培训期间的工资待遇、培训费用的支付方法、服务期限等。

3. 保密事项

劳动过程涉及用人单位的商业秘密的，当事人应当对有关保密事项做出明确规定，使之成为劳动者履行劳动合同的一项基本义务。

4. 保险和福利待遇

双方可根据法律法规的有关规定和企业的经营发展战略及企业效益，选择协商确定补充养老、医疗等保险和适应企业特点的福利待遇。

5. 当事人协商约定的其他事项

劳动合同当事人的具体要求千差万别，如住房、班车、子女就学等问题都可成为劳动合同内容，这些内容只要不违反国家法律和行政法规的规定，一经双方商定，均为合法有效，对当事人具有法律约束力。

技能点 2
劳动合同签订

有些企业为了吸引员工，在新员工未正式入职之前就与其签订劳动合同，这是有一定风险的。建议大家在办理完入职手续，交齐了完备的入职资料的同时，与新员工签订劳动合同，即采用“先签订，后工作”的方式。这样可以避免超过 30 天还没有与新员工签订劳动合同的尴尬，降低法律风险。自用工之日起满 30 日，不满一年未与劳动者签订劳动合同的，每月要支付双倍工资。

劳动合同一定是员工本人签字，其他人不能代签，否则合同无效。

《中华人民共和国劳动合同法》相关条款

第七条 用人单位自用工之日起即与劳动者建立劳动关系。用人单位应当建立职工名册备查。

第十条 建立劳动关系，应当订立书面劳动合同。

已建立劳动关系，未同时订立书面劳动合同的，应当自用工之日起一个月内订立书面劳动合同。

用人单位与劳动者在用工前订立劳动合同的，劳动关系自用工之日起建立。

技能点 3

劳动合同变更

有三种情况，会造成劳动合同的变更。

（1）劳动者非因公生病，医疗期满后不能继续从事原岗位工作的。企业对其做出变更岗位，无须征得劳动者同意。

（2）劳动者不能胜任工作的，出现工作任务完不成的情况，企业可以安排相关的工作技能培训，再次安排上岗。仍然不能胜任工作的，调整至劳动者能够胜任的岗位上工作，签署变更合同。企业要做好培训和考核的相关记录。

（3）企业自身的原因，比如经营场地变更。

无论出于以上哪种情况，都涉及双方的利益。因此，要注意以下两点。

第一，当一方通知另一方变更，对方逾期不予回复的，视为同意变更。

第二，提前将可能发生变更的情况写在所签的劳动合同里，当情况发生时，无须通知对方，按约定情形履行。

劳动合同的变更以用人单位与劳动者签订的书面变更文件为准，如果用人单位与劳动者关于劳动合同变更无法达成一致意见，尤其是用人单位方面提出的变更，但劳动者不同意的，视为用人单位单方面解除劳动合同。

劳动合同变更书

经双方平等自愿协商同意，对本合同做出以下变更：

甲方（盖章签字）：　　　　　　乙方（签字）：

签订日期：　　年　月　日　　　签订日期：　　年　月　日

技能点 4

劳动合同续签

劳动合同的续签是指有固定期限的劳动合同到期，双方当事人就劳动合同的有效期限进行商谈，经平等协商一致而续延劳动合同期限的法律行为。劳动合同续签的原则与订立劳动合同的原则相同。

提出劳动合同续签要求的一方应在合同到期 30 日前书面通知对方。续签劳动合同不得约定试用期。劳动法规定，劳动者在同一用人单位工作满 10 年，双方同意续延劳动合同的，劳动者提出订立无固定期限的劳动合同的，用人单位应当与之订立无固定期限的劳动合同。

有固定期限的劳动合同期限届满既未终止又未续签，劳动者与用人单位仍存在劳动关系的，视为续延劳动合同，用人单位应当与劳动者续签劳动合同。当事人就续延劳动合同的期限达不成一致意见的，其期限从签字之日起不得少于一年，或者按原条件履行。

续签劳动合同，是在原劳动合同的终止日期即将出现时进行的。关于劳动合同即将终止，需要提前多少天进行双方的续签或不续签的确认，法律法规没有规定，大家可以依据人性化操作原则进行。

（1）劳动合同到期前 15 ～ 30 天，企业发出续签要约，要求劳动者 2 个工作日内回复是否续签。

（2）续签的劳动合同条款，对于劳动者的利益而言，只能是维持原标准或提高标准，不得低于原标准。

（3）如果用人单位不同意续签，需要支付补偿金；如果是劳动者不愿意续签的，则用人单位不需要支付补偿金。

（4）属于第 3 次续签劳动合同的，除非劳动者不愿意，否则都需要订立无固定期限合同。

其实，人力资源管理者应该明白，一般情况下，员工除了急着就职已经谈妥的更好的工作外，是不会自己主动提出不续签劳动合同的，一般等待企业提出不续签，想名正言顺地依法领取经济补偿金。所以，与劳动者的劳动合同终止前，人力资源管理者就要做好支付经济补偿金的准备。

如果双方已经明确续签劳动合同，续签手续需要在原劳动合同到期前完成，最迟不能超过劳动合同到期后的 30 天。如果不再续签合同，则通知需要劳动合同到期前 30 天发出，并在劳动合同到期前办理离职手续。公司如果决定劳动合同期满不再续签，最好给员工提前发出《劳动合同期满不再续签通知书》。

劳动合同期满不再续签通知书

________员工：

您好！

我们双方于______年____月____日签订的劳动合同将于______年____月____日期限届满，单位决定不再续订劳动合同，现通知你终止劳动合同。

终止劳动合同时间为：______年____月____日。

请你于接到本通知后至终止劳动合同前，按照公司规定及时办理工作交接等相关手续，并按工作交接终结单领取经济补偿金。

特此通知。

甲方签发人（签名或盖章）：

签发时间：　　年　月　日

技能点 5
劳动合同解除

劳动合同的解除有两种情况，一种是劳动者提出解除，另一种是企业提出解除。

一、劳动者提出解除

用人单位有违法或过错，劳动者解除劳动合同不需要提前告知。当用人单位没有违法或过错时，试用期内提前 3 天告知企业，正式期内提前 30 天告知企业。劳动者如果不提前通知，属于不合法行为。

《中华人民共和国劳动合同法实施条例》的相关法规条款具体如下：

《中华人民共和国劳动合同法实施条例》相关条款

第十八条　有下列情形之一的，依照劳动合同法规定的条件、程序，劳动者可以与用人单位解除固定期限劳动合同、无固定期限劳动合同或者以完成一定工作任务为期限的劳动合同：

（一）劳动者与用人单位协商一致的；

（二）劳动者提前三十日以书面形式通知用人单位的；

（三）劳动者在试用期内提前三日通知用人单位的；

（四）用人单位未按照劳动合同约定提供劳动保护或者劳动条件的；

（五）用人单位未及时足额支付劳动报酬的；

（六）用人单位未依法为劳动者缴纳社会保险费的；

（七）用人单位的规章制度违反法律、法规规定，损害劳动者权益的；

（八）用人单位以欺诈、胁迫的手段或者乘人之危，使劳动者在违背真实意思的情况下订立或者变更劳动合同的；

（九）用人单位在劳动合同中免除自己的法定责任、排除劳动者权利的；

（十）用人单位违反法律、行政法规强制性规定的；

（十一）用人单位以暴力、威胁或者非法限制人身自由的手段强迫劳动者劳动的；

（十二）用人单位违章指挥、强令冒险作业危及劳动者人身安全的；

（十三）法律、行政法规规定劳动者可以解除劳动合同的其他情形。

二、企业提出解除

员工有下列情形之一的，企业可以解除劳动合同：

（1）在试用期被证明不符合录用条件的。

（2）严重违反劳动纪律或者企业规章制度的。

（3）严重失职，营私舞弊，对企业利益造成损害的。

（4）被依法追究刑事责任的。

（5）劳动者患病或者非因工负伤，医疗期满后，不能从事原工作，也不能从事由企业另行安排的工作的。

（6）劳动者不能胜任工作，经过培训或者调整工作岗位后，仍不能胜任工作的。

（7）劳动合同订立时所依据的客观情况发生重大变化，致使原劳动合同无法履行，经当事人协商不能就变更劳动合同达成协议的。

这里需说明的是，解除劳动合同，所依据的企业规章制度必须是合法的。员工对企业造成的损害可由企业内部规章来规定。若因此发生争议，则由劳动争议仲裁委员会进行认定。上述条件中的5～7条在实施过程中，企业应提前30天以书面形式通知员工本人，否则，企业应补偿员工一个月通知期的工资。

以下几类人群，禁止解除劳动合同：

（1）疑似职业病，且没有体检诊断的；

（2）患职业病或因公负伤丧失或部分丧失劳动能力的；

（3）患病或非因公负伤，仍在医疗期的；

（4）处于“三期”的女工；

（5）工龄满15年，且距法定退休年龄不足5年的；

（6）法律、法规规定的其他情形。

三、经济性裁员

（1）裁员人数限制：≥20人或≥10%的总人数（以花名册和工资表为准）。

（2）裁员流程必须符合法定程序（提前30天，通过工会和员工代表大会，裁减方案经向劳动行政部门报告后，可以裁减人员）。

（3）裁减人员时，应当优先留用下列人员：与本单位订立较长固定期限劳动合同的员工；与本单位订立无固定期限劳动合同的员工；家庭无其他就业人员，有需要赡养老人或抚养未成年人的员工。

（4）限制条件：优先留用，优先招用。

技能点 6
劳动合同终止

一、劳动合同终止的条件

劳动合同终止是指劳动合同关系的消灭，即劳动关系双方权利和义务的失效。劳动合同终止分为两类，即自然终止和因故终止。

1. 自然终止

属于自然终止的情形分别为：定期劳动合同到期；劳动者退休；以完成一定工作为期限的劳动合同规定的工作任务完成，合同即为终止。当上述条件出现时，劳动合同就可以终止，但在实际操作中，习惯上应提前 30 天通知。

2. 因故终止

属于因故终止的情形分别为：劳动合同约定的终止条件出现；劳动合同双方约定解除劳动关系或一方依法解除劳动关系；劳动关系主体一方消灭（企业破产或劳动者因故死亡）；不可抗力导致劳动合同无法履行（战争、自然灾害等）；劳动争议仲裁机构的仲裁裁决、人民法院判决亦可导致劳动合同终止。

二、补偿金的核算

劳动合同依法解除或终止时，用人单位应一次性付清劳动者工资，依法办理相关保险手续；用人单位依法破产时，应将劳动者工资列入破产清偿程序，首先支付劳动者工资。

在解除劳动合同时，符合下列条件，企业应当向劳动者支付经济补偿金。

（1）经劳动合同当事人协商一致，由用人单位解除劳动合同的，用人单位应根据劳动者在本单位的工作年限，每满一年发给相当于一个月的工资的经济补偿金，对于月工资高于本地区三倍工资的劳动者，向其支付经济补偿金不超过12年。工作时间不满一年的按一年的标准发给经济补偿金。

（2）劳动者不能胜任工作，经培训或调整工作岗位仍不能胜任工作的经济补偿金的支付办法同前。

（3）经济性裁员，以及客观情况发生变化，劳动关系双方就变更合同达不成一致意见，由用人单位提出解除劳动合同的，经济补偿金按照劳动者在本单位工作年限，每满一年发给相当于一个月工资作为经济补偿金。

（4）劳动者患病或非因工负伤，经劳动鉴定委员会确认不能从事原工作，也不能从事由用人单位另行安排的工作而解除劳动合同的，用人单位应按其在本单位的工作年限，每满一年发给相当于一个月的工资的经济补偿金，同时还应发给不低于六个月工资的医疗补助费。患重病和绝症的还应增加医疗补助费，患重病的增加部分不低于医疗补助费的50%；患绝症的不低于医疗补助费的100%。

（5）用人单位解除劳动合同后，未按照上述办法发给劳动者经济补偿金的，除全额发给经济补偿金外，还须按照经济补偿金数额的50% 支付额外经济补偿金。

（6）企业依据国家有关规定解除农民合同制工人的劳动合同，也应支付经济补偿金。

（7）因工作需要，经企业主管部门或有关组织决定调整工作而转移工作单位的职工，应与原单位解除劳动合同，与新的用人单位签订劳动合同，原用人单位不需支付经济补偿金。

技能点 7
劳动合同范本

以下是劳动合同范本。

劳动合同范本

甲　　方：	乙　　方：
法人代表人：	性　　别：
授权代表人：	身份证号：
地　　址：	住　　址：

根据《中华人民共和国劳动法》《中华人民共和国劳动合同法》等相关法律法规的有关规定，甲乙双方经平等自愿、协商一致，自愿签订本合同，共同遵守本合同所列条款。

一、劳动合同期限

第一条　本合同为__________期限劳动合同。

二、工作内容

第二条　乙方同意根据甲方工作需要，担任____岗位（工种）工作。

第三条　乙方工作应达到甲方规定的技术标准。

三、劳动保护和劳动条件

第四条　甲方安排乙方执行八小时工时制度。

第五条 甲方为乙方提供必要的劳动条件和劳动工具。

第六条 甲方负责对乙方进行职业道德、业务技术、劳动安全、劳动纪律和甲方规章制度的教育。

四、劳动报酬

第七条 甲方每月以货币形式支付乙方工资。

第八条 甲方生产工作任务不足使乙方待工的，甲方无须支付乙方的月生活费。

第九条 有下列情形之一的，甲乙双方应变更劳动合同并及时办理变更合同手续：

（一）甲乙双方协商一致的；

（二）订立本合同所依据的客观情况发生重大变化，致使本合同无法履行的。

第十条 乙方有下列情形之一，甲方可以解除本合同：

（一）在试用期间被证明不符合录用条件的；

（二）严重违反劳动纪律或者甲方规章制度，按照甲方单位规定或者本合同约定可以解除劳动合同。

第十一条 有下列情形之一的，甲方解除本合同：

（一）乙方患病或者非因工负伤，不能从事原工作也不能从事甲方另行安排的工作的；

（二）本合同订立时所依据的客观情况发生重大变化，致使合同无法履行，经甲乙双方协商不能就变更本合同达成协议的。

五、当事人约定的其他内容

第十二条 甲乙双方约定本合同增加以下内容：

第十三条 乙方有下列情形之一，甲方可以解除本合同：

（一）在试用期间，被证明不符合录用条件的；

（二）严重违反劳动纪律或甲方规章制度的；

（三）严重失职、营私舞弊，对甲方利益造成重大损害的；

（四）被依法追究刑事责任的。

第十四条　有下列情形之一，乙方可以随时通知甲方解除本合同：

（一）在试用期内的；

（二）甲方以暴力、威胁、监禁或者非法限制人身自由的手段强迫劳动的；

（三）甲方不能按照本合同规定支付劳动报酬或者提供劳动条件的。

六、违约责任

（一）在合同期内，甲方除《暂行规定》第十六条、第十九条、乙方除《暂行规定》第十七条规定的条件外，均不得解除合同或自行离职，否则应支付违约金500元。

（二）甲乙双方必须严格履行劳动合同，除遇有特殊情况，经双方协商一致不能履行劳动合同的有关内容外，任何一方违反合同给对方造成经济损失的，应根据其后果和责任大小，给对方赔偿经济损失。赔偿金额按有关规定或实际情况确定。

乙方应遵守如下规定：乙方应每天按正常上班时间到甲方报到。

七、劳动争议处理及其他

第十五条　双方因履行本合同发生争议，当事人可以向甲方劳动争议调解委员会申请调解；调解不成的，应当自劳动争议发生之日起，60日内向劳动争议仲裁委员会申请仲裁。当事人一方也可以直接向劳动争议仲裁委员会申请仲裁。

第十六条　本合同未尽事宜或与今后国家、市人民政府有关规定相悖的，按有关规定执行。

第十七条 本合同一式两份，甲乙双方各执一份。

甲方（盖章） 乙方（签字或盖章）

法人代表或授权代表签字：

签订日期： 年 月 日 签订日期： 年 月 日

技能点 8
集体劳动合同

集体劳动合同是指集体双方代表根据劳动法律法规的规定，就劳动报酬、工作时间、休息休假、劳动安全卫生、保险福利等事项，在平等协商一致的基础上签订的书面协议。我国劳动法规定，集体合同由工会代表职工与企业签订，没有成立工会组织的，由职工代表与企业签订。

一、订立集体合同原则

订立集体合同应遵循的原则是：

1. 内容合法原则

集体合同的内容不得违反国家法律法规的规定，集体合同所确定的劳动条件标准不得低于国家规定的标准。

2. 平等合作、协商一致的原则

集体合同签约人法律地位一律平等，具有平等主张各自权益的权利。因订立集体合同是劳动者团体和企业两个平等主体的自主行为，只能坚持合作、协商一致的原则。国家不能采用强制命令、仲裁或司法强制的手段。

3. 兼顾所有者、经营者和劳动者利益原则

确定集体合同的各项条款应兼顾各方利益，不能为追求自己的利

益而损害其他人的利益，要均衡所有者、经营者和劳动者的利益。

4. 维护正常的生产工作秩序原则

若为订立集体合同而产生争议，任何一方都不应采取激化事态的行为，双方都应顾全大局，维持正常的生产工作秩序。

二、集体合同的形式与期限

1. 集体合同的形式

根据《集体合同规定》，集体合同为法定要式合同，应当以书面形式订立，口头形式的集体合同不具有法律效力。

集体合同的形式可以分为主件和附件。主件是综合性集体合同，其内容涵盖劳动关系的各个方面。附件是专项集体合同，是就劳动关系的某一特定方面的事项签订的专项协议。国家人力资源和社会保障部人力资源《工资集体协商试行办法》规定，企业依法开展工资集体协商，签订工资协议；已订立集体合同的，工资协议作为集体合同的附件，并与集体合同具有同等效力。

2. 集体合同的期限

集体合同均为定期合同，我国劳动法规定，集体合同的期限为 1 ～ 3 年，企业可以在 1 ～ 3 年中确定适应本企业的集体合同期限。期限过短，不利于劳动关系的稳定，而且加大集体协商的成本；期限过长，不利于适应变化的实际情况，不利于劳动权益的保障。在集体合同的期限内，双方可以根据集体合同的履行情况，对集体合同进行修订。

3. 签订集体合同

（1）明确签订集体合同的主体。

劳动者一方，工会委员会具有集体合同签约人的资格；没有建立工会组织的企业，由企业职工民主推荐，并需得到半数职工同意的代表为集体合同的签约人。用人单位一方的签约人，法律规定为用人单位行政部门，即法定代表人。具备法人资格，跨省市的大型企业或集团公司的法定代表人可以委托下一级企业或子公司的负责人与工会签订集体合同。

（2）集体合同协商。

集体合同协商是签约代表为签订集体合同进行商谈的法律行为。其主要步骤为：

① 协商准备。双方签约人为集体协商进行各项准备工作，包括确定协商代表，拟订协商方案，预约协商内容、日期、地点。我国法律规定，集体合同协商代表双方人数对等，各方为 3 ～ 10 名，并确定一名首席代表；企业代表由法定代表人担任或指派；职工一方代表由工会主席担任或书面委托其他工会代表担任。代表一经确认，必须履行职责，因故不能履行职责的，应另行指派或推举。集体协商的地点、时间由双方共同商定。记录员在协商代表之外指派。双方代表组成集体合同草案起草小组，共同拟订集体合同草案。

② 讨论。工会组织全体职工讨论集体合同草案并进行修订。

③ 审议。经修订的集体合同草案提交职工代表大会或职工会议审议通过。

④ 签字。双方首席代表在经过审议通过的集体合同文本上签字。

（3）政府劳动行政部门审核。

由企业一方将签字的集体合同文本一式三份及说明材料，在集体合同签订后的 7 天内报送县级以上政府劳动行政部门审查。说明材料应包括企业的营业执照、工会的社团法人证明材料、双方代表的身份证（均为复印件）、委托授权书、职工代表的劳动合同书、相关审议会议通过的集体合同的决议、集体合同条款的必要说明等。

（4）审核期限和生效。

劳动行政部门在收到集体合同后的15天内将审核意见送达；集体合同的生效日期以《审核意见书》确认的日期为准。若劳动行政部门在收到集体合同的15日内未提出疑议的，自第16日起，集体合同自行生效。若集体合同经劳动行政部门审核认定存在无效条款或部分无效条款的，签约双方应在15日内对其进行修改，并在15日内重新报送审核。

（5）集体合同的公布。

经审核确认生效的集体合同或自行生效的集体合同，签约双方应及时以适当的方式向各自代表的成员公布。

4. 集体合同的履行

集体合同只要符合主体、内容、形式，程序合法，意思表示真实，就具有法律效力，集体合同当事人和关系人就应履行集体合同所规定的义务。集体合同的关系人是指由集体合同的订立而获得利益，并且受集体合同约束的主体，包括工会组织所代表的全体劳动者（不论其是否是工会会员，以及在集体合同的存续期间新被录用的职工）、用人单位所代表的所有者和经营者等。

集体合同的履行遵循实际履行和协作履行原则。其中，劳动标准性条款的履行，应在合同的有效期间按照集体合同规定的各项标准履行劳动合同，确保劳动者利益的实现；目标性条款的履行应将所约定的项目列入并落实到企业计划和工会工作计划之中，并采取有效措施来落实。

5. 集体合同的监督检查

集体合同在履行过程中，企业工会应承担更多的监督检查的责任，工会也可以与企业协商，建立集体合同履行的联合监督检查制度。发现问题，工会应及时与企业协商解决。企业内工会的各级组织应当及时向企业工会报告本组织所在团体的集体合同的履行情况；工会应定期向职工代表大会或全体职工通报集体合同的履行情况；职工代表大会有权对集体合同的履行实行民主监督。

在履行集体合同的过程中，企业行政部门必须与工会密切协作。工会会员和非会员劳动者虽不是集体合同的当事人，却是集体合同的关系人，因集体合同的存在而应承担履行集体合同的义务。

6. 违反集体合同的责任

企业违反集体合同的规定，应承担法律责任；工会不履行或不适当履行集体合同规定的义务，应承担道义上的责任；个别劳动者不履行集体合同规定的义务，则按照劳动合同的规定承担责任。

管理技能六

考 勤 管 理

技能点 1
考勤方式管理

考勤管理是人力资源的日常管理工作之一，是公司了解员工工作强度、身体状况、人员配合情况的重要指标，对于公司加强员工健康管理、科学调配人力资源，进行员工奖惩、晋升可以提供有效的科学依据。员工的出勤、加班、出差、休假、病假、事假、迟到、早退、旷工都要在考勤管理中体现。

常见的考勤方式有考勤表签字、纸质打卡、电子打卡、指纹打卡。工作时间一般分为标准工作时间、不定期工作时间、综合计算工作时间等。国家法定的工作时间为每周 5 个工作日，每天 8 小时工作制，每周工作 40 小时。每月工作日数量为（365 天 – 假日 104 天 – 节日 11 天）/12 个月＝ 20.83 个工作日。根据劳动法规定，在计算日工资和小时工资时，工作日的计算不减节假日 11 天，即每月工作日数量＝（365 天 – 假日 104 天）/12 个月＝ 21.75 个工作日。

每天 8 小时工作制，其实根据国家规定是把中间休息的 1 个小时也列入 8 个小时工作时间内的。一些企业为了避免上下班拥堵高峰，采取弹性工作时间，工作时间仍为 8 小时 / 天，但可以早来早走，晚来晚走。

针对不同岗位的员工，考勤方式可以不同。对于工作时间不固定，不能准时上下班的员工，如高级管理人员、外勤人员、营销人员、部分值班人员、长途运输人员、出租车司机等岗位，企业可以采用弹性的不定时工作时间的方式进行考勤。对于某些特殊工种的人员，由于其工作的连续性或季节性，可以以周、月、季等为周期，综合计算工作时间，如海员、船长等。

员工在工作日内需按规定工作时间正常上下班，执行公务、出差均为正常出勤。无故不得离岗、串岗、处理私人事务。上下班、因公出差、外出需进行考勤记录，可以到月底最后一天，通过考勤表（如表 6–1 所示）对有缺勤记录的员工进行考勤核对。请假的员工需持有相关领导审批过的请假单。请假单如表 6–2 所示。

表 6-1　月度部门员工考勤表（　　年　月）

序号	姓名	日期	1	2	3	4	5	6	7	8	9	10	11	12	13	14	15	16	17	18	19	20	21	22	23	24	25	26	27	28	29	30	31	小计（应出勤天数）		
		星期																																实出勤	事假	病假
1		上午																																		
		下午																																		
2		上午																																		
		下午																																		
3		上午																																		
		下午																																		

（续表）

序号	姓名	日期	1	2	3	4	5	6	7	8	9	10	11	12	13	14	15	16	17	18	19	20	21	22	23	24	25	26	27	28	29	30	31	小计（应出勤天数）		
		星期																																实出勤	事假	病假
4		上午																																		
		下午																																		
5		上午																																		
		下午																																		

说明：

考勤记录符号：出勤：√　病假：○　旷工：旷　出差：出　公休：休　调休：调

考勤员签字：　部门经理签字：

表 6-2　员工请假单

填表日期：　　年　月　日

姓　　名		所属部门	
请假原因			
请假期间	自　　月　　日　　时至　　月　　日　　时共　　日　　时		
批　　示	部门负责人		总经理	
销假记录			

技能点 2

加班制度管理

考勤时，除了需要记录上下班时间，还需要记录加班时间。企业的加班管理，首先需要制定严格的加班管理制度，一线部门经理在安排加班工作时，要与人力资源部做报备核准。企业在进行加班管理过程中，要严格根据有关法律法规的规定，控制劳动者的加班时间。

《中华人民共和国劳动法》相关条款

第三十六条 国家实行劳动者每日工作时间不超过八小时、平均每周工作时间不超过四十四小时的工时制度。

第三十七条 对实行计件工作的劳动者，用人单位应当根据本法第三十六条规定的工时制度合理确定其劳动定额和计件报酬标准。

第三十八条 用人单位应当保证劳动者每周至少休息一日。

第三十九条 企业因生产特点不能实行本法第三十六条、第三十八条规定的，经劳动行政部门批准，可以实行其他工作和休息办法。

第四十条 用人单位在下列节日期间应当依法安排劳动者休假：（一）元旦；（二）春节；（三）国际劳动节；（四）国庆节；（五）法律、法规规定的其他休假节日。

第四十一条 用人单位由于生产经营需要，经与工会和劳动者协商后可以延长工作时间，一般每日不得超过一小时；因特殊原因需要延长工作时间的，在保障劳动者身体健康的条件下延长工作时间每日不得超过三小时，但是每月不得超过三十六小时。

第四十二条　有下列情形之一的，延长工作时间不受本法第四十一条规定的限制：(一)发生自然灾害、事故或者因其他原因，威胁劳动者生命健康和财产安全，需要紧急处理的；(二)生产设备、交通运输线路、公共设施发生故障，影响生产和公众利益，必须及时抢修的；(三)法律、行政法规规定的其他情形。

第四十三条　用人单位不得违反本法规定延长劳动者的工作时间。

第四十四条　有下列情形之一的，用人单位应当按照下列标准支付高于劳动者正常工作时间工资的工资报酬：(一)安排劳动者延长工作时间的，支付不低于工资的百分之一百五十的工资报酬；(二)休息日安排劳动者工作又不能安排补休的，支付不低于工资的百分之二百的工资报酬；(三)法定休假日安排劳动者工作的，支付不低于工资的百分之三百的工资报酬。

由于加班会增加企业的人工成本，所以员工加班必须提前申请并得到审批后方可进行。加班前填写《加班审批表》(如表6-3所示)。

表 6-3　加班审批表

<table>
<tr><td>申请人：</td><td colspan="2">所属部门：</td><td>申请时间：　　年　月　日</td></tr>
<tr><td colspan="4">加班人：</td></tr>
<tr><td colspan="4">加班事由：</td></tr>
<tr><td>预计加班时间</td><td></td><td>实际加班时间</td><td></td></tr>
<tr><td>批准人</td><td></td><td>审核人</td><td></td></tr>
</table>

技能点 3
假期制度管理

企业的假期类型包括事假、病假、婚假、产假、丧葬假、年休假、法定假日等七大类。

一、事假

事假是指劳动者因私人事务占用工作时间，不能正常出勤的请假。事假一般情况下是无薪的。特别是有些企业会对长时间请假的员工进行惩罚，如连续请事假超过 15 日或年度累计事假超过 30 日的，视为员工自动辞职。

二、病假

病假是指劳动者因生病无法正常出勤的请假。一般情况下，病假是带薪的，但薪酬的标准会略有不同。如有些企业规定，请病假必须有医院的诊断证明，病假期间按正常薪酬标准的 70% 计薪。

《企业职工患病或非因工负伤医疗期规定》相关条款

第一条　为了保障企业职工在患病或非因工负伤期间的合法权益，根据《中华人民共和国劳动法》第二十六、二十九条规定，制定本规定。

第二条 医疗期是指企业职工因患病或非因工负伤停止工作治病休息不得解除劳动合同的时限。

第三条 企业职工因患病或非因工负伤，需要停止工作医疗时，根据本人实际参加工作年限和在本单位工作年限，给予三个月到二十四个月的医疗期：

（一）实际工作年限十年以下的，在本单位工作年限五年以下的为三个月；五年以上的为六个月。

（二）实际工作年限十年以上的，在本单位工作年限五年以下的为六个月；五年以上十年以下的为九个月；十年以上十五年以下的为十二个月；十五年以上二十年以下的为十八个月；二十年以上的为二十四个月。

第四条 医疗期三个月的按六个月内累计病休时间计算；六个月的按十二个月内累计病休时间计算；九个月的按十五个月内累计病休时间计算；十二个月的按十八个月内累计病休时间计算；十八个月的按二十四个月内累计病休时间计算；二十四个月的按三十个月内累计病休时间计算。

第五条 企业职工在医疗期内，其病假工资、疾病救济费和医疗待遇按照有关规定执行。

第六条 企业职工非因工致残和经医生或医疗机构认定患有难以治疗的疾病，在医疗期内医疗终结，不能从事原工作，也不能从事用人单位另行安排的工作的，应当由劳动鉴定委员会参照工伤与职业病致残程度鉴定标准进行劳动能力的鉴定。被鉴定为一至四级的，应当退出劳动岗位，终止劳动关系，办理退休、退职手续，享受退休、退职待遇；被鉴定为五至十级的，医疗期内不得解除劳动合同。

第七条　企业职工非因工致残和经医生或医疗机构认定患有难以治疗的疾病，医疗期满，应当由劳动鉴定委员会参照工伤与职业病致残程度鉴定标准进行劳动能力的鉴定。被鉴定为一级至四级的，应当退出劳动岗位，解除劳动关系，并办理退休、退职手续，享受退休、退职待遇。

第八条　医疗期满尚未痊愈者，被解除劳动合同的经济补偿问题按照有关规定执行。

第九条　本规定自一九九五年一月一日起施行。

注：根据《关于贯彻执行〈中华人民共和国劳动法〉若干问题的意见》（劳部发［1995］309号）第五十九条规定，在医疗期内企业支付的病假工资标准不得低于最低工资标准的80%。

关于贯彻《企业职工患病或非因工负伤医疗期规定》的通知

劳部发［1995］236号

各省、自治区、直辖市及计划单列市劳动（劳动人事）厅（局）：

1994年12月1日，我部发布了《企业职工患病或非因工负伤医疗期规定》（劳部发［1994］479号，以下简称《医疗期规定》）后，一些企业和地方劳动部门反映，《医疗期规定》中医疗期最长为24个月，时间过短，限制较死，在实际执行中遇到一定困难，要求适当延长医疗期，并要求进一步明确计算医疗期的起止时间。经研究，现对贯彻《医疗期规定》提出以下意见：

关于医疗期的计算问题

1. 医疗期计算应从病休第一天开始，累计计算。如：应享受三个月医疗期的职工，如果从1995年3月5日起第一次病休，那么，该职工的医疗期应在3月5日至9月5日之间确定，在此期间累计病休三个月即视为医疗期满。其他依此类推。

2. 病休期间，公休、假日和法定节日包括在内。

关于特殊疾病的医疗期问题

根据目前的实际情况，对某些患特殊疾病（如癌症、精神病、瘫痪等）的职工，在24个月内尚不能痊愈的，经企业和劳动主管部门批准，可以适当延长医疗期。

各省、自治区、直辖市在实施《医疗期规定》时，可根据当地实际情况，抓紧制定具体细则，并及时报我部备案。

劳　动　部

一九九五年五月二十三日

三、婚假

劳动者因结婚可申请休息的假期，婚假一般为 3 天，新修订的《中华人民共和国人口与计划生育法》取消了晚婚假，每个地方婚假时间不一致，例如北京为 10 天（不区分是否晚婚）。

四、产假

产假是指女员工因生育、流产而请假的假期。各个地区对产假还有一些特殊规定如北京市有 30 天生育奖励假。

五、丧葬假

丧葬假是指员工因直系亲属（父母、子女、配偶）身故而请假。丧葬假期一般为 3 天。

六、年休假

根据《职工带薪年休假条例》《企业职工带薪年休假实施办法》法律规定，劳动者可以享有带薪年假。

《职工带薪年休假条例》相关条款

第二条 机关、团体、企业、事业单位、民办非企业单位、有雇工的个体工商户等单位的职工连续工作1年以上的，享受带薪年休假(以下简称年休假)。单位应当保证职工享受年休假。职工在年休假期间享受与正常工作期间相同的工资收入。

第三条 职工累计工作已满1年不满10年的，年休假5天；已满10年不满20年的，年休假10天；已满20年的，年休假15天。

国家法定休假日、休息日不计入年休假的假期。

第四条 职工有下列情形之一的，不享受当年的年休假：

(一)职工依法享受寒暑假，其休假天数多于年休假天数的；

(二)职工请事假累计20天以上且单位按照规定不扣工资的；

(三)累计工作满1年不满10年的职工，请病假累计2个月以上的；

(四)累计工作满10年不满20年的职工，请病假累计3个月以上的；

(五)累计工作满20年以上的职工，请病假累计4个月以上的。

第五条 单位根据生产、工作的具体情况，并考虑职工本人意愿，统筹安排职工年休假。

年休假在1个年度内可以集中安排，也可以分段安排，一般不跨年度安排。单位因生产、工作特点确有必要跨年度安排职工年休假的，可以跨1个年度安排。

单位确因工作需要不能安排职工休年休假的，经职工本人同意，可以不安排职工休年休假。对职工应休未休的年休假天数，单位应当按照该职工日工资收入的300%支付年休假工资报酬。

第六条 县级以上地方人民政府人事部门、劳动保障部门应当依据职权对单位执行本条例的情况主动进行监督检查。

工会组织依法维护职工的年休假权利。

第七条 单位不安排职工休年休假又不依照本条例规定给予年休假工资报酬的，由县级以上地方人民政府人事部门或者劳动保障部门依据职权责令限期改正；对逾期不改正的，除责令该单位支付年休假工资报酬外，单位还应当按照年休假工资报酬的数额向职工加付赔偿金；对拒不支付年休假工资报酬、赔偿金的，属于公务员和参照公务员法管理的人员所在单位的，对直接负责的主管人员以及其他直接责任人员依法给予处分；属于其他单位的，由劳动保障部门、人事部门或者职工申请人民法院强制执行。

第八条 职工与单位因年休假发生的争议，依照国家有关法律、行政法规的规定处理。

《企业职工带薪年休假实施办法》相关条款

第三条 职工连续工作满12个月以上的，享受带薪年休假（以下简称年休假）。

第四条 年休假天数根据职工累计工作时间确定。职工在同一或者不同用人单位工作期间，以及依照法律、行政法规或者国务院规定视同工作期间，应当计为累计工作时间。

第五条 职工新进用人单位且符合本办法第三条规定的，当年度年休假天数，按照在本单位剩余日历天数折算确定，折算后不足1整天的部分不享受年休假。

前款规定的折算方法为：（当年度在本单位剩余日历天数 ÷365 天）× 职工本人全年应当享受的年休假天数。

第六条　职工依法享受的探亲假、婚丧假、产假等国家规定的假期以及因工伤停工留薪期间不计入年休假假期。

第七条　职工享受寒暑假天数多于其年休假天数的，不享受当年的年休假。确因工作需要，职工享受的寒暑假天数少于其年休假天数的，用人单位应当安排补足年休假天数。

第八条　职工已享受当年的年休假，年度内又出现条例第四条第（二）、（三）、（四）、（五）项规定情形之一的，不享受下一年度的年休假。

第九条　用人单位根据生产、工作的具体情况，并考虑职工本人意愿，统筹安排年休假。用人单位确因工作需要不能安排职工年休假或者跨 1 个年度安排年休假的，应征得职工本人同意。

第十条　用人单位经职工同意不安排年休假或者安排职工休假天数少于应休年休假天数的，应当在本年度内对职工应休未休年休假天数，按照其日工资收入的 300% 支付未休年休假工资报酬，其中包含用人单位支付职工正常工作期间的工资收入。

用人单位安排职工休年休假，但是职工因本人原因且书面提出不休年休假的，用人单位可以只支付其正常工作期间的工资收入。

第十一条　计算未休年休假工资报酬的日工资收入按照职工本人的月工资除以月计薪天数（21.75 天）进行折算。

前款所称月工资是指职工在用人单位支付其未休年休假工资报酬前 12 个月剔除加班工资后的月平均工资。在本用人单位工作时间不满 12 个月的，按实际月份计算月平均工资。

职工在年休假期间享受与正常工作期间相同的工资收入。实行计件工资、提成工资或者其他绩效工资制的职工，日工资收入的计发办法按照本条第一款、第二款的规定执行。

第十二条 用人单位与职工解除或者终止劳动合同时，当年度未安排职工休满应休年休假天数的，应当按照职工当年已工作时间折算应休未休年休假天数并支付未休年休假工资报酬，但折算后不足1整天的部分不支付未休年休假工资报酬。

前款规定的折算方法为：（当年度在本单位已过日历天数 ÷365天）× 职工本人全年应当享受的年休假天数 – 当年度已安排年休假天数。

用人单位当年已安排职工年休假的，多于折算应休年休假的天数不再扣回。

第十三条 劳动合同、集体合同约定的或者用人单位规章制度规定的年休假天数、未休年休假工资报酬高于法定标准的，用人单位应当按照有关约定或者规定执行。

七、法定假日

全国法定假日的法律法规有《全国年节及纪念日放假办法》，年节及节假日在计算加班时需支付3倍工资。

《全国年节及纪念日放假办法》相关条款

第二条 全体公民放假的节日：

（一）新年，放假1天（1月1日）；

（二）春节，放假3天（农历正月初一、初二、初三）；

（三）清明节，放假1天（农历清明当日）；

（四）劳动节，放假1天（5月1日）；

（五）端午节，放假1天（农历端午当日）；

（六）中秋节，放假1天（农历中秋当日）；

（七）国庆节，放假3天（10月1日、2日、3日）。

第三条　部分公民放假的节日及纪念日：

（一）妇女节（3月8日），妇女放假半天；

（二）青年节（5月4日），14周岁以上的青年放假半天；

（三）儿童节（6月1日），不满14周岁的少年儿童放假1天；

（四）中国人民解放军建军纪念日（8月1日），现役军人放假半天。

第四条　少数民族习惯的节日，由各少数民族聚居地区的地方人民政府，按照各该民族习惯，规定放假日期。

第五条　二七纪念日、五卅纪念日、七七抗战纪念日、九三抗战胜利纪念日、九一八纪念日、教师节、护士节、记者节、植树节等其他节日、纪念日，均不放假。

第六条　全体公民放假的假日，如果适逢星期六、星期日，应当在工作日补假。部分公民放假的假日，如果适逢星期六、星期日，则不补假。

技能点 4

出差制度管理

员工出差之前，需要向直属上级明确出差目的及要达到的出差目标。填写《员工出差申请表》（如表 6-4 所示），直属上级对《员工出差申请表》进行审批，特别是对出差目标、行程及费用支出要认真仔细审核。企业一般都有相应的出差管理制度。员工出差结束回到公司，应及时通知考勤人员及人力资源部。

出差途中，若遇到周末或节假日在客户单位继续工作的，以及周末和节假日在归途中的，可以安排出差人员补休。

长期出差在外，特别是在异国他乡的员工，人力资源管理者应保持与其联系，让员工能够感受到公司的重视和温暖。

表 6-4　员工出差申请表

填表日期：　　年　月　日

出差申请人		部门	
岗位		出差目的地	
预计出差时间			

（续表）

出差事由						
费用预算	交通费	住宿费	餐费	业务招待费	其他费用	合计
预借费用						
部门经理（签字）			总经理（签字）			
实际出差时间						
变更理由						
出差报告提要						
部门经理		财务审核		总经理		

技能点 5

女工“三期”管理

女工“三期”指的是孕期、产期、哺乳期。我国针对女工的“三期”管理，在诸多的法律法规中都进行了明确的规定。

《中华人民共和国劳动法》相关条款

第五十八条 国家对女职工和未成年工实行特殊劳动保护。未成年工是指年满十六周岁未满十八周岁的劳动者。

第五十九条 禁止安排女职工从事矿山井下、国家规定的第四级体力劳动强度的劳动和其他禁忌从事的劳动。

第六十条 不得安排女职工在经期从事高处、低温、冷水作业和国家规定的第三级体力劳动强度的劳动。

第六十一条 不得安排女职工在怀孕期间从事国家规定的第三级体力劳动强度的劳动和孕期禁忌从事的活动。对怀孕七个月以上的女职工，不得安排其延长工作时间和夜班劳动。

第六十二条 女职工生育享受不少于九十天的产假。

第六十三条 不得安排女职工在哺乳未满一周岁的婴儿期间从事国家规定的第三级体力劳动强度的劳动和哺乳期禁忌从事的其他劳动，不得安排其延长工作时间和夜班劳动。

第六十四条　不得安排未成年工从事矿山井下、有毒有害、国家规定的第四级体力劳动强度的劳动和其他禁忌从事的劳动。

第六十五条　用人单位应当对未成年工定期进行健康检查。

《中华人民共和国劳动合同法》相关条款

第四十二条　劳动者有下列情形之一的，用人单位不得依照本法第四十条、第四十一条的规定解除劳动合同：

……

（四）女职工在孕期、产期、哺乳期的；

……

《女职工劳动保护特别规定》相关条款

第四条　用人单位应当遵守女职工禁忌从事的劳动范围的规定。用人单位应当将本单位属于女职工禁忌从事的劳动范围的岗位书面告知女职工。

女职工禁忌从事的劳动范围由本规定附录列示。国务院安全生产监督管理部门会同国务院人力资源社会保障行政部门、国务院卫生行政部门根据经济社会发展情况，对女职工禁忌从事的劳动范围进行调整。

第五条　用人单位不得因女职工怀孕、生育、哺乳而降低其工资、予以辞退、与其解除劳动或者聘用合同。

第六条　女职工在孕期不能适应原劳动的，用人单位应根据医疗机构的证明，予以减轻劳动量或者安排其他能够适应的劳动。

对怀孕7个月以上的女职工，用人单位不得延长劳动时间或者安排夜班劳动，并应当在劳动时间内安排一定的休息时间。

怀孕女职工在劳动时间内进行产前检查，所需时间计入劳动时间。

第七条 女职工生育享受98天产假，其中产前可以休假15天；难产的，应增加产假15天；生育多胞胎的，每多生育1个婴儿，可增加产假15天。

女职工怀孕未满4个月流产的，享受15天产假；怀孕满4个月流产的，享受42天产假。

第八条 女职工产假期间的生育津贴，对已经参加生育保险的，按照用人单位上年度职工月平均工资的标准由生育保险基金支付；对未参加生育保险的，按照女职工产假前工资的标准由用人单位支付。

女职工生育或者流产的医疗费用，按照生育保险规定的项目和标准，对已经参加生育保险的，由生育保险基金支付；对未参加生育保险的，由用人单位支付。

第九条 对哺乳未满1周岁婴儿的女职工，用人单位不得延长劳动时间或者安排夜班劳动。

用人单位应当在每天的劳动时间内为哺乳期女职工安排1小时哺乳时间；女职工生育多胞胎的，每多哺乳1个婴儿每天增加1小时哺乳时间。

第十条 女职工比较多的用人单位应当根据女职工的需要，建立女职工卫生室、孕妇休息室、哺乳室等设施，妥善解决女职工在生理卫生、哺乳方面的困难。

第十一条 在劳动场所，用人单位应当预防和制止对女职工的性骚扰。

附录：女职工禁忌从事的劳动范围

一、女职工禁忌从事的劳动范围：

（一）矿山井下作业；

（二）体力劳动强度分级标准中规定的第四级体力劳动强度的作业；

（三）每小时负重6次以上、每次负重超过20公斤的作业，或者间断负重、每次负重超过25公斤的作业。

二、女职工在经期禁忌从事的劳动范围：

（一）冷水作业分级标准中规定的第二级、第三级、第四级冷水作业；

（二）低温作业分级标准中规定的第二级、第三级、第四级低温作业；

（三）体力劳动强度分级标准中规定的第三级、第四级体力劳动强度的作业；

（四）高处作业分级标准中规定的第三级、第四级高处作业。

三、女职工在孕期禁忌从事的劳动范围：

（一）作业场所空气中铅及其化合物、汞及其化合物、苯、镉、铍、砷、氰化物、氮氧化物、一氧化碳、二硫化碳、氯、己内酰胺、氯丁二烯、氯乙烯、环氧乙烷、苯胺、甲醛等有毒物质浓度超过国家职业卫生标准的作业；

（二）从事抗癌药物、己烯雌酚生产，接触麻醉剂气体等的作业；

（三）非密封源放射性物质的操作，核事故与放射事故的应急处置；

（四）高处作业分级标准中规定的高处作业；

（五）冷水作业分级标准中规定的冷水作业；

（六）低温作业分级标准中规定的低温作业；

（七）高温作业分级标准中规定的第三级、第四级的作业；

（八）噪声作业分级标准中规定的第三级、第四级的作业；

（九）体力劳动强度分级标准中规定的第三级、第四级体力劳动强度的作业；

（十）在密闭空间、高压室作业或者潜水作业，伴有强烈振动的作业，或者需要频繁弯腰、攀高、下蹲的作业。

四、女职工在哺乳期禁忌从事的劳动范围：

（一）孕期禁忌从事的劳动范围的第一项、第三项、第九项；

（二）作业场所空气中锰、氟、溴、甲醇、有机磷化合物、有机氯化合物等有毒物质浓度超过国家职业卫生标准的作业。

《中华人民共和国人口与计划生育法》相关条款

第二十五条　符合法律、法规规定生育子女的夫妻，可以获得延长生育假的奖励或者其他福利待遇。

第二十六条　妇女怀孕、生育和哺乳期间，按照国家有关规定享受特殊劳动保护并可以获得帮助和补偿。公民实行计划生育手术，享受国家规定的休假；地方人民政府可以给予奖励。

企业在制定规章制度的时候，需要注意以下几个问题：

（1）制定的关于女性员工计划生育方面的规章制度，一定不能违反相关的法律法规规定。

（2）用人单位要求女性员工录取时承诺“不怀孕、不生育”属于违法行为，需要特别注意。

（3）女性“三期”期间，除证明该员工有严重的违规行为外，用人单位不得以任何理由裁员、解除或终止劳动合同。

技能点 6
考勤统计管理

考勤统计一般都有专人负责，考勤的数据一般是人力资源部与部门双向监督管理。考勤周期结束，可以从考勤打卡机上导出考勤 Excel 表，根据原始记录，再结合请假、休假登记确认，形成考勤汇总表。如表 6-5 所示。

表 6-5　月考勤汇总表

部门　　　　　　　　　　填表人　　　　　　　　　　日期

序号	部门	姓名	病假	事假	迟到 / 早退	旷工	年休假	其他

考勤统计是薪资核算、工资发放的重要依据。一般月末的时候事情会比较多，可能会造成考勤拖延。所以，月考勤汇总表一定要提前做好规划，尽量每周更新，避免拖延。

对于那些假考勤、代刷卡、假加班、故意加班，甚至部分部门经理护短，不配合人力资源部考勤统计管理的复杂问题，人力资源从业者要有丰富的处理应对经验和措施，比如保持与保安沟通，要求保安监督员工实际签到 / 早退，不定期直接在前台执勤，对异常情况现场搜集证据。

当然，考虑到当前大多城市的拥堵现象，公司可以灵活考虑考勤制度，比如可以规定每人每月可有 2 次迟到机会，时间迟到不超过 10 分钟的不算迟到等。

管理技能七

绩效管理

技能点 1
绩效考评流程

由于员工的绩效具有多因性、多维性和动态性，因此绩效考核的过程非常复杂。一般来说，绩效考核包括计划、考核、反馈、改进四个阶段。

一、计划阶段

在计划阶段，企业的工作主要包括制订考核计划、确定考核主体、制定考核标准三项。

1. 制订考核计划

考核计划需要回答四个问题：什么时候考核？为什么考核？对谁考核？怎样考核？从实际情况来看，企业在计划阶段的工作，还存在以下问题：一是绩效考核的制度化建设严重滞后，虽然计划本身就是一项制度安排，但系统的绩效制度还没有建立，因此在考核时人为因素仍然很大；二是缺乏企业文化的支持。

2. 确定考核主体

由谁来考核是绩效考核中一个非常重要的问题，关系到考核的信度和效度。传统观点认为考核主体应是员工的上级；而现在，考核主体逐渐趋于多样化，上级、员工、专家都可以是考核的主体。考核主体的多样化、综合化对整个考核系统的稳定是很有帮助的。

3. 制定考核标准

考核标准就是对员工所从事工作的基本要求，用来衡量员工在考核周期内工作绩效的好坏。确定考核标准对绩效考核来说，具有重要的意义。考核标准必须科学、有效、适当。标准的内容必须准确、具体，并尽可能量化，应当为企业的发展远景和历史使命提供战略支持。在制定考核标准时应当注意：

（1）考核标准必须与工作分析相结合，不能随意制定。

（2）考核标准的制定必须与被考核者沟通，保证考核标准能够被共同认可。

二、考核阶段

在考核阶段，企业的工作主要是信息收集与实地考核。

1. 信息收集

由于考核结果常常决定着一个员工的地位和前途，因此要求作为考核基础的信息必须真实、可靠、全面、有效。信息收集的主要方法有生产记录法、定期抽查法、考勤记录法、项目评定法和关键事件法。原来很多企业只是在考核期末一次性收集所需信息，但这种做法的工作量太大，而且很难保证信息的全面性。因此，现在有些企业已经开始重视信息的日常收集。在信息收集结束后，企业应当将信息张榜公布，以增强考核工作的透明度。

2. 实地考核

实地考核主要是根据考核标准由考核主体对员工的工作表现、直接成绩、最终效益进行分析，确定等级。

三、反馈阶段

绩效考核本身不是目的，只是手段，应当特别注意考核结果的多元化运用。实地考核结束后，企业要将考核的意见及时反馈给被考核者，帮助被考核者找出不足，加以改进，以提高员工的个体绩效，并促进企业整体绩效的提高。

企业不管选用哪一种方式进行反馈，都要建立申诉制度，畅通申诉渠道，加强双向交流。

四、改进阶段

绩效改进是指采取一系列具体的行动来改进员工的绩效，根据企业下一阶段目标，对比员工现有的工作绩效，提出更高的改进要求，再按照绩效计划方式制定新的工作目标。

技能点 2
克服绩效障碍

实施绩效管理的益处很多，但误区和难处也很多。绩效管理的体系会受到企业、人、技术、环境等各种因素的影响和制约。因而，如何避免和克服在绩效管理发展道路上的障碍，将绩效管理带来的益处发挥到最大，是事关绩效管理成败的一个重要方面。

一、企业与员工做到目标一致

企业目标和员工目标一致对企业来说是非常重要的。如果你派一个销售部门经理去联系业务，而他知道，在自己上面还有分管销售的副总和公司的老总，即使他的业绩做得再好，在短期内也别指望提升了。此时，你希望他全力以赴，他却可能在工作中中饱私囊，以公司的资源构建自己的关系网，甚至已在筹划着跳槽到其他公司了。

在企业实施目标管理的过程中，可能常常会遇到员工个人目标与企业总目标不一致的矛盾。如何使这两个目标趋同，是领导者面临的一大难题。

（1）可以通过各种形式，采取各种手段，将组织的战略宗旨和企业文化在员工中不断进行宣传，使之得到大家的认同。

（2）制订团队工作计划时，真诚地邀请员工参与。

（3）员工看到可以发展的美好前景。

（4）帮助和指导员工制订并实施工作计划和员工职业生涯计划。

二、坚持以人为本

作为绩效管理的思想精髓，应当将以人为本理念贯彻到绩效管理的始终。绩效管理能优于其他形式的管理的一个重要原因，就是因为它将以人为本的理念渗透到具体操作的每一步中，并赋予了它新的含义。

让员工自己制订计划，进行自我考评等方式都是以人为本的体现。如果没有以人为本的思想，管理者很难发自内心地听取员工的意见和建议，很难大胆地授权，很难想到将激励与培训措施相结合以满足员工的发展意愿。而员工也不会愿意真诚地参与到企业、团队的建设中来。这样的绩效管理就完全流于形式了。

每个员工都认为自己是与众不同的。因此，管理者在用人时，应充分考虑每个员工的个性、特长、价值观、目标等，有的放矢，善加利用，以期发挥员工的无限潜能。

三、让员工参与

所谓的员工参与不仅仅是请员工开个座谈会，填个调查表，而应给予员工真正做主的机会和权力，让他们从参与的过程中得到尊重，获得满足。参与的实现可以通过下列途径：

（1）让员工参与企业目标、团队计划等的制订。

（2）设立开放、方便的接纳建议的渠道。

（3）管理者进行适度授权。

（4）建立快捷的信息沟通反馈机制。

（5）在一定程度上实行员工自我管理。

只有让员工感到充分参与到组织活动中来，才能更好地将个人发展计划和工作目标相结合，积极性、创造性和潜力才能发挥到最大。

四、实施有效沟通

信息时代，没有沟通会变成什么样？除了与外界的沟通外，组织内部的沟通同样重要。它作为实现员工参与、提高员工参与效果的渠道是必不可少的。

内部沟通可以有多种形式，如上下级间的纵向沟通，同级间的横向沟通等。那么，组织和员工个人能通过沟通实现什么呢？

沟通应是开放的、双向的。通过及时、有效的沟通，可以消除绩效管理过程中遇到的阻力，以及由于信息不对称、不准确而造成的误解。沟通是管理的润滑剂，可以实现企业内部资源的优化配置，优势互补，实现资源共享，减少不必要的浪费。例如，某生产企业北京分公司所进原材料过剩，而天津分公司却因原材料的断货几乎停产。此时，通过有效的沟通，即能使资源得到有效的利用。

与员工进行有效的沟通，员工心情舒畅了，气顺了，会更加忠诚于企业。管理者的管理难度降低了，组织的业绩也会不断提高。三方共赢的局面，何乐而不为呢？

五、将管理与支持适当结合

在具体工作的实施过程中，管理者既要对员工进行监督指导，同时也要给予支持。在实际工作中，领导布置完任务就不闻不问的现象并不少见。如果你是老板，在布置工作时对员工说："这个任务就交给你了，我相信你不会让我失望的！"说完就走人了。精神鼓励的效果是达到了，但对实施过程中的种种困难、矛盾都不再理会，其后果可想而知。员工可能在一时激动之后又会满腹牢骚，在遇到诸多挫折又没人支持时，下次绝不会再如此卖力。

六、科学的考核

考核是绩效管理中至关重要的环节，因为：

（1）考核是管理者对企业日常事务的监控和协调的工具。

（2）考核可以使员工保持高昂的斗志、持续的工作热情，同时也随时感到紧迫感。

（3）考核可以使员工明了自己的工作表现，发现工作中的不足，及时改进，不断学习。

（4）考核结果是实行晋升、加薪、培训、惩罚的依据。

因此，考核必须要注意科学合理，制定的指标要有一定弹性；考核行为要经常化、制度化，使员工自然地接受；考核结果要及时进行反馈，客观公正地为绩效管理服务。

七、恰当适度的激励

激励是管理的主要功能之一，它贯穿于管理工作的始终，能够使员工充满工作热情，干劲十足。有效的激励应该是公平、及时和全面的，同时，应根据被激励对象的不同特点，采用不同形式的激励。

激励的形式可以有很多种：

（1）在工作前设定好目标。

（2）精神与物质双激励。

（3）在工作中适度授权。

（4）对员工的成绩和贡献及时表扬、肯定、鼓励。

（5）要及时兑现给员工的承诺。

八、持续培训

绩效管理是以发展为导向的，尤其在学习型组织成为未来企业的主导形态后，培训就更显示出它的重要性。企业想发展，就要拥有优秀的人才。为员工提供培训的机会，不仅可使组织保持竞争优势，增强自身实力，还可以令员工将个人的发展与组织前途相结合。关注员工个人发展是绩效管理的一大特点。

技能点 3

制订绩效制度

一、内容设定

绩效管理制度一般应由总则、主文和附则等章节组成，主要包括以下内容：

（1）概括说明建立绩效考核制度的原因、绩效考核的地位和作用，即在企业中加强绩效考核管理的重要性和必要性。

（2）对绩效考核的组织机构设置职责范围、业务分工，以及对参与绩效考核活动的各级人员的责任、权限、义务和要求做出具体的规定。

（3）明确规定绩效考核的目标、程序和步骤，以及具体实施过程中应当遵守的基本原则和具体的要求。

（4）对各类人员进行绩效考核的方法、设计的依据和基本原理、考核指标和标准体系做出简要、确切的解释和说明。

（5）详细规定绩效考核的类别、层次和考核期限，包括何时提出计划、何时确定计划、何时开始实施、何时具体考核、何时面谈反馈、何时上报结果等。

（6）对绩效考核中所使用的报表格式、统计方法、填写方法、评述撰写和上报期限，以及对考核结果偏差的控制提出具体的要求。

（7）对绩效考核结果的应用原则和要求，以及对与之配套的薪酬奖励、人事调整、晋升培训等规章制度的贯彻实施和相关政策的兑现办法做出明确规定。

（8）对各个职能和业务部门年度绩效考核总结、表彰活动和各项要求做出原则规定。

（9）对绩效考核中员工申诉的权利、具体程序和管理办法做出明确详细的规定。

（10）对绩效考核制度的解释、实施和修改等其他有关问题做出必要的说明。

二、注意要点

绩效制度作为绩效考核活动的指导性文件，在拟订起草时，一定要从企业现实的生产技术条件和管理工作水平出发，不能脱离实际；一定要注重它的科学性、系统性、严密性和可行性。如果措辞不当，过于原则化，缺乏适用性，就会使制度条文流于形式，在实际管理中难以发挥作用，以至于有关责任人相互扯皮推诿，考核工作无法落实，停滞不前。

三、管理制度模板

××公司绩效管理制度

第一章　总则

第一条　目的。

为提高员工综合技能与素质，优化人员结构，改进工作方式与方法，进一步提升业绩并且保持公司与个人的良好持续发展，特制定本制度。

第二条　适用范围。

本制度适用于公司所有绩效管理项目。

第三条　名词注释。

绩效是指员工在工作当中预先设定目标，然后跟踪目标、完成目标任务过程中的综合表现。绩效管理是一种衡量、评价、影响员工工作表现的正式系统，包括对员工在一定时期内工作能力、工作态度、工作业绩等方面进行的全面、客观的评价，用于揭示员工工作的有效性及未来工作的潜能。

第四条　内容。

本制度包括对德、能、勤、绩四方面进行考核，根据公平、严格、结果公开、客观考评的原则，对绩效计划制订、绩效考核实施、绩效评定、反馈应用、监督与管理进行有关规定。

第五条　绩效考核对象分部门与个人。

部门考核：针对业务部门及职能部门整体进行考核。

个人考核：针对部门内所有人员进行考核。

第六条　绩效考核周期分为定期考核与不定期考核。

定期考核：一年两次考核，上半年考核在7月进行，年度考核在第二年1月进行。

不定期考核：无固定期限与时间进行观察考核。

第七条　绩效考核基本步骤。

共同设定考核标准（工作任务、目标）—工作任务、目标执行—考核面谈—评价—面谈反馈—应用。

第八条　绩效考核说明。

（略）

第二章　部门考核

第九条　业务部门考核。

业务部门：指国内事业部、国际事业部、生产本部，以及这些部门的下属部门（如营业部、品控部、企划部等部门）。

业务部门考核方法：

1. 由上级领导或管理委员会共同承担考核。

2. 根据组织发展计划制定具体量化指标。

3. 根据实际指标完成情况进行比较考核。

4. 考核结果公布。

5. 根据考核结果制定新的指标、进行奖励措施，以及执行战略的修改。

第十条　职能部门考核。

职能部门：指财务部、人力资源部、信息部。

职能部门考核方法：

1. 由上级领导或管理委员会共同承担考核。

2. 根据组织发展计划制定定性指标。

3. 根据其他部门的反馈意见进行考核。

4. 考核结果公布。

5. 根据考核结果实行奖惩措施，调整工作方式。

第三章　个人考核

第十一条　业务部门人员考核。

业务部门人员考核方法：

1. 业务部门人员考核指标以量化标准作为主要参考。

2. 采用个人、部门主管、人力资源部门人员共同面谈，即时填写业务部门半年计划考核表，并且共同签字确认工作计划，此计划将作为绩效考核的量化标准。

3. 7 月份作为上半年绩效的考核时段，在考核时继续采用三方共同面谈的方式达到考核共识，同时确认该年度整年工作计划作为年度绩效考核标准，共同签字确认完成业务部门半年计划考核表。

4. 下年 1 月份作为上年度绩效考核时段，针对年度绩效指标，参考上半年绩效考核结果，三方共同面谈，即时填写业务部门年度计划考核表确认整年度绩效，签字确认完成业务部门年度计划考核表。

5. 考核表存档及相关绩效应用。

第十二条　职能部门人员考核。

职能部门人员考核方法：

1. 职能部门人员考核指标以定性标准作为主要参考。

2. 采用个人、部门主管、人力资源部门人员共同面谈，即时填写职能部门半年计划考核表方式，共同签字确认工作计划，此计划作为绩效考核的标准。

3.7 月份作为上半年绩效的考核时段，在考核时采用考核人、考核人部门主管、人力资源部、工作涉及部门主管共同面谈的方式达到考核共识，同时确认该年度整年工作计划作为年度绩效考核标准，共同签字确认完成职能部门半年计划考核表。

4. 下年 1 月份作为上年度绩效考核时段，针对年度绩效指标，参考上半年绩效考核结果，考核人、考核人部门主管、人力资源部、工作涉及部门主管共同面谈，即时填写职能部门年度计划考核表确认整年度绩效，签字确认完成职能部门年度计划考核表。

5. 考核表存档及相关绩效应用。

第四章　绩效评定

第十三条　绩效考核依据。

1. 被考核人的“职位说明书”。

2. 半年度或年度工作计划。

3. 员工的实际业绩、工作表现、工作态度、综合评价。

第十四条 绩效评定等级。

1. 人力资源部根据考核时填写的绩效考评表进行汇总、评定。

2. 部长（含）以上人员不参加比例分布。

3. 考核结果分为 A ～ D，共 4 级。

4. 人力资源部完成绩效考核报告至上级领导审核：

等级：A（优秀）、B（良好）、C（一般）、D（差）；

人数分布比例：15% ～ 20%、40% ～ 50%、30% ～ 20%、10%。

第十五条 绩效结果公布。

分别于该年的 8 月份及下年的 2 月份（考核时段后一月）公布考核审核结果。

第五章 绩效反馈与应用

第十六条 绩效反馈。

绩效结果于面谈时确认，当时进行互相反馈。

第十七条 绩效应用。

1. 作为改进工作方法、方式的依据。

2. 作为晋升、解雇和调整岗位的主要参考依据之一。

3. 作为薪资调整、绩效奖金发放的主要参考依据之一。

4. 作为潜能开发和教育培训的主要参考依据之一。

5. 作为评选优秀员工及其他奖励措施的参考依据。

6. 供各部门制订工作计划及组织决策时参考。

第六章 监督与管理

第十八条 监督。

本制度在执行过程中接受公司领导、相关部门及个人的监督。

第十九条　申诉。

被考评人如对考核工作有重大异议，可以向人力资源部提出申诉。由人力资源部对其考核过程、情况进行调查，并将结果报至公司领导，由其做出最后裁定。

第二十条　管理。

所有绩效管理相关文件由人力资源部统一进行整理，分别建立电子与文本档案。

第二十一条　有关职责划分。

公司领导职责：

1. 负责所辖部门考核工作的整体组织策划及监督管理。

2. 负责对公司各部门工作进行考核。

3. 与所辖部门就有关工作计划进行商讨制订。

4. 对考核工作有疑义的情况进行最后裁定。

5. 积极推动、执行考核结果的有关应用。

部门主管职责：

1. 负责帮助员工制订工作计划，审核考核标准。

2. 参与所属员工的绩效考核面谈，并进行评价。

3. 通过考核、面谈，帮助员工制订、改进、调整工作计划、方法与方式。

4. 积极配合对考核有异议的情况下的有关调查。

5. 参考考核结果辅助员工进行职业规划。

6. 积极推动、执行考核结果的有关应用。

人力资源部职责：

1. 负责对各部门进行绩效考核各项工作的培训与指导。

2. 参与整体部门、个人绩效考核过程。

3. 负责协调、处理各级人员关于绩效考核工作的申诉；负责对考核过程中不规范行为进行纠正、指导。

4. 负责对考核结果进行等级评定与统计。

5. 负责面谈现场的协调。

6. 根据绩效结果进行应用、执行。

7. 负责对有关文件进行整理、归档。

8. 负责对考核工作情况进行通报与公布。

9. 负责对有关制度进行进一步的完善、修改与制定。

第七章　附则

人力资源部制订本制度并负责对其进行完善与修改，各部门辅助推行本制度。

人力资源部对本制度拥有最终解释权。

制度自正式完成后进入公司总体制度，并立即执行。

技能点 4

选择考核方法

实际上，每个员工的工作都要受到工作环境、工作内容的程序性和工作的独立性程度等因素的影响。从工作环境来看，可以分为非常稳定的环境和变动性很强的环境；从工作内容的程序性来看，可以分为非常程序化的事务性工作和非常不确定的工作；从工作的独立性程度来看，可以分为独立性要求非常低的工作和独立性要求非常高的工作。绩效考核时，需要根据不同工作的特征，采用不同的考核方法。

一、排序评价法

这是一种古老而又简单的考核方法，它类似于学校里的“成绩排名单”。这种方法是根据一个考核要素，将全体员工的业绩从好到坏进行排序，简单易行。

（1）将需要进行评价的所有员工的名单列出来，然后将不太熟悉无法准确进行评价的员工的名字划去。

（2）要显示出来哪位员工是表现最好的，哪位是表现最差的。

（3）在剩下的员工中再挑出表现最好和最差的。

（4）以此类推，直到所有被评价的员工都被排列。

缺点是当被考核人员较多时，要准确地将他们依次排序，费时费力，而且效果也不一定会好。另外如果工作性质存在差异，或跨部门进行时就很难适用。

二、两两对比法

这种方法是将所有被考核者根据某一要素与其他人一一进行比较，最后将被考核者的成绩按高低排列。

但这种方法会受到考核人数制约，当有大量员工需要考核时，这种方法就显得浪费时间了。当被考核者有 n 人时，按照一一对比法要进行配对比较 n（n−1）/2 次。

三、强迫分配法

这种方法是根据事物呈正态分布的规律，把考核结果预定的百分比分配到各部门，然后各部门根据自己的规模和百分比来确定各个档次人数的方法。比如，将考核者归为四大类：优秀者 15%、良好者 30%、合格者 40%、不合格者 15%。

这种方法比较简单，也相对公平，而且由于它遵循正态分布的规律，所以可以避免考核者的主观因素参与到评价过程中造成的宽松或严格等主观误差。它适用规模较大、种类较繁多的组织。

缺点是这种方法的考核结果往往不能做到完全的实事求是和客观公正，而且假设与实际差异较大时，考核的准确度受到质疑。只有员工与工作标准相对比的结果才更具有客观性。

四、360 度综合考核法

360 度综合考核法是一种对员工展开全方位考察和评估的考核方法。这里的全方位指的是从员工自己、管理者、同事、下属甚至是客户等多个角度展开的评估。360 度的绩效评估能够使企业全方位地了解员工的绩效水平，包括沟通能力、人际关系、领导力和管理能力等；也能够使员工更加清楚地认识到自身的优点、缺陷及发展需要，从而不断提升自己，使自己更加符合企业的需求。

在进行 360 度绩效考核时可以遵循以下步骤：

第一步：建立一个 360 度绩效考核小组。

考核小组由在工作中能够与员工产生联系的上级、平级、下级及客户组成。在此过程中，人力资源总监必须注意，在选择考核小组的组成人员时，一定要征得被考核者的同意，从而保证被考核者对考核结果认可并且接纳。

第二步：设计考核表格。

考核表格的设计是 360 度绩效考核中最为关键的一环，设计合理的表格才能够得出正确的考核结果，否则这个考核就不具有任何实际意义。表格要围绕考核的关键指标来设计，要遵循简洁、高效的原则。

第三步：具体实施 360 度绩效考核。

在具体实施阶段，人力资源总监要对整个过程进行严密的监控，尤其要加强质量管理。如果这个阶段出现纰漏，那么得出的绩效考核结果就不科学、不具有实际意义，人力资源总监所有的前期工作就成了无用功。因此实施阶段是非常重要的。

在这个过程中，人力资源总监还需要详细统计评分数据并报告结果，最为关键的是要把考核的结果及时反馈给被考核者。

第四步：针对考核结果制订改进计划。

考核结果反映出员工在工作中出现的问题及限制其发展的“短板”等情况。人力资源总监应该及时对 360 度绩效考核的结果进行总结、分析，制订改进计划，帮助员工实现自我提升，使员工更加符合企业岗位的需求。

五、关键绩效指标法

关键绩效指标，也就是 KPI，是企业进行绩效考核时常用的一种工具。一般来说，关键绩效指标指的是一系列对企业的发展及成功能够起到重要作用的评价指标。

关键绩效指标是用来评估企业某个工作岗位员工工作绩效的具体量化指标，是对员工绩效完成效果的一种最直观的判断方式。采用关键绩效指标的目的在于：使企业管理者把主要精力放在能够对绩效产生最大驱动力的经营行动上，及时对生产经营活动出现的问题进行诊断，并及时采取改进措施，有效提高绩效水平。

企业绩效指标的设置必须与企业的总体发展战略相结合，必须与企业的发展方向相一致。因此，企业应该"抓大放小"，应更注重那些与企业的战略目标关系最为密切的少数关键绩效指标。并且人力资源总监要对企业战略目标进行层层分解，这样才能了解如何界定关键性绩效指标及一般性指标。

关键绩效指标法的适用范围比 360 度绩效考核法小。一般来说，对与企业战略目标的实现密切相关、能够影响到企业发展的重要岗位，比如技术开发人员、营销人员及生产人员等，可以采用关键绩效指标法；而对于那些事务性的岗位，比如部门助理、秘书、保安等，关键绩效指标法就不太适用。

确定关键绩效指标可以遵循以下流程：

第一步：找出关键成功要素。

关键成功要素指的是那些对企业能否获得成功起着重要作用的要素，是制定关键绩效指标的依据。关键绩效指标是对关键成功要素的具体化、定量化。确定关键绩效指标的第一步就是要找出关键成功要素，比如，对于技术部门来说，其关键成功要素是“致力于新产品的研发”；对于营销部门来说，关键成功要素则是“推广企业的产品，扩大客户群”。

第二步：建立评价指标体系。

企业的评价指标体系是经过层层分解提取出来的。首先，要确定企业的战略目标，从企业中提炼出最为关键的几项业务，并明确这些业务领域的关键业绩指标，建立起企业的关键绩效指标；其次，人力资源总监要让各个部门的管理者根据企业关键绩效指标建立部门级关键绩效指标；最后，部门主管要把部门的关键绩效指标分解成更细的指标。经过这一过程，企业评价指标体系就建立起来了，这些指标就是对员工进行绩效考核的要素和依据。

第三步：确定评价标准。

简单来说，评价标准如同一把标尺，可以轻松测量出员工绩效水平的高低。评价标准的正确与否很大程度上影响着关键绩效指标的效度。一个好的评价标准除了有对绩效等级的判断之外，还应该有详细的等级描述，使考评者能够对员工绩效进行客观地评估。

第四步：对关键绩效指标进行审核。

明确了关键绩效指标之后，还需要对它们进行审核，以判断这些指标能否全面反映被考核者的岗位绩效及是否具有可操作性。

关键绩效指标法的优势在于，它能够对企业的战略目标进行层层分解，使企业的战略目标成为个人绩效目标，使员工的工作行为与企业需求更加吻合，在实现个人绩效目标的同时，实现企业的总体发展目标，实现双赢。

但是，关键绩效指标法也有不足，比如关键绩效指标的界定比较困难，会使考核者对考核指标产生过度依赖，从而忽略了人为因素和弹性因素。因此，人力资源总监在运用关键绩效指标法时一定要在企业内部进行沟通，使管理者和员工认可这些关键绩效指标后再展开考核，从而把考核的阻力降到最低，避免出现各种不良后果。

六、平衡计分卡

平衡计分卡方法打破了传统的只注重财务指标的业绩管理方法。平衡计分卡认为，传统的财务会计模式只能衡量过去发生的事情（落后的结果因素），无法评估组织前瞻性的投资（领先的驱动因素）。在工业时代，注重财务指标的管理方法还是有效的。但在信息社会，传统的业绩管理方法并不全面，组织必须通过在客户、供应商、员工、组织流程、技术和革新等方面的投资，获得持续发展的动力。正是基于这样的认识，平衡计分卡方法认为，组织应从四个角度审视自身业绩：学习与发展、业务流程、顾客、财务。

实施平衡记分卡的步骤如下：

第一步：建立公司的远景与战略规划。建立的远景与战略规划要简单明了，并对每个部门都有意义，使每个部门都可以采用一些绩效标准衡量。

第二步：成立平衡记分卡小组，负责解释公司的远景和战略，并建立财务、顾客、内部业务流程、员工学习与成长四类具体的目标。

第三步：为这四类目标找出恰当的衡量标准。

第四步：加强企业内部的沟通与教育。可通过定期或不定期的刊物、公告、会议等，让各级管理者了解公司的远景、战略等。

第五步：确定每月、每季度、每年的业绩衡量指标数字，并与公司的计划和预算相结合。

第六步：将每年的报酬奖励制度和平衡记分卡挂钩。

第七步：经常采用员工意见，积极修正平衡记分卡。

技能点 5
选定考核指标

做好员工绩效管理工作，最难的莫过于设计一套“绩效考核指标”，让员工清楚绩效考核到底考核些什么。

一、考核指标设计原则

1. 战略相关性

战略相关性是指工作标准与组织战略目标的相关程度。现代企业是合作劳动的组织，这就要求企业管理者必须关注团队精神培养，强化合作意识，只想依靠鼓励、号召、启发觉悟，而不触及利益问题，是无法达成目标的。必须形成团队凝聚力的物质基础，形成“团结协作不够，个人利益就少；没有团结协作，就得不到个人利益”，即俗话说的“大河有水小河满，大河水少小河干”的压力。这种压力一定要通过员工绩效管理来具体体现利益分配，才可能产生影响。

对待这两件事，一是要有严格的功能区分，不可混为一谈，有所偏废；二是要注意相互间的配合，把握火候、力度，争取相得益彰。

2. 信度与效度

所谓员工绩效考核指标的信度，是指这个考核指标的真实程度，这个指标应该是企业运作过程中一个确定存在的工作环节，能用数据或信息表达，能被证明是可观察的，它所用到的数据采集方法是科学的、可靠的。

所谓员工绩效考核指标的效度，是指这个考核指标的有效程度，用这个指标能考察出员工的工作态度，用这个指标能反映员工的工作能力，用这个指标能计算出员工的工作业绩；照指标来评价员工工作，大家会认可它是公正的，照这个指标来引导员工劳动，对企业实现经济目标可以起到正面作用。

做员工绩效考核指标的信度、效度分析，常见的问题主要有两方面：一是缺乏论证的严肃性，事前的设计预案较少科学分析；事中的讨论只是在经营班子中象征性地议论，没人提出异议就算通过，不做深入推敲；事后的反馈也往往被忽略。二是缺乏论证的专业性，参加讨论的人，大多不是内行的设计者，讨论的重点也往往是“公平性”，而不是“科学性”。

3. 规范性和可操作性

对于员工绩效管理考核指标设计的规范性，很多企业在设计考核指标时流于粗疏，并没有真正想清楚就仓促上阵。结果，运作起来要么歧义丛生，莫衷一是；要么似是而非，不知所云。落实到目标责任书上的时候也只是“营业额达到35.1万元”“客户满意度不得低于80%”之类过于简单的描述。按照规范的做法，一项绩效考核指标至少要回答10个问题：

（1）这个绩效考核指标的正式名称是什么？

（2）这个绩效考核指标的确切定义怎样阐述？

（3）设立这个绩效考核指标的直接目的何在？

（4）围绕着这个绩效考核指标有哪些相关的说明？

（5）谁来负责收集所需要的数据？用怎样的流程来收集？

（6）所需要的数据从何而来？

（7）计算数据的主要数学公式是什么？

（8）统计的周期是多长？

（9）什么单位或个人负责数据的审核？

（10）这个绩效考核指标用什么样的形式来表达？

4. 影响标准的其他因素

绩效标准不仅会存在缺陷，还会被其他因素影响。比如，在比较生产环节的工作业绩时，绩效标准不能被工人使用机器的新旧程度这一因素影响，而在衡量销售业务员的工作业绩时，绩效标准也应该排除地区潜在销售差异这一因素的影响。

二、考核标准制定技巧

1. 标准的制定必须具体

标准是在考核中用来衡量员工的尺度，它表示员工完成工作任务时需要达到的状况。因此，标准必须具体明确，不能让人感到模棱两可。目标必须是具体的、可衡量的、行动导向的、现实的、有时间限制的。让员工“蹦一蹦、摸得到”，既具有一定的挑战性，又是通过自身努力可以达到的。

对于那些成果可以直接用数字来表示的工作，这一点比较容易理解。例如，对销售员的考核标准，就可以这样规定：每月销售额达到10万元属于优秀；达到5万～10万元属于合格；5万元以下，属于不合格。但是对于不直接与生产产品相关的工作，考核标准怎么来具体制定呢？

例如，某家公司对人力资源部的招聘主管设立这样的考核标准：

（1）收到人力需求申请表后，能够迅速招到合格的人员；

（2）员工的招募成本比较低；

（3）求职信能立即予以答复。

这样的标准就是不具体的，因为都没有具体的衡量尺度。如果像下面这样来规定就具体了：

（1）收到人力需求申请表后，三周内招到合格的人员；

（2）员工的招募成本，应比通过职业介绍所费用低；

（3）应在两个工作日内答复求职信。

2. 制定的标准应该“适度”

什么叫“适度”呢？简单地说，就是制定的标准，既不过高，也不过低。再形象一点说，就是“跳一跳便可以摘到树上的桃子”。标准制定得过低，员工不费吹灰之力就能够达到，这样考核就失去了意义；标准过高，员工无论怎么努力都不能达到，他们就会产生“破罐子破摔”的想法——反正也达不到要求，干脆不干了，这样还不如不制定标准。只有那些经过一定努力可以达到的标准，才能对员工产生激励作用。

3. 标准应当可以改变

考核的标准制定出来以后，并不是一成不变的，在必要的时候也可以略加改动。

例如，某服装厂给员工规定的标准是每天加工 100 件服装，月底集中考核，由于当月发生火灾停产了一个星期，员工无论怎么努力都完不成指标，可是主管根本不理会这些情况，依然扣发了他们的奖金。这下，员工可就不满意了。但是，主管依然我行我素，无奈之下，很多员工辞职去了别处，公司的业务因此受到巨大的冲击。

4. 考核的标准应当有时间限制

这一条主要是针对业绩考核来说的，可以想象，如果没有时间上的限制，标准还有什么意义呢？例如，“生产 100 件产品就可以领取奖金”，你 1 天就生产了 100 件产品，而我却用了 10 天，难道说我们都一样达到了标准？当然不是。

5. 考核标准的压力要适度

考核标准要是大多数人经过努力是可以达到的。这样的标准所形成的压力，会使员工更好地挖掘自己的潜能，更有效地完成任务。事实表明，此时他们要比没有压力的情况下干得更多、更好。但同时，考核标准又不能定得过高，令人感到可望而不可即。因为那样，考核对象很可能会产生沮丧、自暴自弃的情绪。或者，被考核者的压力过大，精神始终过度紧张，导致思维迟钝，效率反而下降。因此，考核标准的水平要适度，标准产生的压力以能提高劳动生产率为限。

6. 考核标准要有一定的稳定性

考核标准是考核一个人工作绩效的权威性文件，因此，需要有相当的稳定性，以保证标准的权威性。当然，这种权威性还必须建立在标准水平的适度性基础上。由于时代的变迁、技术的进步、知识的更新，会对人员考核标准提出新的要求。在这种情况下，有必要对标准做一定的修订。好的考核标准的修订往往只是部分的、某些条款的修订，只是一种量的修订，而不能做太大的改动。

三、确定绩效考核内容

绩效考核的内容主要包括业绩、能力和态度等方面。

1. 业绩考核

业绩考核就是对员工承担岗位工作的成果所进行的考核和评价。员工的业绩应该具有客观可比性，只有依靠业绩对员工进行评价才有可能是公平的或公正的。业绩考核的项目与重点如表 7–1 所示。

表 7–1　业绩考核的项目与重点表

考核项目	重点考察内容
任务完成	是否以公司的战略方针为准则，依照计划目标将业务完成，使其成果的质与量均达到要求的标准
工作质量	业务处理的过程或成果是否正确，是否都达到了标准的要求
工作数量	规定期间内的业务处理量或数额是否达到标准或计划内要求的水平，工作的速度或时效的把握情况如何

对每个企业来说，肯定希望每一个员工的行为都能有利于企业经营目标的实现，为企业作出贡献。这就需要对员工的业绩进行考核，并通过考核掌握员工的价值及对企业贡献的大小。对每个员工来说，企业至少是自己谋生的场所，也都希望自己的业绩得到公正、公平的评价，自己的贡献得到企业的认可。

实际上，一个员工对企业贡献的大小，不单纯取决于其所承担任务的完成状况，也许其工作任务本身就无足轻重，即使干得十分出色，也未必有多大贡献。

所以绩效考核，还必须对工作业绩以外的内容进行考核，即对企业员工的综合素质及对企业的贡献做出正确评价，否则难以实现绩效管理的目标。

2. 能力考核

能力考核就是对员工所具有的、与绩效相关的能力进行的评价。能力是绩效的前提，一般情况下，具有较高能力的员工，更有可能创造较高的绩效。对企业来说，不仅要追求现实的效率，希望现有岗位上的员工能充分发挥每个人的特长和能力，还要追求未来可能的效率，将有能力的人提升到更高一级或更重要的岗位上去，从而调动全员的积极性。可以说，能力考核是一种有效的培训和激励的手段。能力考核的项目与重点如表 7–2 所示。

表 7–2　能力考核的项目与重点表

考核项目	重点考察内容
经验阅历	经验阅历如何，知识与经验丰富的程度如何，对外界事物分析、判断、理解的能力如何，目光是否远大
知识	业务所需要的业务知识、相关知识和社会常识的掌握程度
技能熟练程度	执行本岗位工作的技能熟练程度、感知力、识别力、耐力要求
判断力	以正确的知识、技能、经验为依据，准确把握事物的现状，及时做出正确的结论，以及随机应变地采取相应对策的能力及程度
理解力	以知识、经验为依据，把握工作中发生的事情的本质，能充分理解其内容，以致对将来可能发生的变化，有从容应对的能力及程度
创新能力	经常保持不断探索的心态，灵活运用业务上的知识经验并能改进业务，对业务的发展有自己独到的见解和创意的能力及程度
改善力	能面对目前的有关问题，研究改善、提升效率或创造新的业务处理方式，以及采用何种手段、方法等思维能力及程度
企划力	能对企业发生的事件进行综合分析，并在理论上找到依据，使其系统化，对实现工作目标，提出具体的对策和计划的能力及程度

3. 态度考核

一般来说，员工能力越强，业绩就可能越好。可是在企业中常常见到这样的现象：一个员工能力很强，但出工不出力；而另一个员工能力虽然不强，但兢兢业业，干活很勤快，两种不同的工作态度，产生了截然不同的工作结果，这与能力无直接关系，而与工作态度密切相关。所以，需要对员工的工作态度进行考核。企业不能容忍缺乏干劲和工作热情的员工。态度考核的项目与重点如表 7–3 所示。

表 7–3 态度考核的项目与重点表

考核项目	重点考察内容
积极性	是否经常主动地完成各种业务工作，不用指示或命令，也能自动自发地努力工作，不断改善工作方法
热忱	是否在执行业务之际，以高度的热忱面对挑战，认真且努力工作，表现出不达目的绝不罢休的态度
责任感	是否能自觉地尽职尽责工作，在执行任务时，无论遇到何种困难都能不屈不挠、永不停止；对自己或下属的工作或行为，能自始至终地表现出负责的态度
纪律性	是否遵守有关规定、惯例、标准或上司的指示，忠于职守，表里一致，有序地进行工作
独立性	是否在职权范围之内，进行自我管理，不依赖上级或同事，能在准确判断之下，自主、自立、自信地处理业务
协调性	是否能协调好上下级、同级及与外界的关系，并能创造和谐的工作环境，圆满完成指派的工作

四、考核指标划分确定

企业绩效管理的对象包括普通员工和管理人员两部分。其中管理人员的绩效考核分为任务绩效考核和管理绩效考核。任务绩效考核与管理人员的职责相关，是考核期内所在部门的整体绩效水平；管理绩效考核与管理人员的管理过程直接相关，涉及工作责任心、团队合作、客户服务等方面。而普通员工的绩效考核主要指任务绩效考核，它与员工的个人能力、工作态度等方面相关。

绩效考核的内容不同，考核的周期与日期也不同。对于任务绩效实行季度考评，可分别在每年的4月、7月、10月及次年1月的前5天内进行；对于管理绩效实行年度考核，在次年1月的前5天进行。

1. 按员工在企业中所承担的责任划分（如表7–4所示）

表7–4　按员工在企业中所承担责任划分考核责任表

职层	划分标准
公司高层	1. 根据环境的变化，把握企业的经营发展方向，把握企业战略目标或某一业务发展目标的制定 2. 控制规划设计和业务系统的改进，组织进行如事业领域、产品领域、服务领域、市场等创新工作 3. 培养继任者和适合公司需要的中坚力量
公司中层	1. 参与公司的整体规划或某一领域的设计规划 2. 正确理解公司的战略，并根据战略规划的要求，站在战略的高度和业务系统的角度建立起业务系统的标准和作业规范 3. 将企业和部门的目标落实到每个员工，并应监督、指导下属的业务工作 4. 为提高部门及业务系统的工作效率，不断进行业务技术和方法的研究与开发，推进工作方法和技术的创新 5. 指导下属设计自己的职业生涯规划，培养下属的核心技能
公司基层	1. 严格地执行已有的业务标准，熟练掌握业务技术和工作方法，能独立完成符合标准的工作任务 2. 尽可能地对工作方式进行技术上的革新 3. 对产品的数量、质量、成本及任务完成的及时性，生产各环节的服务质量承担责任

（续表）

类　型	绩效考核特征	绩效评价方式	评价周期
高　层管理者	基于经营绩效达成的关键业绩指标考核	关键业绩指标述职报告	一年
中　层管理者	以任职资格为基础，基于战略目标实现的关键业绩指标考核	关键业绩指标述职报告	半年
中基层员　工	关键业绩指标考核及基于关键业绩指标落实的关键行为考核	关键业绩指标考核及行为考核	每季度
作业类员　工	部门关键业绩指标分解及关键业绩指标实现的关键行为的每日评价	关键业绩指标考核及行为考核	每日记录月度考核

2. 根据不同的工作性质采用不同的绩效管理方式

首先，应将企业内现有的所有职位根据工作性质的不同划分为不同的类别。然后，分析总结各种类别工作的特点，将工作特点类似、可以采用同种绩效评价方法的职能类别合并，建立起一套适应各职能类别特点的绩效考核体系。

（1）划分职位类别，如表 7–5 所示。

表 7–5　划分职位类别表

职类	划分要素
管理类	为企业经营管理系统的高效运行及各项经营决策的正确性负直接责任
市场类	对产品进入市场、产品品牌的树立及市场占有率承担直接责任
技术类	对产品的创新性和技术在行业内的先进性承担直接责任
专业类	对为企业行政管理系统提供的专业化管理讯息及管理服务的质量、效果承担直接责任
作业类	对产品生产的数量、质量及生产成本负直接责任

（2）以划分好的职位类别为依据，建立绩效评价系统，如表 7–6 所示。

表 7–6　绩效评价系统

职位类别	绩效评价特征	绩效评价方式	评价周期
承担直接管理责任的各级管理者	以业绩目标完成和工作改进为基础的绩效评价	对业绩目标进行评价	一年或半年
从事业务或研发设计的一般工作人员	以工作改进和目标设定的计划完成为基础的绩效评价	计划完成度评价	季度
从事例行性常规工作的人员	以工作量的完成为基础的绩效评价	工作量完成度和准确性评价	月度
行政类或日常事务类工作人员	以该职位应负的责任和工作完成情况为基础的评价	承担责任、额外贡献评价	季度

任务绩效即被考评者所在部门季度绩效水平的综合，如表 7–7、表 7–8、表 7–9 所示。与薪酬挂钩的总体绩效水平＝企业季度绩效 ×1/4+ 季度综合绩效水平 ×3/4。

年度绩效管理是对管理人员在考核年度内的工作产出、工作表现、管理水平等方面进行的综合评价。任务绩效即为所在部门年度综合绩效水平。年度综合绩效水平＝所在部门年度绩效 ×1/4 －管理绩效 ×3/4。与薪酬挂钩的总体绩效水平＝企业年度绩效 ×1/4+ 年度综合绩效水平 ×3/4。

表 7-7　高层管理人员任务绩效考评指标表

姓名：			所在部门：		
考评日期：					
考评指标	计划目标	完成情况	满分	得分	备注
任务完成					
成本节约					
员工流失率					
客户满意度					
总分					

表 7-8　中层管理人员任务绩效考核指标表

姓名：			所在部门：		
考评日期：					
考评指标	计划目标	完成情况	评分等级	最终得分	备注
工作责任心					
合作能力					
领导能力					
决策能力					
授权能力					
计划能力					
组织能力					
人员管理能力					
团队组织能力					
总分					

表7-9　普通员工任务绩效考评指标表

姓名：			所在部门：		
考评日期：					
考评指标	计划目标	完成情况	满分	得分	备注
业务能力					
工作创新					
应变能力					
执行能力					
工作责任心					
工作主动性					
组织纪律性					
服务配合性					
综合能力					
总分					

技能点 6
绩效考核实施

要想调动企业员工的积极性和创造性，充分发挥员工的潜能，让企业获取更大的经济效益，HR 就得做好绩效考核的实施工作。

一、明确绩效考核主体

绩效考核是一个复杂的系统，考核主体的选择关系到考核的信度和效度，是维持绩效考核公正权威的一个重要因素。考核主体的多样化，有助于多层次、多角度地进行考核。

1. 考核主体的种类

不同的考核主体可从不同的角度作出判断，考核主体主要包括以下四种类型：

（1）上级考核。

上级考核是大多数企业考核体系中普遍采用的方法。上级对特定的单位或部门负有管理的责任，下级的培训和发展在每个上级的工作中都是不可缺少的一部分。由于上级通常处于最佳的位置来观察员工的工作业绩，因此上级考核可以排除同级之间互相考核的一些弊端，具有一定的公平性。不过，上级可能会强调员工业绩的某一方面，忽视其他方面。此外，上级有可能操纵考核的组织和实施，使考核的结果不能反映员工的实际业绩和能力。

（2）同级考核。

由于同级对彼此的业绩更为了解，因此他们做出的评价更为准确。同时，同级的竞争和压力对员工来说可以成为极为有力的激励因素，会激发员工的积极性，促使员工努力提高工作绩效。不过，同级考核时，员工之间可能互相吹捧，或者碍于面子和各自的利益而使评估结果高于实际情况。另外，由于同级之间在奖金分配和职位晋升中存在着竞争关系，这可能会导致考核结果失真。

（3）下级考核。

下级考核又称"向上的反馈"，考核时通常由下级用不记名的方式对上级的工作行为和工作结果进行考核。下级可以直接了解上级的实际工作情况、信息交流能力、领导风格、平息矛盾的能力和计划组织能力。这能帮助上级重新审视自己的工作，明确潜在的问题，并采取相应的行动进行改进。由下级对上级进行考核，必须做好保密工作，否则员工可能因担心遭到报复而不愿反映真实情况。

（4）自我考核。

员工对自己的绩效进行考核，是有效考核的必要补充。员工可以全面地反映自身的情况，客观地评价工作业绩，并采取必要的措施加以改进。此外，由于考核是为了自我发展，员工会更加积极和主动。但是，员工通常会高估自己的工作业绩，低估他人的工作业绩。当考核结果与员工的期望相差太远时，容易引起他们的不满。

2. 考核主体的要求

绩效考核是一项标准化的工作，最容易受考核主体的影响。因此，为了使绩效考核更加准确，有必要对绩效考核的主体进行规范，尽可能将主观方面的影响降至最低。对考核主体的具体要求为：

第一，要求考核主体公正地对待被考核者，做到公平、客观，对事不对人，不存在偏见。否则，即使有科学的考核手段和考核方法，也无济于事。

第二，要求考核主体对被考核者的业务有相当的了解。这样才有可能正确、直观地考核被考核者所取得的成绩和努力的程度。

第三，要求考核主体熟练掌握考核的基本原理和方法，并能熟练地运用到实践中去。

第四，要求考核主体能与被考核者进行有效的沟通和交流。由于考核主体与被考核者的关系不同，沟通的方式也有所差异，因此交流具有一定的难度。

第五，要求考核主体具有心理学方面的知识，尽量避免知觉上的差错，比如晕轮效应、从众心理等。

3. 考核主体的培训

对考核主体进行培训主要是为了使考核主体在开展考核工作时更加专业和规范，以提高绩效考核的效率。

对考核主体的培训，一般由人力资源管理部门负责实施。培训的内容主要包括：企业人事制度，主要是从企业目标和整体战略的角度，介绍人事制度的结构和内容，阐述运行情况及未来的发展方向和模式；考核基本知识，具体讲解有关考核的基本知识和技巧，如考核项目、考核标准、考核方法等，同时还应注重实际操作训练；考核误区，在考核工作中，经常会出现考核错误，需要加以说明，使考核者尽量避免。

二、制定绩效考核的标准

明确了绩效考核的目标以后，HR 就要进入绩效考核的实施阶段。

首先，应该为企业制定一个可信度高、执行性强的考核标准。任何一个目标如果没有明确的标准来对它进行检测，那目标就不具备任何意义。SMART原则是经常用来检测绩效考核是否符合要求的标准。

简单来说，企业的绩效目标一定要符合以下五个要求。

Specific——具体化。

绩效考核要尽可能地具体化。设定的绩效目标要明确规定考核的项目、具体标准、实现方式和手段等等，使被考核的员工能够在最短的时间里清楚自己承担的职责及工作应该完成的程度。

Measurable——可量化。

绩效考核的标准应该是可以量化的。要有一个清晰的、可以量化的标尺，以此作为标准，判断员工及部门是否有效完成绩效目标。

Attainable——可实现性。

应该尽可能使每位员工都参与到绩效考核的过程，尤其是目标设置的过程，要多与被考核人员进行沟通，使这一目标得到双方的认同，更具有可行性。

Relevant——关联性。

被考核的绩效目标与其他目标应该具有一定的关联性，从而在考核的过程中促进其他目标实现。

Time-based——时限性。

绩效考核要有一定的时间限制。人力资源总监应该事先明确考核的时间要求，按时对考核进度进行检查，及时掌握进展情况，保证整个过程顺利完成。

与此同时，HR还应该注意在设立绩效考核标准时区分层次，比如把考核标准划分为优、良、合格和不合格四个等级，把“合格”作为考核的基准，从而判断被考核者的绩效是否能够满足基本要求。

三、重视绩效考核面谈

许多HR在进行绩效考核时，总是会忽略一个十分重要的环节——考核面谈。很多企业会犯的一个共同的错误：把考核作为企业管理层单方面的事务，在考核中不重视与员工的沟通，考核结束后也不把结果公之于众。这使得绩效考核成为一种走过场的形式，无法达到预期的效果。

HR应该针对绩效考核结果与员工进行面谈，使员工对绩效考核有一个积极的态度，使双方对考核结果达成共识，从而达到绩效考核的预期目标。绩效考核面谈在绩效管理的整个过程中发挥着十分重要的作用，是创造考核氛围、促进考核结果反馈、进行绩效改进的有力工具。

一般来说，绩效考核面谈主要包括三个部分，分别是面谈准备、面谈的过程控制和面谈效果评价。

1. 面谈之前做好准备

绩效面谈之前HR应该进行的准备工作主要是绩效诊断，即搜集相关数据并进行详细分析。只有做好这一工作，HR才能在面谈的时候告诉员工绩效考核结果，并且分析绩效原因以及避免低绩效的方法。

为此，HR应进行三方面的工作：

首先，选择一个合适的面谈时间，应尽量安排在被考核者状态较好的时候。

其次，选择一个合适的面谈地点，以封闭而能让被考核者感觉轻松的场所为宜，更要便于双方自由地进行沟通交流。

最后，明确面谈的目的：第一，要针对被考核者的工作表现，达成一致的看法；第二，要指出被考核者的优势在哪里，应怎样发挥；

第三，要指出被考核者的缺点；第四，双方要一起寻找合理的改进方法。

2. 面谈中注重过程控制

在绩效面谈的过程中，HR 应该注意过程控制。首先，在面谈开始时要向被考核者讲明面谈的原因、目的及主题，这样能够使被考核者明确面谈的流程，调动他们的积极性，取得他们的配合；其次，在面谈过程中，HR 要讲究沟通技巧，既要合理发问，更要认真倾听对方的看法和见解。值得注意的是，HR 尽量不要对员工进行负面评价，避免员工产生不良情绪。

3. 对面谈效果进行评价

面谈结束以后，HR 需要对面谈的效果进行评价。这个评价将作为以后改进绩效面谈的可靠依据。

在评价面谈效果的时候，HR 应该回答以下问题：

（1）面谈有没有按照预期计划进行？

（2）预期目的是否顺利达成？

（3）面谈是否使员工获得一定的收益？

（4）是否存在一定的遗漏？哪些讨论显得多余？

（5）自己对面谈结果是否满意？

（6）面谈的总体评价怎样？

（7）下次面谈应该如何改进？

四、营造绩效考核氛围

企业中经常会出现这样的情况：大张旗鼓地进行绩效考核，最终却半途而废，变成走过场。对于任何一个企业来说，绩效考核都是一项需要长期坚持的工作，绝对不能一味追求速度或者希望一步到位。

人力资源总监必须在企业中营造良好的考核氛围，使绩效考核的内容成为企业文化的一部分，表 7–10 作为参考。

表 7–10 员工绩效考核表

填表日期： 年 月 日

<table>
<tr><td>姓名：</td><td colspan="2">入职时间：</td><td>审核人：</td></tr>
<tr><td>职位：</td><td colspan="2">部门：</td><td>审核期：</td></tr>
<tr><td colspan="4">业绩评估</td></tr>
<tr><td>个人业绩目标</td><td>权重</td><td>完成状况</td><td>评估结果</td></tr>
<tr><td></td><td></td><td></td><td>□优 □良 □合格 □不合格</td></tr>
<tr><td></td><td></td><td></td><td>□优 □良 □合格 □不合格</td></tr>
<tr><td></td><td></td><td></td><td>□优 □良 □合格 □不合格</td></tr>
<tr><td></td><td></td><td></td><td>□优 □良 □合格 □不合格</td></tr>
<tr><td colspan="4">核心能力评估</td></tr>
<tr><td colspan="2">核心能力</td><td colspan="2">评分</td></tr>
<tr><td colspan="2">解决突发问题的能力</td><td colspan="2">□优 □良 □合格 □不合格</td></tr>
<tr><td colspan="2">团队领导协作能力</td><td colspan="2">□优 □良 □合格 □不合格</td></tr>
<tr><td colspan="2">学习、创新、持续改进的能力</td><td colspan="2">□优 □良 □合格 □不合格</td></tr>
<tr><td colspan="2">指导、帮助下属工作的能力</td><td colspan="2">□优 □良 □合格 □不合格</td></tr>
<tr><td colspan="2">以客户为导向</td><td colspan="2">□优 □良 □合格 □不合格</td></tr>
<tr><td colspan="2">快速反应，适应变化的能力</td><td colspan="2">□优 □良 □合格 □不合格</td></tr>
<tr><td colspan="2">结果行动导向</td><td colspan="2">□优 □良 □合格 □不合格</td></tr>
<tr><td colspan="2">评估总分</td><td colspan="2"></td></tr>
</table>

（续表）

工作态度评估	
工作态度	**评分**
有责任感，愿意承担更多的责任	□优　□良　□合格　□不合格
注重协作，发挥团队精神	□优　□良　□合格　□不合格
工作的计划性、周密性	□优　□良　□合格　□不合格
自己以身作则	□优　□良　□合格　□不合格
认真完成任务	□优　□良　□合格　□不合格
评估总分	
综合绩效评定	

人力资源可以在调查企业具体情况的基础上，制定一个具有可行性并且实用性强的绩效考核运行方案，并就这个方案征询各部门主管和员工的意见；还可以在企业内部召开讨论会，收集员工的看法和建议，实现员工与管理者之间的通畅交流。这样，浓厚的考核氛围就会在企业内部自然形成，并成为企业文化的一部分。只要是加入企业并且愿意融入企业团队中的员工，都会学习并且接受这种文化，并在工作过程中体现出来。

技能点 7

绩效结果反馈

绩效反馈最重要的是如何将信息及时、准确地传递给员工。其方法主要包括以下三种：

第一，通知说服法。这是最常用的一种方法，管理者明确告知员工的成绩与不足，并以实例来说明考核工作的正确性。

第二，通知倾听法。管理者明确告知员工的优缺点，但对考核工作的正确性不加评论，倾听对方的意见。

第三，解决问题法。反馈的重点放在寻求解决问题的方法上，如果被考核者不提出要求，考核结果一般不直接告知。

绩效结果的反馈一般包括以下几个方面：

一、结果分析

进行绩效反馈，首先需要分析考核结果。考核结果包含大量的信息，只有充分应用这些信息推动人力资源管理各个环节的工作，才能达到绩效考核的目的。企业可以根据工作绩效和发展潜力这两个指标对员工进行分类。对不同绩效类型的员工，企业应有不同的管理对策。

二、反馈过程

考核反馈的内容主要包括绩效反馈和讨论计划两方面。一般来说，绩效考核反馈可以分为四个阶段：

1. 整理反馈

在信息反馈以后，员工要对得到的信息进行组合和解释，并从中检索出重要的信息。

2. 接受反馈

如果员工认为管理者所提供的信息正确描述了自己的成绩，客观地指出了自己的不足，那么员工就会接受反馈。

3. 行为意向

员工根据反馈信息决定自己的行为，保持或增强有效行为，改变或消除无效行为。

4. 意向反思

员工根据绩效考核的结果，及时地审视和订立新的目标，以进一步提升自己的绩效水平。

三、纠正偏差

绩效考核是 HR 所面临的一项重要工作。在实施的过程中，由于受多种因素的影响，经常会出现各种偏差。

1. 常见问题

（1）晕轮效应。

评估者在考察被评估者的工作时，因为被评估者的某个特性而去推断其他特性，造成“一好百好，一差百差”、以偏概全的评估误区，即晕轮效应误区。

例如，某员工一个月就迟到了三回，但每次都让老板抓住了。那么老板一想起他，就会老记着他迟到三回的事。这个缺点太显眼、太突出了，就成为一个光晕，把他经常加班加点工作、开发了许多新客户，还有很多的创新等好事儿都给罩住了，经理的打分也就偏低了。这就叫晕轮效应。反过来，如果一个员工有什么优点太亮眼的话，也容易把他背后那些缺点罩住，经理给他的评分就会相应地提高。这也是晕轮效应。

其实误区跟误差是有区别的。误差是有可能去掉，或者减到最低的。误区往往没有办法根除，只能在考核期间要不断提醒自己多加以注意。

（2）对比效应偏误。

对比效应偏误很普遍。举例来说，部门里有 10 个人，可谓 10 种不同人物的缩影。可能有像雷锋一样的人，或者有像焦裕禄一样的人。如果是这样，因为他表现得特别好、特别优秀，所以经理考核的时候，会自然而然地，将所有人都与他相比。这么一个标杆立在这儿，所有人的分数自然都下降了，因为都比不上他的光彩。这就是典型的对比效应偏误。因为有个太好的标杆，而影响了其他所有人的成绩。其实有可能在这个部门里考核分数很低的员工在别的部门里却是最好的。因此不要因为部门里有个最好、最光彩的人，而抹杀了其他人的光彩。

用目标管理的方法，通过是否达到自己一年的目标，来考核员工是好还是差。总而言之，尽量不要采用人跟人相比的绩效考核方法，要尽量采用人跟目标比。

（3）投射效应。

评估者在缺乏足够的信息对别人作出判断时，常常有将自己的特点归因到被评估者身上的倾向，从而造成评估偏误，即投射效应偏误。如评估者是一个不认真负责的人，常会认为别人也会不认真负责；评估者是个诚实的人，他有可能认为别人也是诚实的。

在绩效考核中，给员工打分时，那些不像他的人，就比较不幸，即使他用比较客观的方法去考核了。而这个像他的人，无意中就会被打很高的分数。

投射效应是考核中一个很大的误区。怎样避免呢？在考核时遇到越像你的人，你越要注意，要用关键事件法记录，记录员工真实的情况，他好在哪儿？不好在哪儿？而且对像你的人，要刻意严格一点。

（4）感情效应偏误。

一个部门里，有上司派过来的亲戚，或者为了稳定某个客户，照顾客户的亲戚在公司里工作。每个企业都不可避免地存在这些情况，这会给企业造成一种感情方面的压力，这就叫感情效应偏误。在这种情况下，给他们进行考核时，你自己的感觉是下不了手。明明知道他的绩效不好，但不敢打低分，如果给他们评低分，老板会找来，第二天客户也要找你，想不想要这单子了？这就是一种明显的感情效应。

这些人作为员工，又不得不参加绩效考核，这时候你该怎么办？有一个高招：对他们千万不要采用人跟人比的方法。

作为 HR 不要抱怨，要想办法用其他正式或非正式的途径，告诉所有员工，这种感情方面的压力是难免的。

（5）盲点。

自己有这个缺点，属下也有同样的缺点，但自己把这个缺点淡化，甚至忽视。把看出来的缺点淡化，这个误区就叫盲点误区。在招聘中是这样，在绩效考核中也会是这样。举例来说，在你所负责的部门里有一个员工，他的技能欠缺的地方跟你是一模一样的，你粗心，他也粗心；你不守时，他也不守时。如果你们俩缺点一样的话，那个员工可能比较幸运，因为你不会看重他的缺点。反过来讲，对其他员工就不公平了，所以盲点误区有很大的危害。

克服盲点误区首先要作职位分析，看看这个职位中哪几项指标是最重要的，而不要跟自己比。例如秘书岗位，有几项重要指标：

第一项，最重要的衡量指标就是看心细不细。

第二项，是不是服从领导指挥。

第三项，能否能跟别人和谐相处，有没有团队合作精神，沟通技巧怎样等。

职位不同，其要求亦有所差别，要用职位去衡量人，而不用人比人，这是克服盲点误区的一个关键所在。

2. 偏差修正

绩效考核难以避免带有主观性色彩，因此偏差永远存在。进行偏差分析不是要消除偏差，而是要找出偏差产生的原因，在可控制的范围内最大限度地降低偏差，以提高考核的有效性。

（1）充分准备。

考核主体要事先了解可能出现的误差及具体的表现，做好充分的心理准备，以降低偏差。

（2）加强培训。

在员工进入企业前的指导性培训阶段，即应告知绩效考核的有关制度和程序；在考核过程中，通过强化对考核主体的培训，来降低偏差。

（3）明确目的。

在考核前，应明确考核究竟是为了评定绩效，还是为了确定培训对象，或是为了调整薪资。根据目的来考核，能够降低偏差。

（4）科学制定考核标准。

根据具体的考核目标和工作内容，拟订考核标准。标准要和工作相关，能全面、客观地反映员工的工作内容与业绩情况，并有客观的信息作为考核依据。考核标准应尽可能准确、明了，尽量使用量化指标，减少个人感情等因素的干扰。

（5）科学选择考核主体。

确定考核的执行人员，并进行考核目的、工作内容、技术方法等方面的专业训练，这有助于降低偏差的水平。

（6）建立反馈制度。

建立正规的公开和反馈制度（如考核结果的公布等），让员工（包括考核对象本人）了解考核的程序和方法，知道考核的结果，让考核对象与考核者或主管有面谈的机会。反馈的目的不在于争论考核的结果，而是要对未来的绩效提出建议，以帮助员工成长与发展。

（7）确定恰当的考核周期。

考核周期要恰当，不宜过长，也不宜过短。应针对不同的对象综合分析，确定合理的周期。

绩效改善计划表如表 7-11 所示，供大家参考。

表 7-11　绩效改善计划表

填表日期：　　年　月　日

<table>
<tr><td>姓名</td><td></td><td>所属部门</td><td></td><td>职务</td><td colspan="2"></td></tr>
<tr><td colspan="2">计划项目</td><td>改善措施</td><td>指导者</td><td>监督者</td><td>执行时间</td><td>反馈时间</td></tr>
<tr><td colspan="2">工作态度</td><td></td><td></td><td></td><td></td><td></td></tr>
<tr><td colspan="2">工作技能</td><td></td><td></td><td></td><td></td><td></td></tr>
<tr><td colspan="2">专业知识</td><td></td><td></td><td></td><td></td><td></td></tr>
<tr><td colspan="2">企业文化</td><td></td><td></td><td></td><td></td><td></td></tr>
<tr><td colspan="2">工作积极性</td><td></td><td></td><td></td><td></td><td></td></tr>
<tr><td colspan="2">团队精神</td><td></td><td></td><td></td><td></td><td></td></tr>
<tr><td colspan="2">敬业精神</td><td></td><td></td><td></td><td></td><td></td></tr>
<tr><td colspan="2">忠诚度</td><td></td><td></td><td></td><td></td><td></td></tr>
<tr><td colspan="2">合作意识</td><td></td><td></td><td></td><td></td><td></td></tr>
<tr><td colspan="2">责任意识</td><td></td><td></td><td></td><td></td><td></td></tr>
<tr><td colspan="2">服务意识</td><td></td><td></td><td></td><td></td><td></td></tr>
<tr><td colspan="2">沟通技术</td><td></td><td></td><td></td><td></td><td></td></tr>
<tr><td colspan="2">人际关系</td><td></td><td></td><td></td><td></td><td></td></tr>
<tr><td colspan="2">基本礼仪</td><td></td><td></td><td></td><td></td><td></td></tr>
<tr><td colspan="2">工作效率</td><td></td><td></td><td></td><td></td><td></td></tr>
<tr><td colspan="2">工作方法</td><td></td><td></td><td></td><td></td><td></td></tr>
<tr><td colspan="2">部门协作</td><td></td><td></td><td></td><td></td><td></td></tr>
<tr><td colspan="2">领导素质</td><td></td><td></td><td></td><td></td><td></td></tr>
<tr><td>待改善
人员签字</td><td colspan="2"></td><td colspan="2">部门负责人签字</td><td colspan="2"></td></tr>
</table>

技能点 8
绩效结果应用

很多绩效考核未能成功实施，主要原因是没有将绩效结果好好地应用。传统意义上，人们进行绩效考核的主要目的是帮助组织做出一些薪酬方面的决策。但现在看来，这种做法很显然是片面的。一个组织更需要通过绩效考核留住绩效好的员工，并不断促使他们做出更好的业绩。绩效考核的结果可以有多种用途。

一、用于工资调整

这是绩效考核结果的一种非常普通的用途。一般来说，为了增强报酬的激励作用，在员工的报酬体系中，有一部分报酬是与绩效挂钩的。对于从事不同性质工作的员工，与绩效挂钩的报酬所占比例不同。绩效结果运用于工资的调整主要体现对员工长期的激励，表现在两个方面：

一是将考核用于年度工资额的调整，即对考核结果优秀的员工，上调其下一年度的工资。

二是工资的定期调整，即以年度的考核结果为依据，来决定工资是否调级，以及调级的幅度如何。

二、用于奖金分配

绩效结果用于奖金分配，体现了对员工的短期激励。业绩的考核结果为年终奖金的确定提供了很好的依据，不过，奖金的发放形式和水平，不同类别的企业应有所不同。

三、用于职位置换

绩效结果也可以为员工职位的变动提供一定的信息。通过分析累积考核结果的记录，发现员工工作表现与其职位的不适应性问题，查找原因并及时进行职位置换。能级较高的员工，由于个人爱好或其他原因而不能适应现在的职位，能力没有充分发挥；能级较低的员工，不能适应现有的职位，但可以胜任较低序列的职位。对这两类员工可以参照员工个人的选择，有组织、有计划地将其置换到新的职位，真正做到人适其事，事得其人。职位置换还包括公司有计划地将一批优秀人才在各种职位之间轮换、交流，以培养员工全面的才干。

四、用于晋升调配

连续的绩效结果记录为职务晋升和干部选拔提供依据，通过对员工在一定时期的连续绩效分析，选出连续绩效比较好和比较稳定的员工纳入调配或晋升名单。

五、用于培训教育

通过分析积累绩效结果的记录，发现员工群体或个体与组织要求的差距，从而及时组织相关的培训教育活动。工作态度上落后的员工，需参加公司的再培训；对于能力不足的员工，可通过组织有针对性的培训活动，开发其潜力，提高其工作能力；同时还可以组织各种情景模拟形式的管理者培训，不断发现管理干部，提升管理能力。

六、作为员工选拔和培训的效标

绩效结果可以用来衡量招聘选拔和培训的有效性的高低。如果选拔出来的优秀人才实际的绩效考核结果确实很好，那说明选拔是有效的；反之，就说明要么是选拔不够有效，要么是绩效考核结果有问题。员工接受了培训之后的效果如何呢？这就要通过培训之后一段时期内的绩效表现反映出来。如果绩效提高了或提高得很显著，就说明培训的确有效；如果绩效没什么变化，就说明培训没达到预期效果。

七、促进公司和部门的人力资源开发

如何有效地开发现有的人力资源，最大限度地发挥人力资源的整体功效，这是企业人力资源管理工作的中心任务。考核作为基础性环节，提供了全体员工的动态、连续和完整的考核结果记录。通过分析考核结果可以发现员工及组织存在的问题。

八、用于激活沉淀

绩效结果不佳的员工，逐渐成为沉淀层，如不能激活，最终必将会被淘汰出局。所以对这部分员工，企业要加大竞争压力，促其警醒。再给其机会，准其参加态度或能力方面的专项培训，培训合格者可以在内部寻找工作职位，但必须经过严格的考核。仍不能适应工作的员工，只能被置换到外部劳动力市场。在企业绩效结果中垫底的极少数员工，只有依靠能力的提高，不断提升工作水平，才有可能在竞争中反败为胜。

九、用于个人发展计划

每个企业员工在实现组织目标的同时，也在实现着个人的职业目标。绩效考核结果反馈给员工个人，同时由考核者指出其工作的优点、缺点，使员工改进工作有了依据和目标。在组织目标的指导下，员工不断提高工作能力，开发自身潜能，不断改进和优化工作，这同时也有助于员工职业目标的实现，有助于个人职业生涯的发展。现代人力资源管理非常注重个人职业生涯的设计，试图将其纳入组织目标体系，使两者之间达成方向上的一致。考核作为一种导向和牵引，明确了公司的价值取向。考核结果的运用，一方面强化了员工对公司价值取向的认同，使员工个人职业生涯有序发展；另一方面，通过价值分配激励功能的实现，使员工个人的职业生涯发展得更快。个人职业生涯的发展反过来又促进组织的发展。

通过多年的实践，人们越来越认识到，能否成功地实施绩效考核、绩效考核结果的应用是很关键的。

管理技能八

薪资核算

技能点 1
员工薪酬调查

薪酬调查就是通过各种正常手段，来获取相关企业各职务的薪酬水平及相关信息。通过薪酬调查，企业可以了解劳动力市场的需求状况，掌握各种类型人才的价格行情，从而制定正确的薪酬策略，有效地控制企业的人力成本。对薪酬调查结果进行的统计和分析，是企业制定薪酬管理决策的有效依据。

一、薪酬调查的渠道

进行薪酬调查，通常有以下几种渠道。

1. 企业之间的相互调查

由于我国的薪酬调查系统和服务还没有完善，所以最可靠和最经济的薪酬调查渠道还是企业之间的相互调查。相关企业的人力资源部可以采取联合调查的形式，共享相互之间的薪酬信息。

这种相互调查是一种正式的调查，也是双方受益的调查。调查可以采取座谈会、问卷调查等多种形式。薪酬情况问卷调查表如表 8–1、表 8–2 所示。

2. 委托专业机构进行调查

现在，在北京、上海等城市均有提供薪酬调查的管理顾问公司或人才服务公司。通过这些专业机构调查会减少人力资源部的工作量，省去了企业之间的协调费用，但需要向委托的专业机构支付一定的费用。

表 8-1　薪酬情况问卷调查表

姓名：	填写日期：　　年　月　日
职务名称：	职务编号：
所属部门：	部门经理姓名：
岗位职责：	
任职资格：	
薪酬的构成及数量： 工资构成： 奖金构成： 福利构成： 津贴构成：	 数量： 数量： 数量： 数量：
请简明地说明你对薪酬的满意程度：	
被调查人签字： 调查人签字：	

表 8-2　薪酬调查问卷

被调查企业名称			
地址		行业	
代码		完成日期	
资料完成人姓名		职务	
简述被调查企业的主要产品或劳务：			
雇佣情况			
1. 本次调查所报告的公司、部门或工厂的员工总人数： 2. 小时工： 3. 豁免者： 4. 非豁免者：			
薪酬总量增长和结构调整			
1. 在过去的 12 个月中，企业是否给下列各类员工增加了薪酬？ 小时工：没有____有____，数额或 %____，日期____ 豁免者：没有____有____，数额或 %____，日期____ 非豁免者：没有____有____，数额或 %____，日期____			
2. 在同一时期，企业是否对下列各类人员进行了薪酬结构调整？ 小时工：没有____有____，数额或 %____，日期____ 豁免者：没有____有____，数额或 %____，日期____ 非豁免者：没有____有____，数额或 %____，日期____			
成就薪酬增长			
1. 在一段时间内，企业有无薪酬增长的预算？ 小时工：没有____有____，数额或 %____，日期____ 豁免者：没有____有____，数额或 %____，日期____ 非豁免者：没有____有____，数额或 %____，日期____			
2. 如果没有，上一时期的薪酬增长额大约是多少？ 小时工：没有____有____，数额或 %____，日期____ 豁免者：没有____有____，数额或 %____，日期____ 非豁免者：没有____有____，数额或 %____，日期____			

（续表）

3. 如果有，大约是多少？ 业绩 晋升 总计 小时工：____%，____%，____% 豁免者：____%，____%，____% 非豁免者：____%，____%，____% 当前的预算年是从____到____ 是否在工会组织？____是____否 如果在，请列出名称：
生活费用
是否给予生活费用补贴？______给____不给 如果给，当前的数额和类别：______ 对员工是否采取自动增薪方式？______不是______是 如果采取自动增薪方式，有哪些群体？增薪的频率和数额？ 贵公司的薪酬是按年度，还是按固定期限或日期增加？
年度 固定期限 日期 小时工：________，________，________ 豁免者：________，________，________ 非豁免者：________，________，________
薪酬增长的频率
每年次数 1 2 3 4 小时工：______ ______ ______ ______ 豁免者：______ ______ ______ ______ 非豁免者：______ ______ ______ ______ 有无其他资料可以帮助我们了解贵公司的薪酬状况？

3. 从公开的信息中了解

有些企业在发布招聘广告时会写上薪酬待遇，调查人员稍加留意就可以了解到这些信息。另外，某些城市的人才交流部门也会定期发布一些职位的薪酬参考信息，同一职位的薪酬信息，一般分为高、中、低三档。但由于它覆盖面广、薪酬范围大，所以对有些企业并没有意义。

通过从其他企业调入本企业的应聘人员也可以了解一些其他企业的薪酬状况。

二、薪酬调查的项目

1. 组织与工作信息

第一，企业或组织信息。组织信息一般包括财务信息、组织规模、性质和结构等，如营业额、产量、利润、市场份额、员工人数等。

第二，基准岗位的职位描述、任职者的个人特征和薪酬支付情况等。

2. 薪酬战略信息

第一，目标企业或组织的薪酬战略目标，是控制成本，还是激励或吸引员工?

第二，目标企业或组织的薪酬政策类型，侧重薪酬水平政策，还是薪酬组合政策、薪酬结构政策或薪酬管理政策等?

第三，目标企业或组织的其他管理政策，包括加班、轮班、试用期、应届毕业生的起薪等。

3. 薪酬水平信息

第一，基本薪酬信息。基本薪酬信息为薪酬调查的重点，企业需要全面掌握选定组织的基本薪酬支付、变动情况，不同职位等级的薪酬差距及同一等级内薪酬的幅度等。

第二，可变薪酬信息。调查目标组织在奖金、短期激励、长期激励等薪酬方式方面的支付水平，特别是货币薪酬的水平。

第三，福利薪酬信息。调查目标组织的福利项目构成、福利方案设计与实施、福利计划的改革及其对员工激励的功能等。

4. 其他信息

薪酬体系的其他信息，具体为：

第一，薪酬等级结构，包括企业岗位和职位等级结构的设计、薪酬等级差、最高等级与最低等级差等。

第二，薪酬要素组合，包括基本薪酬与浮动薪酬的比例、货币薪酬与福利薪酬的比例、绩效薪酬的设计等。

第三，薪酬管理方式，包括薪酬支付的时间、内部薪酬信息的保密程度、与员工的沟通方式、反馈渠道、员工满意度调查情况等。

三、薪酬调查的实施

1. 确定调查目的

人力资源部首先应该弄清楚调查的目的和调查结果的用途，再开始制订调查计划。一般而言，调查的结果可以为以下工作提供参考和依据：整体薪酬水平的调整、薪酬结果的调整、薪酬晋升政策的调整、某具体职位薪酬水平的调整等。

2. 选定相关市场

选定相关市场对于薪酬调查非常重要，因为不同行业可能有很多不同的薪酬结构，故很难互相比较，有时即使职位名称相同，工作的内容及职务也可能有很大的分别。相关劳动力市场主要是企业争取员工的对象，通常可用下列因素界定相关劳动力市场：

第一，相同行业或所需要的技能训练相同。

第二，与其他企业互相争取具有专门技术的人才。

第三，企业在同一商品或劳务市场内竞争。

第四，居住地区与工作地点的距离，员工是否愿意前往较远距离的地方工作。

3. 确定调查范围

调查范围包括是哪一类型的企业及调查对象的数目等，通常要根据调查目的而定。一般情况下，要选择那些与企业处于同一行业，在同一劳动力市场上有竞争行为的、实力超过自己或大致相同的企业。

（1）选择原则。

① 在同业中处于领导地位，所实施的薪酬制度具有一定的影响力。

② 该企业设有福利计划。

③ 该企业有预定的薪酬制度。

④ 拥有较多的员工并设有人力资源部，企业内部各职位较易明确地划分。

⑤ 定时根据消费物价指数及其他经济指标的变化调整员工的薪酬。

（2）选择方式。

首先，划分相关劳动力市场。

相关劳动力市场的划分需要从三个维度进行考察，分别是职业划分、地理位置划分，以及产品市场划分。人力资源经理在确定薪酬市场调查范围时，首先确定需要调查哪些职位，然后确定不同的职位类别在地理范围与产品市场上的交叉，进而形成如上表所示的相关劳动力市场定位，如出纳会计是职位类别 A 的一个职位，它的薪酬市场调查范围为所有行业中的地方劳动力市场，如表 8–3 所示。

表 8–3　特定职位类别的薪酬调查相关劳动力市场范围划分表

		产品市场范围			
		所有行业	相关行业	特定行业	特定规模的特定行业
市场地理范围	地方劳动力市场	职位类别 A			
	地区劳动力市场		职位类别 B		职位类别 E
	全国性劳动力市场	职位类别 C		职位类别 D	
	国际性劳动力市场				职位类别 F

其次，是相关组织的确定。

相关劳动力市场确定之后，就要确定需要调查的相关劳动力市场上的企业或组织。选择薪酬调查的企业范围时，需要考虑两个问题：企业的员工都流失到哪里？企业主要从哪些渠道获得所需要的人才？

组织样本被选择的概率更大。

最后，主观选择抽样，企业根据自己的判断主观选取的样本。极端的情况是某企业只将一个主要竞争对手企业的薪酬水平作为标杆，目的是争夺人力资源。

4. 选择调查目标和方法

第一，随机抽样，在选定的相关劳动力市场上，随机地选择一组样本，即每个组织被调查的可能性是均等的。

第二，分层随机抽样，样本选取具有一定的倾向性，比如企业规模、企业所有制性质等。假设某个相关劳动力市场上的企业约为 300 家（包括国有企业、民营企业和外资企业），参与调查的企业想抽取 30 个样本作为调查样本数量，希望其中 20 个样本来自外资企业，5 个样本来自国有企业，5 个样本来自民营企业。分层抽样的最终目的是要使得具有某种特征的组织样本被选择的概率更大。

5. 选择调查方式

确定了调查的目的和调查范围，就可以选择调查的方式。具体的调查可采用以下几种形式：

（1）基准职位比较法。

基准职位比较法又称主要职位比较法，是通过对基准职位的比较来确定薪酬调查结果的方法。企业能够通过把本组织中的职位与调查结果相比较来进行薪酬调整。基准职位选取的标准是：

① 工作内容是大家熟知的，具有长期或相对的稳定性。

② 从事该工作的人员数量较多。

③ 在企业被评价的工作中具有代表性。

④ 被劳动力市场广泛地用来确定工资水平。

当企业需要将自己的职位与薪酬调查基准职位的薪酬水平进行比较时，应当将基准职位的工作描述与本企业的工作描述对比，按照相应的方法进行调整。表 8-4 是企业职位与基准职位对照调整表。

（2）基准职位转换法。

企业可以利用自己使用的工作评价方案，对市场调查的基准职位进行工作评价，确定基准职位在本企业中的工作等级或者工作评价点数，然后根据基准职位的市场薪酬水平确定本企业对照职位的薪酬水平。

表 8-4　企业职位与基准职位对照调整表

工作责任人：把自己的工作与基准工作进行比较。 主管：把员工的工作与基准工作进行比较。		
项目	**调整幅度（%）**	
技术：		
员工的工作技术程度比基准工作要求的高很多。	□	+4
员工的工作技术程度比基准工作要求的高一些。	□	+2
员工的工作技术程度与基准工作要求的一样。	□	0
员工的工作技术程度比基准工作要求的低一些。	□	–2
员工的工作技术程度比基准工作要求的低很多。	□	–4
努力程度：		
员工的工作努力程度比基准工作要求的高很多。	□	+2
员工的工作努力程度比基准工作要求的高一些。	□	+1
员工的工作努力程度与基准工作要求的一样。	□	0
员工的工作努力程度比基准工作要求的低一些。	□	–1
员工的工作努力程度比基准工作要求的低很多。	□	–2
责任：		
员工的工作责任比基准工作要求的高很多。	□	+4
员工的工作责任比基准工作要求的高一些。	□	+2
员工的工作责任与基准工作要求的一样。	□	0
员工的工作责任比基准工作要求的低一些。	□	–2
员工的工作责任比基准工作要求的低很多。	□	–4

说明：

1. 在自己认为叙述最准确的后面打“√”。

2. 工资调整的计算方法：把三个打了钩的项目的百分比相加，结果很可能在 –10% ～ +10% 之间。

3. 工资调整标准：“0”意味着工资不需要调整；“+2%”意味着工资应该增加 2%；“–2%”意味着工资应该降低 2%。

（3）工作分类法。

工作分类法的程序是：首先，将被调查企业的职位进行排序，计算出市场的平均薪酬水平和员工人数；其次，对应相应职位，将本企业的工资水平与市场调查结果进行比较。表 8-5 为人力资源职业序列薪酬调查分类法对照表，可以将企业的相关职位对号入座，以对比市场薪酬调查数据。

表 8-5 人力资源职业序列薪酬调查分类法对照表

单位：元

职位名称	年平均基本薪酬	企业的对照情况（请填写）
人力资源副总裁	300916	
人力资源总监	156958	
人力资源经理	107900	
人力资源主任	68078	
人力资源专员	49476	
人力资源助理	36586	

（4）点数比较法。

点数比较法是按照职位点数调查市场薪酬水平，并且将点数相同职位的薪酬水平进行比较，然后得出同一点数职位的最高、最低和平均薪酬水平。点数比较法要求参与薪酬调查的企业采用同一套方案进行职位评定，比较典型的是采用海氏工作评价法、翰威特工作评价点数、美世工作评价点数等。点数比较法要求企业的薪酬调查更多地依赖比较权威的咨询公司的数据，而且在薪酬调查的过程中一定要考虑与工作评价方案相结合。

（5）全球定位法。

全球定位法，是显示员工个人薪酬在全球范围内整个技术群体或职能部门的分布状态，并且用职位的任职资格、经验或成熟程度（YSD）来代替对所从事工作的描述。

（6）两端定位法。

随着技能、能力薪酬体系的广泛实践，基于技能、能力开展的薪酬调查成为热点，但是以往的薪酬多以职位定薪。将两者有效结合的方法就是将职位薪酬转化为技能薪酬的两端定位法。该方法首先确定市场上相关技能的基准职位薪酬的最低值和最高值，作为技能薪酬的参照物；然后将最低薪酬作为非熟练技工的薪酬，将最高薪酬作为团队领导的薪酬，技术人员的薪酬可以根据技能水平取其中的任何一点。

6. 收集和分析资料

（1）资料内容。

通常，问卷中应包括以下三大类资料：

① 有关薪酬的资料：基本薪酬、福利、调薪措施、薪酬结构、工作时数、假期等。

② 有关企业的资料：名称、地址、员工人数、企业规模、营业额、经营的行业、企业资产等。

③ 有关职位及员工的类别：工作类别、员工类别、员工的实际薪酬率、总收入、最近一次加薪、奖金及津贴。

（2）信息收集方式。

薪酬调查信息的收集方式有多种分类，根据获取的途径可分为无偿信息和有偿信息的获取，根据信息收集主体可分为定制调查和第三方信息。

（3）数据处理分析。

初步审阅调查所得的资料，若无重大的错误及矛盾，可将资料输入电脑，进行分析，计算出每一职位最高和最低的薪酬率、加权平均或算术平均额、中位数，然后再将从工作评价中所获得的职位等级与薪酬调查中所得的对应薪酬平均数或中位数，绘成市场薪酬分布图。将资料分析后，归类并编制成图表，作为确立薪酬水平的依据。

7. 调查结果运用

由准确的薪酬调查所收集到的资料，可作如下用途：

第一，公平地反映市场现行的薪酬水平。

第二，比较企业现行的薪酬与市场的差异。

第三，可以为所有的职位订立起薪点。

第四，显示出不同职级之间的薪酬差异。

第五，薪酬调查结果可作为调整企业薪酬水平的依据，增加对外的竞争力。

第六，可以清楚地将调查结果向员工及工会解释，说明企业的薪酬政策是公平合理的。

技能点 2
员工薪资设计

在进行过薪酬调查后，就得进行员工的薪酬设计。

一、薪酬结构设计方法

薪酬结构设计就是对建立起来的职位等级和技能等级进行定价的过程。因此，一个规范的薪酬结构设计需要从两个维度进行考察：一是如何形成职位等级（是否采用工作评价法）；二是如何确定薪酬水平（是否采用市场薪酬调查）。据此将薪酬结构设计的基本方法分为四类，如表 8–6 所示。

表 8–6　薪酬结构设计的基本方法表

		职位等级的确定	
		工作评价方法	非工作评价方法
薪酬水平确定	市场薪酬调查	基准职位定价	直接定价法
	非市场薪酬调查	设定工资调整法	当前工资调整法

1. 基准职位定价法

即利用基准职位的市场薪酬水平和基准职位的工作评价结果建立

薪酬政策，进而确定薪酬结构。基准职位定价法能够较好地兼顾薪酬的外部竞争性和内部一致性原则，在比较规范并与市场相关性强的企业的薪酬结构中应用比较广泛。

2. 直接定价法

即企业内所有职位的薪酬完全由外部市场决定，根据外部市场各职位的薪酬水平直接建立企业内部的薪酬结构。这是一种市场导向型薪酬结构的设计方法，体现了外部竞争性，但忽略了内部一致性，比较适合市场驱动型企业，其员工的获取及薪酬水平的确定直接与市场挂钩。

3. 设定工资调整法

即企业根据经营状况自行设定基准职位的薪酬标准，然后再根据工作评价结果设计薪酬结构。这种薪酬结构的设计比较重视内部一致性原则，但忽略了外部竞争性，比较适合与劳动力市场接轨程度较低的组织。

注意：企业在设定薪酬水平时，首先应设定最高与最低两端的薪酬水平，然后以此为标杆，酌情设定其他职位的薪酬水平。

4. 当前工资调整法

即在当前工资的基础上对原企业薪酬结构进行调整或再设计。薪酬结构调整的本质是对员工利益的再分配，这种调整将服从于企业内部管理的需要。

二、薪酬设计步骤

企业薪酬方案设计的目的，就是在尽可能降低成本的情况下，赢得人才，赢得利润，充分发挥薪酬促进公平、激励和吸引人才、留住人才的作用。

1. 制定薪酬政策线

薪酬政策线是指薪酬中值点所形成的趋势线，它的主要作用是确定企业薪酬的总体趋势。

2. 确定薪酬等级

即一个薪酬结构内部划分多少等级、最高等级与最低等级之间的薪酬差、相邻薪酬等级的级差等。

3. 确定薪酬等级范围

即依照每个薪酬中值确定最高值、最低值和不同等级的薪酬标准交叉或重叠度。

4. 调整薪酬结构

即根据企业管理的其他特殊要求对薪酬结构进行局部和定期的调整。

技能点 3

薪资设计范本

第一章　总则

第一条　适用范围。

本方案适用于 ×× 有限公司（以下简称公司）全体员工。

第二条　目的。

制定本方案的目的在于使员工能够与公司一同分享公司发展所带来的收益，把个人和公司短期收益、中期收益与长期收益有效结合起来。

第三条　原则。

薪酬作为分配价值形式之一，遵循按劳分配、效率优先、兼顾公平及可持续发展的原则。

第四条　依据。

薪酬分配的依据是：贡献、能力和责任。

第五条　总体水平。

公司根据当期经济效益及可持续发展状况决定工资水平。

第二章　薪酬体系

第六条　公司员工分成六个职系，分别为管理职系、技术职系、财会职系、行政事务职系、销售（营销）职系和工勤职系。针对这六个职系，薪酬体系分别采取三种不同类别：与公司年度经营业绩相关的年薪制；与年度绩效、季度绩效相关的等级工资制；与销售业绩相关的提成工资制。

第七条 享受年薪制的员工，其工作特征是以年度为周期对经营工作业绩进行评估并发放相应的薪酬。这部分员工包括管理职系中的总经理和党委书记。

第八条 实行等级工资制的员工是公司内从事例行工作且非销售业务的员工，包括管理职系中的各副总、总工程师、部长、主任和技术职系、财会职系、行政事务职系与工勤职系的员工。

第九条 实行提成工资制的员工是公司内管理职系中的销售中心副主任（主管营销策划）和销售（营销）职系的员工。

第十条 特聘人员的薪酬参见工资特区的有关规定。

第十一条 离退休人员的薪酬参见公司相关规定。

第三章 薪酬结构

第十二条 公司员工收入包括以下几个组成部分。

（一）固定工资，包括基本工资、工龄工资、等级工资。

（二）浮动工资，包括绩效工资、年底奖金、销售提成。

（三）附加工资，包括餐费、一般福利、四项统筹及企业为员工代缴的个人所得税。

第十三条 固定工资。

（一）固定工资＝基本工资＋工龄工资＋等级工资。

（二）基本工资：每月6000元，是为了保证每一位员工最低生活要求而设立的保底工资。

（三）工龄工资：体现了员工的工作经验和服务年限对企业的贡献，在本集团内部的工龄工资为500元/年，本集团外的工龄工资为200元/年。本集团内部工龄自进入本集团的单位起开始计算。

（四）等级工资：按照岗位评价的结果确定，体现了岗位的内在价值和员工技能因素。

第十四条　浮动工资。

（一）浮动工资包括绩效工资、年底奖金与销售提成几种形式。

（二）绩效工资与每季度的考核结果挂钩，体现员工在当前岗位和现有技能水平上通过自身努力为公司实现的价值。绩效工资按季度计算，下一季度分3个月支付。

（三）年底奖金与年度考核结果和公司年度经营情况挂钩，是在公司整体经营效益的基础上对员工的一种激励。年底奖金下年初支付。

（四）销售提成专门针对与销售工作直接相关的人员，体现销售人员的业绩与能力，具体数额按照销售收入的一定比例来确定，计算办法参见公司有关规定。

第十五条　附加工资。

（一）附加工资＝餐费＋一般福利＋四项统筹＋个人所得税。

（二）附加工资是公司正式在册员工所能享受到的一种福利待遇。

（三）餐费是公司为每一位员工发放的一种就餐补贴。每月300元，计入当月工资。

（四）一般福利是指员工在各个重大节日期间获得的公司为其发放的过节费和其他实物形式的收入。

（五）四项统筹包括住房公积金、医疗保险、养老保险和失业保险。企业与员工各承担一部分。具体数额参见国家有关规定和企业相关政策。

（六）个人所得税，在预定范围内由公司承担，超出范围的由员工个人承担。

第四章　等级工资

第十六条　等级工资是整个工资体系的基础，从员工的岗位价值和技能因素方面体现了员工的贡献。员工的等级工资主要取决于当前的岗位性质。在工作分析与职位评价的基础上，以评估的结果作为分配依据，根据工作分析与职位评价确定工资起薪点，同时采取一岗多薪，按技能分档的方式确定工资等级。

第十七条　等级工资的用途。

等级工资是确定员工收入中其他部分的基础，作为以下项目的计算基数：

（一）绩效工资的计算基数。

（二）年底奖金的计算基数。

（三）加班费的计算基数。

（四）事病假工资的计算基数。

（五）外派受训人员工资的计算基数。

（六）其他基数。

第十八条　确定等级工资的原则。

（一）以岗定薪，薪随岗变，实现薪酬与岗位价值挂钩。

（二）以岗位价值为主、技能因素为辅，岗位与技能相结合。

（三）针对不同的职系设置晋级通道，鼓励不同专业人员专精所长。

（四）参考企业实际的收入状况厘定薪酬水平，实现平稳过渡。

第十九条　工资等级的确定。

（一）工资分级列等。根据岗位评价的结果形成“岗位等级分布图”，把各岗位分级列等。按照岗位评价的结果，在最低分130分和最高分1100分之间共划分出29级。其中640分以下每隔30分为一级，640分以上每隔40分为一级。

（二）确定初始等级。按照岗位评价的分数将各个岗位对应到相应职系、相应等级。

（三）按职称调整。根据聘任职称将员工对应到相应职称系列的相应等级。

（四）管理职系、销售（营销）职系与工勤职系的员工不考虑职称因素，根据在岗时间来确定相应等级。

第二十条　等级工资的计算方法。

（一）等级工资＝点值 × 工资薪点。

（二）工资薪点：取各级别的中值分数作为该级别的工资薪点。

（三）点值：点值需要根据整体工资水平来确定，而且可以根据公司的经营效益随时进行调整。目前暂定为5元/点。

第五章　年薪制

第二十一条　年薪制的适用范围。

年薪制适用于总监以上级别人员。

第二十二条　年薪制的工资结构。

年薪制收入＝月收入＋年底年薪补足＋年底奖金＋附加工资

其中：月收入＝基本工资＋等级工资＋工龄工资

第二十三条　年薪总额按照经营者与公司签订的经营业绩合同确定。根据企业经营情况，按照不同的比例发放。

第二十四条　年薪制收入的支付。

总收入中，月收入部分，根据岗位定级结果确定，按月计算。扣除月收入的剩余部分，年底根据效益计算，下年初发放。

第六章　等级工资制

第二十五条　等级工资制的适用范围。

等级工资制包括两种形式：一种针对管理职系中的高层管理者，这种形式的薪酬不含绩效工资；另一种针对管理职系中的中层管理者和技术、财会、行政事务、工勤职系的一般员工，这种形式的薪酬含绩效工资。

第二十六条　等级工资制的工资结构。

等级工资制收入＝固定工资＋绩效工资（高层管理者无此项）＋年底奖金＋附加工资

第二十七条　绩效工资。

绩效工资与员工每季度的工作努力程度、工作结果相关，反映了员工在当前的岗位与技能水平上的绩效产出。绩效工资按季度计算，下一季度分3个月发放。具体计算办法如下：

季度绩效工资＝等级工资 × 季度考核系数

分摊后：月绩效工资＝季度绩效工资 ×0.33

其中，季度考核系数定义如下：

考核结果	优	良	中	基本合格	不合格
季度考核系数	1.3	1.1	1	0.8	0.4

第二十八条　年底奖金上报方案的确定。

年底奖金是公司根据当年效益情况在年底对员工的集中奖励，奖励依据是个人年底考核系数与公司效益情况。上报方案中奖金总额由个人累计到部门，然后从部门累计到全公司。分公司在发放年底奖金时视同部门处理。

（一）针对管理职系中的高层管理者的计算方法。

年底奖金＝12× 等级工资 × 年度考核系数 × 管理系数

（二）针对管理职系中的中层管理者和一般员工的计算方法。

年底奖金＝4× 等级工资 × 年度考核系数（或管理系数）× 部门考核系数

其中，中层管理者年底奖金按照管理系数计算，一般员工年底奖金按照年度考核系数计算。

（三）年度考核系数。

考核结果	优	良	中	基本合格	不合格
季度考核系数	1.3	1.1	1	0.8	0.4

（四）管理系数。

其目的是为了在年底奖金分配中充分体现管理者的责任风险。各类人员管理系数的数值见下表，其中，中层管理人员的管理系数依据年度考核系数的不同而分为 5 档：

<table>
<tr><th>类别</th><th colspan="5">管理系数</th></tr>
<tr><td>高层管理人员（含分公司经理）</td><td colspan="5">2</td></tr>
<tr><td>技术、财会、行政事务、工勤职系一般员工</td><td colspan="5">1</td></tr>
<tr><th>类别</th><th colspan="5">管理系数</th></tr>
<tr><td></td><td>优</td><td>良</td><td>中</td><td>基本合格</td><td>不合格</td></tr>
<tr><td>中层管理人员（含分公司副经理）</td><td>1.5</td><td>1.2</td><td>1</td><td>0.8</td><td>0.4</td></tr>
</table>

（五）部门考核系数。

考核结果	优	良	中	基本合格	不合格
季度考核系数	1.3	1.1	1	0.8	0.4

第二十九条 年底奖金实际发生额的确定。

年底奖金的实际发生额由公司整体效益确定。公司年底奖金总额分解到部门，然后由部门分解到个人。

（一）针对管理职系中的高层管理者的计算方法。

年底奖金＝12× 等级工资 × 年度考核系数 × 管理系数 × 调整系数

（二）个人年底奖金实际发生额的计算方法。

年底奖金＝4× 等级工资 × 年度考核系数（或管理系数）× 部门考核系数 × 调整系数

其中，中层管理者年底奖金按照管理系数计算，一般员工年底奖金按照年度考核系数计算。

（三）调整系数。

调整系数的大小取决于公司效益情况，其数值根据年底公司奖金总额与公司上报董事会的奖金方案的比例确定。

调整系数＝公司年底奖金实际发生总额 ÷ 年底奖金上报方案总额

第七章 提成工资制

第三十条 提成工资制适用范围。

提成工资制适用于管理职系中的销售中心副主任（主管销售策划）和销售（营销）职系的员工。

第三十一条　提成工资制的工资结构。

提成工资制收入＝月收入＋销售提成＋附加工资

其中：月收入＝基本工资＋工龄工资＋等级工资 × 发放系数

第三十二条　提成工资制中发放系数与提成办法参见公司有关规定。

第八章　工资调整

第三十三条　公司工资调整原则是整体调整与个别调整相结合。

第三十四条　公司工资整体调整形式是改变薪点点值，调整周期与调整幅度根据公司效益与公司发展情况决定。

第三十五条　个别调整根据员工个人年底考核结果和职称、岗位变动决定。

（一）根据考核结果调整。

连续两年内考核结果累计一“优”一“良”或以上者，以及连续三年考核结果为“良”者，工资等级在本职称系列内晋升一级。当年考核结果为“不合格”或连续两年考核结果为“基本合格”的员工工资等级下调一级，对于连续两年考核结果为“不合格”的员工或连续三年考核结果为“基本合格”的员工进行待岗处理。

（二）职称变动调整。

若员工聘任职称发生变动，则员工工资等级变动到当前岗位相应职称系列的工资等级。

（三）岗位变动调整。

若员工岗位发生变动，则员工工资等级变动到当前岗位相应职称系列的工资等级。

第三十六条　工资等级调整过程中，若调整前工资等级与调整前所在岗位、职称系列对应的初始等级有差距，则该级差保留，在调整后岗位、职称系列对应工资等级的基础上按照该级差相应提高或降低工资等级。

第三十七条 工资等级调整过程中，若目前等级已经达到相应岗位、职称系列的最高档次，则工资等级不再变动。

第九章 其他

第三十八条 聘任职称。

确定等级工资采用的是聘任职称。聘任职称的确定以外部职称为主要依据，参考员工个人绩效和学历。对于绩效优异者可以破格聘任，对于表现不佳者降级使用。

第三十九条 工作年限。

实行本方案对原有工资体系进行调整时，考虑员工工作年限相应调整级别。

（一）取得当前职称5年以上（含5年）者晋升一级，10年以上（含10年）者晋升两级。

（二）在同类管理岗位上任职5年以上（含5年）者晋升一级，10年以上（含10年）者晋升两级。

（三）在管理岗位上的任职年限，自进入本集团的单位起开始计算。

（四）若其工资等级已经达到该类岗位最高档次，则不考虑晋升。

（五）本方案正式实施后，不再考虑工作年限对薪酬的影响。

第四十条 试用期工资标准。

（一）试用期间专科以下（含专科）毕业生按照同岗位助理（初级）职称等级工资的50%发放，本科毕业生按照同岗位助理（初级）职称等级工资的60%发放，研究生按照同岗位中级职称等级工资的

50%发放。

（二）试用期满后到获得正式职称之前本科生以下（含本科生）按照同岗位助理（初级）职称等级工资的80%发放，研究生按照同岗位中级职称的80%发放。

第四十一条　加班费。

根据工作需要必须加班，而且不能安排调休者，公司发放员工加班费。每月按21.75个标准工作日计算，计算基数为等级工资。

加班费＝加班天数×等级工资÷21.75

第四十二条　病事假期间工资发放标准。

经公司批准请病事假者，根据请假天数在工资中进行相应的扣除。每月按照21.75个标准工作日计算，计算基数为等级工资与绩效工资。

病事假工资扣除＝请假天数×（等级工资+绩效工资）÷21.75

第四十三条　副职代正职的情况，其等级工资按正职岗位的等级下调一级处理。

第四十四条　分公司同类岗位人数较多时，可以指定组长级员工。组长级员工的工资等级在该岗位原有工资等级上向上浮动一级。

第四十五条　对于待岗员工只发放固定工资中的基本工资与工龄工资部分。

第四十六条　对于公司外派培训的员工，每月发放其固定工资和绩效工资。绩效工资考核系数根据外派时间长短决定。

（一）一个月以内，考核系数按照1计算。

（二）三个月以内，考核系数按照0.9计算。

（三）三个月到六个月，考核系数按照0.8计算。

（四）六个月到一年，考核系数按照0.7计算。

（五）一年以上的，考核系数按照0.5计算。

第四十七条 公司设立总经理奖励基金，奖励公司绩效表现优异的员工。具体数额由董事会确定。

第十章 附则

第四十八条 本方案由人力资源部负责解释。

对于本方案所未规定的事项，则按人力资源管理规定和其他有关规定予以实施。

技能点 4
薪资预算管理

一、薪酬预算环境分析

1. 薪酬预算的内部环境分析

薪酬预算的内部环境分析有两个重点：历史薪酬增长率情况和企业当前薪酬支付能力。

（1）历史薪酬增长率。企业必须保持历史薪酬增长率的稳定性，以减少因为薪酬预算不稳定而给企业财务带来的冲击。薪酬增长率的计算公式为：

年度薪酬增长率＝（年末平均薪酬－年初平均薪酬）/ 平均薪酬 ×100%。

（2）企业薪酬支付能力。企业薪酬支付能力源于企业经济附加价值和劳动分配率情况。企业经济附加价值越高，薪酬支付能力就越高；劳动分配率越高，薪酬支付能力也越高。附加价值的计算方法有两种：

扣除法：

附加价值＝销售额－外购部分＝销售额－（直接原材料＋购入零配件＋外包加工费＋间接材料）。

相加法：

附加价值＝利润＋人工成本＋财务费用＋租金＋税金＋红利＋内部留存收益＋折旧。

劳动分配率的计算方法为：

劳动分配率＝人工成本 / 附加价值 ×100%。

2. 薪酬预算的外部环境分析

在进行薪酬预算时，特别是确定企业人均工资水平的增长幅度时，应着重考虑如下外部因素的影响：

（1）经济成长情况。宏观经济成长与社会成员的收入及消费之间是一种相互促进的关系，即国民经济发展越快，社会可以给个体提供的生活产品越丰富，个人生活的消费预算也就越高，因此，经济成长情况将直接影响企业薪酬预算。

（2）劳动力市场的供求状况。当劳动力市场供过于求时，企业可以相对容易地获得理想的员工，工资水平也相对较低；而当劳动力市场供小于求时，人力资源属于稀缺资源，要想吸引优秀的人才，企业必须提高工资水平，付出更大的成本。

（3）生活成本。企业的工资水平应与生活成本相联系，随着生活成本的提高，工资水平也应该相应提高。居民消费价格指数（CPI）一般被当作衡量生活成本的指标，它的变化会对企业工资水平产生影响。

二、薪酬预算方法

一般来说，薪酬预算的方法有两种：一种是自下而上法；一种是自上而下法。名称虽然很普通，却形象地反映了两种方法各自的特点。

1. 自下而上法

顾名思义，“下”指员工，“上”指各级部门，及至企业整体。自下而上法是指从企业的每位员工在未来一年薪酬的预算估计数字，计算出整个部门所需要的薪酬支出，然后汇集所有部门的预算数字，编制企业整体的薪酬预算。具体如图 8–1 所示。

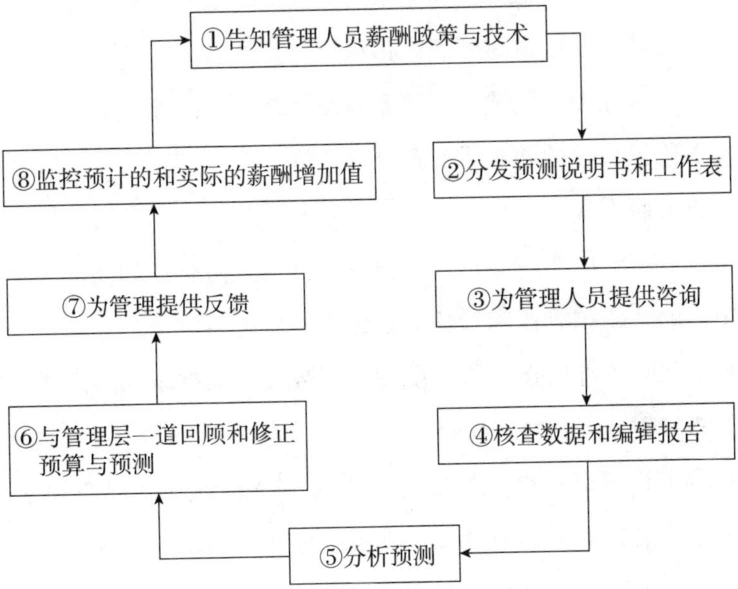

图 8–1　自下而上的薪酬预算过程图

通常，自下而上法比较实际，且可行性较高。部门主管只需按企业的既定加薪准则，如按绩效加薪、按年资或居民消费价格指数的变化情况等调整薪酬，分别计算出每个员工的增薪幅度及应得的薪酬额。然后计算出每一部门在薪酬方面的预算支出，再呈交给高层管理人员审核和批准，一经通过，便可以着手编制预算报告。

由图 8–1 可知，自下而上的薪酬预算过程包括以下几项：

（1）告知管理人员薪酬政策与技术。

（2）分发预测说明书和工作表，主要是一些关于薪酬增长、绩效增长及人员聘用的情况。

（3）为管理人员提供咨询。

（4）核查数据和编辑报告，确保所预报的增加额没有超过允许范围。

（5）分析预测，根据回收上来的数据进行预测与修正。

（6）与管理层一道回顾和修正预算与预测。

（7）为管理提供反馈，将预测和预算结果反馈给各部门。

（8）监控预计的和实际的薪酬增加值。

2. 自上而下法

与自下而上法相对照，自上而下法是指先由企业的高层主管决定企业整体的薪酬预算额和增薪的数额，然后再将整个预算数目分配到每一个部门。各部门按照所分配的预算数额，根据本部门内部的实际情况，将数额分配到每一位员工。

部门主管可以按企业所定的增薪准则来决定员工分配的薪酬数额。根据员工的不同的绩效表现来决定增薪率的高低，或者采取单一的增薪率，不过，这样会导致底薪较高的员工的薪酬增加较多，而底薪较低的员工实际得益较小。自上而下法又包括劳动分配率基准法、销售净额基准法和损益平衡点法等。

（1）劳动分配率基准法。利用劳动分配率基准法计算合理人工成本支付限额的公式为：

预算的劳动分配率＝一年人工成本预算 /（一年人工成本预算 + 一年固定费用预算 + 一年必得利益）×100%。

平衡点劳动分配率即在企业无损益的情况下的人工成本支付。

平衡点劳动分配率＝人工成本 /（人工成本 + 固定费用）×100%。

当实际的劳动分配率低于平衡点劳动分配率时，企业处于财务安全状态，因此，企业当时预算的劳动分配率会低于平衡点劳动分配率。

（2）销售净额基准法。销售净额基准法即根据实际人工费比率、本年平均人数、上年度平均薪酬和计划平均薪酬增长率，求出本年目标销售额，并以此作为本年最低销售净额。计算公式为：

人工费比率＝人工成本 / 销售额。

目标人工成本＝本年平均人数 × 上年度平均薪酬 ×（1+ 计划平均薪酬增长率）。

目标销售率＝目标人工成本 / 人工费比率。

目标人工成本＝本年平均人数 × 上年度平均薪酬 ×（1+ 计划平均薪酬增长率）。

有时因为竞争激烈，企业在销售额上没有上升空间，这需要在预计销售收入的情况下进行薪酬预算，其过程如下：

经营所需人数＝年度人工费用预算支付限额 / 调薪后平均人工成本＝计划附加价值 × 合理劳动分配率 × 预计销售收入 /［现在平均人工成本 ×（1+ 计划调薪率）］。

当现有人数大于经营所需人数时，可考虑降低薪酬成本或裁员。从这个角度来看，销售净额基准法也是一种人力资源规划的措施。

（3）损益平衡点法。利用损益平衡点法计算人工成本的支付限额的公式为：

人工成本的支付限额＝人工成本 / 损益平衡点的销售收入 ×100%。

损益平衡点，也称为损益分歧点，是指在单价产品价格一定的情况下，与产品制造、销售及管理费用相等的收益额，或者说达到一定销售收入的产品销售数量。因此，损益平衡点可以概括为公司利润为零时的销售额或销售量。损益平衡点的计算方法为：

损益平衡点=固定费用 / 附加价值率或边际利益率。

固定费用=销售费用及一般管理费 + 折旧费用 + 营业外支出。

比如，A 公司的固定费用为 5000 万元，人工成本为 3000 万元，边际利益率为 35%，则其人工成本支付限额的计算方法为：

损益平衡点= 5000/35% = 12500（万元）。

人工成本的支付限额= 3000/12500×100% = 24%。

一般来说，自下而上法不易控制总体的人工成本，自上而下法虽然可以控制住总体的薪酬水平，却使预算缺乏灵活性，而且确定薪酬总额时主观因素过多，降低了预算的准确性，不利于调动员工的积极性。

技能点 5
薪酬诊断调整

一、薪酬体系诊断

1. 薪酬体系诊断的标准

判断一个企业的薪酬体系是否完善的四个主要标准是:

（1）企业薪酬体系产生程序的透明性及体系本身的制度化程度。

（2）企业内部人工成本与企业整体业绩关系的纵向与横向分析。

（3）首先考虑的是员工对薪酬制度公平性的满意度，其次才是员工对薪酬的满意度。

（4）员工尤其是优秀员工的离职原因中与薪酬相关的比例。

2. 薪酬体系诊断的内容

对薪酬体系的诊断首先应从战略的角度予以把握，在战略指导下，薪酬体系诊断包括以下内容:

（1）诊断薪酬政策，检查当前企业所实施的薪酬政策是否符合以下原则:

与企业经营战略的基本方向和未来目标是否一致。

与企业人力资源管理系统及各环节之间的关系是否协调。

是否体现了职、能、绩相统一的原则。

是否考虑了现实可行性与未来调整的空间。

（2）诊断薪酬水平，检测当前企业的总体薪酬水平与市场的关系，以保持企业薪酬的外部竞争性。

当前市场环境是否发生了新的变化，这些新变化对企业薪酬水平（特别是核心员工的薪酬水平）的外部竞争力是否有影响。

当前薪酬水平是否与企业目前的经营状况和财务目标一致。

当前薪酬水平和薪酬结构之间的关系是否协调。

（3）诊断薪酬结构，检测当前企业薪酬的纵向结构是否合理，以保持企业薪酬的内部一致性。

薪酬等级数目、确定标准和薪酬级差是否合理，是否体现了内部公平的原则。

各类各级员工的薪酬关系是否协调，是否体现了员工公平的原则。

核心员工的流失率是否与薪酬结构，特别是薪酬等级结构的设计有关。

（4）诊断薪酬组合，检测当前企业薪酬的横向结构是否合理，以保持企业薪酬的激励功能。

员工薪酬组合中，各薪酬要素之间的比例关系是否合理，是否具有激励效应。

员工的努力程度是否与薪酬有直接的关系，激励薪酬对员工是否具有吸引力。

当前的薪酬支付方式是否合理，是否考虑了时间性和个性差异性。

3. 薪酬诊断方式

薪酬诊断方式可以分为正规方式和非正规方式两种。

（1）正规方式的薪酬诊断包括在薪酬问题的获得、分析和诊断过程中所采取的各种正式途径。具体体现在：

通过正常的管理途径（例如，一些经常性的薪酬资料的统计和分析、企业管理例会制度及与管理者的对话制度等）反映、收集和反馈企业薪酬管理的一些信息、资料和问题。

组织专门的问题分析小组、薪酬专家和管理人员对这些问题进行及时的分析。

将分析结果以诊断报告和诊断方案以正式形式递交给有关管理和决策部门。

（2）非正规方式的薪酬诊断是指员工通过一些内部的、灵活的沟通方式，及时反映薪酬管理中的问题。同时，企业薪酬主管和基层主管能及时听取员工对薪酬政策和薪酬管理的意见、建议甚至抱怨，并从中发现问题，及时处理。

4. 员工薪酬满意度调查

企业薪酬体系的自我诊断可以通过员工薪酬满意度调查来获得有关诊断信息，这些信息包括以下几方面的内容：

（1）管理性方面的诊断信息。主要包括：企业是否设有专门负责薪酬管理的人员；是否每年举行一次薪酬调查；薪酬管理委员会能否定期听取员工对薪酬问题的意见；是否每年或定期对薪酬制度进行一次修正。

（2）明确性方面的诊断信息。主要包括：企业是否有规范的薪酬统计和管理报表；对于加薪和奖励的决定是否进行人事考核；是否制订了长期薪酬计划和弹性福利计划等；是否有薪酬规则，加薪和调薪是否有可循性规章，以及有关支付奖金、退职、兼职等方面的完备的薪酬规章。

（3）能力性方面的诊断信息。主要包括：企业是否导入职务或职能薪酬；是否进行职务分析与评价；同一职级的加薪是否有最高限度；

是否设有职务评价与分析委员会及薪酬委员会等；是否按技能测度、资格考试、考试制度决定职级等。

（4）激励性方面的诊断信息。主要包括：是否设定个人或团队能力薪酬；是否根据目标业绩、利益额设定薪酬；是否设定以奖励为主旨的全勤津贴；奖金的发放是否采取利益分配与业绩奖励的方式。

（5）安全性方面的诊断信息。主要包括：考察企业现行的薪酬制度是否符合生活费水准；过去 5 年内员工底薪增加的比率是否与市场一般水准相同；近年来，薪酬的上升是否超过企业的支付能力；企业在招聘时的薪酬是否足以吸引人才，人才流动率是否与薪酬水平有关等。

二、薪酬调整

1. 薪酬调整目标

简单而言，企业薪酬调整有三个目标：

（1）对内更加具有公平性，对外更加具有竞争力。

（2）员工薪酬满意度提高。

（3）管理更加便利和有效。

2. 薪酬调整步骤

薪酬调整的重点和步骤一般为：

（1）调整前的准备。

调整前的准备主要是了解企业内部与外部的薪酬管理方面的信息，包括：

市场薪酬调查，薪酬调查重在解决薪酬外部竞争力问题。

员工薪酬满意度调查，关注员工对薪酬水平、结构和管理方面的态度、意见或建议等。

职能管理者和一线管理者调查，了解他们在管理工作中职责的问题及解决问题的思路等。

员工薪酬调整建议如表8-7所示。

表8-7　员工薪酬调整建议表

填写时间：　　年　月　日

<table>
<tr><td>填写人：</td><td>职务：</td></tr>
<tr><td>1. 薪酬调整人员姓名：
2. 职务：
3. 建议调整起始时间：
4. 调整数额：
（1）技能工资（50元/级）：
上浮：____级
下浮：____级
（2）职务工资（50元/单位）：
上浮：____级
下浮：____级</td><td></td></tr>
<tr><td colspan="2">调整原因：</td></tr>
<tr><td colspan="2">主管经理意见：

日期：　　年　月　日</td></tr>
<tr><td colspan="2">公司审核意见：

日期：　　年　月　日</td></tr>
</table>

（2）调整实施过程。

在薪酬调整过程中，首先，及时的沟通、必要的宣传或培训是保证薪酬改革成功的因素之一，薪酬管理部门应向员工充分介绍公司薪酬调整的依据、意义与目的；其次，在广泛征求意见的基础上设计一个完整的、科学的、切实可行的薪酬调整方案；再次，选择薪酬调整的方式和步骤，如谁来调整，如何调整等；最后，薪酬调整是一个涉及诸多方面和多个利益相关者的过程，在调整实施过程中，必须谨慎对待，多方协调和相互配合。

（3）调整后的反馈。

调整之后，应该将调整过程的信息及时反馈，以便发现问题，及时解决，确保调整目标的顺利实现。此外，应该对调整目标的达成情况进行正式评估，特别是在将薪酬调整作为管理改进项目并委托第三方承担的情况下，更应该注重项目的质量和运行效果。

3. 薪酬调整方式

（1）薪酬水平调整。

除了正常的加薪外，薪酬水平的调整一般是基于以下条件的变化，如表 8–8 所示。

薪酬水平调整的类型，通常有以下几种，如表 8–9 所示。

（2）薪酬结构调整。

由于劳动力市场供求关系的不断变化，企业需要定期对内部员工的工资进行结构性调整，主要是对工资标准和工资等级进行调整。

4. 薪酬结构调整方法

现代企业常用的薪酬结构调整方法有以下几种：

（1）调整薪酬标准和工资率。

表 8-8　薪酬水平调整的条件表

条件	内容	备注
基于市场变化的调薪	薪酬水平调整的实质是薪酬标准的调整，主要是参考市场薪酬率的变动，以适应企业外部竞争力的需要	基于市场的薪酬水平调整的直接原因主要有两个：一是薪酬市场的变化；二是 CPI 的变化
基于工作表现的调薪	为了鼓励绩效好的员工，企业会对部分员工的薪酬水平进行调整	绩效较差或业绩平平的员工就不在薪酬调整的范围之内了
基于能力需求的调薪	企业认可的与工作相关的能力也会给员工带来调薪的机会	为了满足对一些急需专业技能的需求，企业会在岗位和职务不发生变动的情况下，给具有这些技能的员工增加薪酬

表 8-9　薪酬水平调整的类型表

<table>
<tr><th colspan="2">类别</th><th>适用范围</th></tr>
<tr><td colspan="2">奖励性调整</td><td>主要针对员工的优良业绩进行奖励，目标是为了激励员工做出有益于企业的行为</td></tr>
<tr><td rowspan="3">补偿性调整</td><td>等比式调整</td><td>让薪酬偏低的员工感到更不公平，但它保持了薪酬结构内在的相对级差，使薪酬政策线的斜率统一变化</td></tr>
<tr><td>等额式调整</td><td>所有员工按平均工资率等幅调升，这将导致薪酬级差比缩小，薪酬结构改变</td></tr>
<tr><td>工资指数化</td><td>使得员工的实际工资收入等于工资指数与最低生活费的乘积</td></tr>
<tr><td colspan="2">效益性调整</td><td>企业效益好时，对全部员工的薪酬进行普遍调整；效益欠佳时，再将其调回</td></tr>
<tr><td colspan="2">工龄性调整</td><td>通过绘制成熟曲线图，可以将单纯的工龄工资调整为工龄与绩效相结合的形式</td></tr>
</table>

目前，西方国家的企业中，工资类别有减少的趋势，将工资类别由原来的十几个减少到三五个，而每种工资类别则包含着较多的工资等级和工资标准，且各类工资标准交叉运用。企业的这种薪酬调整方式随着知识经济的发展，对员工的激励作用更大，也比较适合实行弹性工资制和绩效工资制。

（2）降低或提升高薪员工的地位。

在企业经营过程中，由于企业政策的转变，往往要对高薪员工的工资进行调整。例如，企业如果想降低薪酬成本，往往需要调整高薪人员的比例，因为一个高级人才的薪酬，往往是低级员工的十倍、数十倍，甚至上百倍。此外，由于高级人才对企业的稳定和发展有举足轻重的作用，吸引和留住高级人才对企业十分重要，因此，也有很多企业不断提高高级人才的待遇，以加强企业的人才竞争力。

三、薪酬改进

在传统的薪酬体系中，员工的薪酬水平主要取决于学历、工龄、职位等因素，这是一种片面的做法，难以全方位满足薪酬管理的要求。在实际工作中，既要考虑职务与工作者的性质，又要考虑人力资源投入方式，更要考虑薪酬分配如何与员工的业绩挂钩。衡量一个企业的薪酬管理体系是否完整，可以从以下几方面入手：

1. 薪酬管理的系统性

薪酬管理的系统性包括以下几方面：

（1）是否定期听取员工对薪酬问题的意见；

（2）薪酬管理是否与绩效考评紧密联系；

（3）是否设有薪酬管理的专门人员；

（4）是否每年进行薪酬调查。

2. 薪酬管理的规范性

要规范薪酬管理，必须了解以下几方面：

（1）是否有明确具体的薪酬表；

（2）在进行薪酬提升和奖金发放时是否进行绩效考评；

（3）是否有明确的薪酬管理原则，薪酬评定与晋级的办法、计算和支付奖金的细则、相关方面的规章制度是否完备；

（4）是否制订了长期薪酬计划和薪酬分配整体方案

3. 薪酬管理的具体性

薪酬管理的具体性包括以下几方面：

（1）是否进行工作分析和评价；

（2）是否设定各级别的最高任职年限；

（3）是否实行员工职务工资和技能工资；

（4）是否通过技能测验、资格考试调整员工的职级；

（5）是否设置职务评价委员会等专门的薪酬管理机构。

4. 薪酬管理的激励性

薪酬要起到激励作用，具体来说有以下几方面：

（1）是否根据管理目标确定员工的绩效工资和奖金；

（2）是否设立个人特殊能力工资和团队工作奖励；

（3）奖金是否采用利润分享方式；

（4）对领取奖金的人数是否有限制。

5. 薪酬管理的安全性

薪酬管理的安全性包括以下几方面：

（1）企业薪酬率上升速度是否高于劳动生产率增长速度；

（2）企业基础薪酬增加的比率是否与相关企业接近；

（3）现行的薪酬水平能否满足员工的基本生活要求；

（4）现行的薪酬标准是否达到市场一般水平。

薪酬有所变动后，要提交变更工资申请表。如表 8-10 所示。

表 8-10　变更工资申请表

填表日期：　　年　月　日

姓名		所属部门	
职位		入职时间	
考核记录			
现在工资		将调整工资	
理由			
最低工资		工作等级	
申请者			
批准者			

技能点 6
岗位薪酬结构

一、常见工资种类及分配方式

常见的工资包括以下几种：

（1）保底工资，也叫固定工资，是指为了基本生活设定的工资。保底工资与出勤率挂钩。

（2）绩效工资，是指工作技能在岗位上的表现产生的结果分数，得到的工资与考核表挂钩。

（3）业绩提成，是指岗位目标、业绩实现后的提成。比如生产完成量、销售额、关键人才培养数等都可以作为业绩提成计算。

（4）岗位利润分红，是指为岗位的关键人才规定的的分红。

（5）岗位补助，是指为岗位人才生活与工作所提供的分配比例。

（6）计件工资，是指岗位工作进行计件而获取的合格产品提成。

（7）项目提成，是指完成项目后获利得到的奖励。

（8）专利利润提成，是指团队或个人研发专利后获得的奖励。

（9）环节提成，是指一个项目的某个环节完成后获得的提成。

（10）超产奖，是指超额完成冲刺目标后的提成。

（11）事业部分红，是指事业部团队获得的分红。

（12）股权分红，是指管理者参与企业股权激励而获得的分红；还指投资者因投资获利而产生的分红。

（13）年终工资，是指在企业就业时间较长而获得的就业奖励，也就是老员工可以得到的一个奖励。

二、三种主要工资结构形式

工资结构形式主要有以下三种。

（1）固定工资+绩效工资+销售额提成+固定提成。比如营销总监的薪酬为固定工资10000元、绩效5000元，加团队提成1%，加个人提成6%，加利润提成2%。

（2）固定工资+计件工资+销售额提成+超产奖。

（3）固定工资+销售费用+销售额提成+期权。比如固定工资10000元，加销售额1.5%的销售费用，再加销售额1%的提成，再加期权的10%。也有比较简单的，就只有销售额提成。绩效考核一般跟60%的利润分红与30%～50%的销售额提成挂钩。

比较健全的工资结构应该是这样的：

工资＝基本工资+绩效工资+技能工资+学历工资+工龄工资+提成工资+分红+超产奖+股票期权+福利。

三、常见岗位薪酬设计

1. 职能类岗位的薪酬结构

基于价值薪酬的岗位工资制（划分出五级工资）。

薪酬结构为：岗位工资（基本工资+绩效工资）。

2. 营销人员最常用的两种薪酬结构

（1）底薪+提成。

（2）基本工资 + 绩效工资 + 提成。

3. 生产人员薪酬结构

（1）底薪 + 计件提成。

（2）无底薪，计件提成制。

4. 高管人员薪酬结构

高管人员最常用的薪酬方式为年薪制，薪酬结构依谈判结果的不同略有不同，较常用的结构为：基本工资 + 绩效工资 + 商业保密金 + 分红。

5. 研发设计、产品开发等技术类岗位人员的薪酬结构

由于其工作成果会直接产生效益，故其薪酬结构可分为两种：

（1）固定工资 + 绩效工资 + 效益工资（效益工资的依据，主要由研发成果转换为效益利润的多少来决定）。

（2）固定工资 + 绩效工资 + 成果工资 + 效益工资（成果工资主要由项目产出的多少来决定）。

技能点 7

假期工资核算

一、事假

事假工资核算公式：

事假工资＝月工资标准 ×（1 － 1÷21.75× 事假天数）。

二、病假

员工病假工资核算公式：

1. 病假工资＝月正常工资 ×70%÷21.75×P× 病假天数。

2. 病假工资＝基本工资 ÷21.75×P× 病假天数（这种计算方式适合劳动合同和集体合同有约定基本工资的企业）。

其中：P 是指政府规定的病假工资核算支付比例。

关于贯彻执行《中华人民共和国劳动法》若干问题的意见

59. 职工患病或非因工负伤治疗期间，在规定的医疗期间内由企业按有关规定支付其病假工资或疾病救济费，病假工资或疾病救济费可以低于当地最低工资标准支付，但不能低于最低工资标准的 80%。

劳动部关于发布《企业职工患病或非因工负伤医疗期规定》的通知

第三条　企业职工因患病或非因工负伤，需要停止工作医疗时，根据本人实际参加工作年限和在本单位工作年限，给予三个月到二十四个月的医疗期：

（一）实际工作年限十年以下的，在本单位工作年限五年以下的为三个月；五年以上的为六个月。

（二）实际工作年限十年以上的，在本单位工作年限五年以下的为六个月；五年以上十年以下的为九个月；十年以上十五年以下的为十二个月；十五年以上二十年以下的为十八个月；二十年以上的为二十四个月。

第四条　医疗期三个月的按六个月内累计病休时间计算；六个月的按十二个月内累计病休时间计算；九个月的按十五个月内累计病休时间计算；十二个月的按十八个月内累计病休时间计算；十八个月的按二十四个月内累计病休时间计算；二十四个月的按三十个月内累计病休时间计算。

三、婚假、护产假、丧假、探亲假假期工资核算

婚假、丧假、探亲假等假期的工资核算比较简单，按基本工资核算即可。

根据《婚姻法》及《中国人口计划生育条例》的规定如下：

婚假从开始婚假之日起计算，按劳动人事有关休假规定“假中不除假”，所以休假中遇双休日或法定节日，不累计也不顺延计算假日。

按照《全国年节及纪念日放假办法》第六条的规定：全体公民放假的假日，如果适逢星期六、星期日，应当在工作日补假。部分公民

放假的假日，如果适逢星期六、星期日，则不补假。

婚假适合“部分公民放假的假日，如果适逢星期六、星期日，则不补假”。

婚假以连续请假为原则，一般公司里除特别照顾外，需一次性使用完。

如某员工月薪 6000 元，无其他补助补贴。在 2011 年 5 月 1—10 日休婚假 10 天，5 月份的工资核算为：

2011 年 5 月 1 日是法定休假日，也是双休日，所以 2 日是补休日；7 日、8 日也是双休日。该员工 10 天婚假里，6 天是按婚假假期工资核算，其他都是带薪休假。所以，该员工 5 月份的工资是：$6000\times(1-30\%\div21.75\times6)=5503.45$（元）。6 天按假期工资支付的计算中，假期工资基数是 $6000\times70\%$，等于扣除 6 天日工资的 30%。

四、男员工护（陪）产假

男员工护（陪）产假由于没有全国性的规定，各地都有规定的天数。各个企事业单位可以根据地方生育条例执行，核算公式按基本工资核算即可。

《北京市人口与计划生育条例》第十八条：机关、企业事业单位、社会团体和其他组织的女职工，按规定生育的，除享受国家规定的产假外，享受生育奖励假三十天，其配偶享受陪产假十五天。女职工及其配偶休假期间，机关、企业事业单位、社会团体和其他组织不得降低其工资、予以辞退、与其解除劳动或者聘用合同。

女职工经所在机关、企业事业单位、社会团体和其他组织同意，可以再增加假期一至三个月。

《江苏省人口与计划生育条例》第二十七条：依法办理结婚登记

的夫妻，在享受国家规定婚假的基础上，延长婚假十天。自 2016 年 1 月 1 日起，符合本条例规定生育子女的夫妻，女方在享受国家规定产假的基础上，延长产假三十天，男方享受护理假十五天。

前两款规定的假期视为出勤，在规定假期内照发工资，不影响福利待遇，国家法定休假日不计入前两款规定的假期。用人单位根据具体情况，可以给予其他优惠待遇。

《四川省人口与计划生育条例》第二十六条：符合本条例规定生育子女的夫妻，除法律、法规规定外，延长女方生育假六十天，给予男方护理假二十天。生育假、护理假视为出勤，工资福利待遇不变。

《广西壮族自治区人口与计划生育条例》第二十五条：符合法律、法规规定生育子女的夫妻，除享受国家规定的假期外，女方增加产假五十日，同时给予男方护理假二十五日。休假期间的工资、津贴、补贴和奖金，其工作单位不得扣减。

产假期间的生育津贴按生育保险相关规定发放；未参加生育保险的，由所在单位参照生育保险标准发放。

《湖南省人口与计划生育条例》第二十一条：符合法定生育条件的夫妻，女方除享受国家规定的产假外增加产假六十天，男方享受护理假二十天。增加的产假、护理假视为出勤。

技能点 8
特殊工资核算

一、工伤停工留薪期间工资的核算

《工伤保险条例》第三十三条规定，劳动者因工伤事故在停工留薪期，按正常出勤的原工资福利待遇核算。

《工伤保险条例》相关条款

第三十三条 职工因工作遭受事故伤害或者患职业病需要暂停工作接受工伤医疗的，在停工留薪期内，原工资福利待遇不变，由所在单位按月支付。

停工留薪期一般不超过12个月。伤情严重或者情况特殊，经设区的市级劳动能力鉴定委员会确认，可以适当延长，但延长不得超过12个月。工伤职工评定伤残等级后，停发原待遇，按照本章的有关规定享受伤残待遇。工伤职工在停工留薪期满后仍需治疗的，继续享受工伤医疗待遇。

二、停工停产期间工资的核算

由于企业因经营不善原因导致停工停产的，员工的工资可以依据当地政府文件规定处理，如上海市的企业可以依据《上海市企业工资支付办法》处理。

上海市企业工资支付办法

十二、用人单位停工、停产在一个工资支付周期内的，应当按约定的标准支付劳动者工资。超过一个工资支付周期的，用人单位可根据劳动者提供的劳动，按双方新约定的标准支付工资，但不得低于本市规定的最低工资标准。

规定中的“一个工资支付周期”是指以“一个月支付一次工资”为一个周期的形式。

三、非全日制用工工资的核算

关于非全日制用工工资的核算，小时计酬标准不得低于用人单位所在地人民政府规定的最低小时工资标准，劳动报酬结算支付周期最长不得超过 15 日。

《中华人民共和国劳动合同法》相关条款

第六十八条　非全日制用工，是指以小时计酬为主，劳动者在同一用人单位一般平均每日工作时间不超过四小时，每周工作时间累计不超过二十四小时的用工形式。

第六十九条　非全日制用工双方当事人可以订立口头协议。从事非全日制用工的劳动者可以与一个或者一个以上用人单位订立劳动合同；但是，后订立的劳动合同不得影响先订立的劳动合同的履行。

第七十二条　非全日制用工小时计酬标准不得低于用人单位所在

地人民政府规定的最低小时工资标准。

非全日制用工劳动报酬结算支付周期最长不得超过十五日。

四、女工“三期”工资的核算

《中华人民共和国人口与计划生育法》相关条款

第二十六条 妇女怀孕、生育和哺乳期间，按照国家有关规定享受特殊劳动保护并可以获得帮助和补偿。

……

《北京市企业职工生育保险规定》2019年相关条款

企业事业单位、社会团体和其他组织的女职工，按规定生育的，除享受国家规定的产假外，享受生育奖励假三十天。

女职工经所在机关、企业事业单位、社会团体和其他组织同意，可以再增加假期一至三个月，配偶可获十五天陪产假。

在实行原有计划生育政策期间，女职工只有符合晚育的条件，才可享受规定九十八天产假之外的三十天奖励假，而且这奖励假还可以由男方享受。新《条例》实施后，只要符合条例规定生育的女职工，在享受国家规定九十八天产假的基础上，均可再享受三十天的生育奖励假。即不但将三十天的奖励假由晚育女职工扩大到所有符合条件的女职工，而且三十天奖励假完全属于女职工，无需再与其配偶“分享”。

女职工经过用人单位同意，可以要求在上述产假的基础上再增加假期一至三个月，因为并非强制性的规定，至于能否批准，决定权在用人单位。原《北京市人口与计划生育条例》规定，晚育的女职工，增加奖励假三十天，奖励假可以由男方享受。新法实施之后，女职工配偶的十五天陪产假成为法律强制性规定，不再需要与女职工“分享”

三十天的奖励假。

五、年终奖避税

年终奖的发放，劳动法律没有硬性规定。是否发放年终奖，由单位自主决定。但如果劳动合同中有明确规定，或者单位的规章制度中对年终奖有明确规定，单位就应该按照约定或者规定发放。

企业延期或分期发放年终奖的，可视为拖欠劳动报酬的违法行为。有些用人单位与劳动者在合同中约定，每月从工资中扣除一部分，年底再以年终奖的形式发放，这种年终奖其实就是工资，如果用人单位恶意拖欠，劳动者不仅可以要求用人单位支付，还可以向劳动监察或仲裁部门主张加付赔偿金。离职后，年终奖也是需要发的。

根据财政部国家税务总局《关于个人所得税法修改后有关优惠政策衔接问题的通知》（财税［2018］164 号）居民个人取得全年一次性奖金，符合《国家税务总局关于调整个人取得全年一次性奖金等计算征收个人所得税方法问题的通知》（国税发［2005］9 号）规定的，在 2021 年 12 月 31 日前，不并入当年综合所得，以全年一次性奖金收入除以 12 个月得到的数额，按照本通知所附按月换算后的综合所得税率表（以下简称月度税率表），确定适用税率和速算扣除数，单独计算纳税。计算公式为：

应纳税额＝全年一次性奖金收入 × 适用税率－速算扣除数

居民个人取得全年一次性奖金，也可以选择并入当年综合所得计算纳税。

自 2022 年 1 月 1 日起，居民个人取得全年一次性奖金，应并入当年综合所得计算缴纳个人所得税。

很多行政机关、企事业单位都会根据全年经济效益及员工工作业绩表现，向员工发放一次性奖金。实行年薪制和绩效工资办法的单位可以据此兑现年薪和绩效工资。根据国税发［2005］9号文件规定：纳税人取得全年一次性奖金，单独作为一个月工资、薪金所得计算纳税，并按以下计税办法，由扣缴义务人发放时，代扣代缴：先将员工当月内取得的全年一次性奖金，除以12个月，按其商数确定适用税率和速算扣除数。同时也可以根据2018年8月《关于修改〈中华人民共和国个人所得税法〉的决定》（第七次修正），按照新《个人所得税法》执行费用减除标准、税率和速算扣除数。

即：年终奖个税基数计算公式为：年终奖个税基数＝全年一次性奖金/12。

当员工当月工资薪金所得大于（含等于）5000元时，年终奖个税＝员工当月取得全年一次性奖金/适应税率－速算扣除数。

当员工当月工资薪金所得小于5000元时，年终奖个税＝（员工当月取得全年一次性奖金－员工当月工资薪金所得与费用扣除额差额）/适用税率－速算扣除数。

这种方法，一个纳税年度内，除了全年一次性奖金外的其他奖金，都要与当月工资、薪金合并纳税。

技能点 9
工资明细制作

常规的工资明细表如表 8–11 所示。

一、工资表设计

一般 HR 新人接手工作时，工资表是现成的，只需继续维护即可。但如果进入一家新设立的企业，或者薪资体系有大的变动的时候，需要 HR 根据最新的薪资制度与当地的劳动政策建立新的 Excel 工资表，工资表里可以设置计算公式，方便计算。

在横向的基本信息和科目设置中，一般的基本信息包括序号、部门、职位、姓名、出勤天数。科目可以分为 1 级科目和 2 级科目，如应发工资对应的 2 级科目包括基本工资、绩效工资、工龄工资、补贴、计件工资、销售提成、加班工资、其他；代扣代缴对应的 2 级科目包括个税、社保、公积金。当然，每个企业情况会有所不同。

在纵向的设置中，要填写序号，确保基本信息录入完整、准确。工资表打印后，需要领导签字确认。

二、工资表 Excel 公式设置

实发工资＝应发工资－代扣代缴。若序号 1 对应的是第 1 行，代扣代缴＝个税＋社保＋公积金，计算公式为：W1 ＝ O1－SUM（P1：R1）。

应发工资＝月工资标准＋计件工资＋销售提成＋加班工资＋病假（负数）＋其他，即 O1 ＝ SUM（F1：N1）。

这里要注意，假定按出勤计算，某年 11 月有 30 天，工作日 21 天，某人缺勤 1 天，则基本工资＝月基本工资标准 /21.75×20。

假定按缺勤计算，基本工资＝月基本工资标准－月基本工资标准 /21.75×1。

这两种算法的结果可能会不一致。这样具体到某一个月，月平均计薪天数和月实际计薪天数产生冲突，但月工资执行的是统一标准，就出现了看似荒谬的结论。

其实正确的算法应该是：

正算法：工资＝月薪 /21.75× 月计薪天数 ×（出勤天数比例）。

反算法：工资＝月薪－月薪 /21.75× 缺勤天数 ×（出勤天数比例）。

月计薪天数＝月出勤天数＋法定节假日天数。

出勤天数比例＝ 21.75/（当月应出勤天数＋法定节假日天数）。

对于一些科目，需要根据薪资制度，在 Excel 里代入公式方便计算。所有科目计算公式设置好后，下拉完成所有序号对应的科目公式设置。对于各个部门，可以建立多个子账户的工资表。每张表的小计汇总到一张合并表中。

然后录入数据，防止差错，检查小数点，计算公式，新进人员是否遗漏，离职人员是否删除。特别是当表中出现异常数字，如原来某项科目为 100 万，突然本月变成了 200 万，要特别核查。

表8-11 20（ ）年（ ）月工资明细表

计薪周期： 年 月 日至 年 月 日　　　　单位：天　元/月

序号	部门	职位	姓名	银行卡号	出勤天数	月工资标准				计件工资	销售提成	加班工资	病假	其他	应发工资	代扣代缴			实发工资
						基本工资	绩效工资	工龄工资	补贴							个税	社保	公积金	
1	A	B	C	D	E	F	G	H	I	J	K	L	M	N	O	P	Q	R	S
2																			
3																			
4																			
5																			
6																			
7																			
合计																			
制表日期：								制表人：						审批标准：					

管理技能九

社保公积金管理

技能点 1
熟悉参保流程

企业员工参保流程比较简单，大致分为以下几个步骤。

一、准备材料

要做好参保工作，需要先熟悉国家及所在地区的社保法律法规，每个地区的参保规定不一样，最好去人力资源与社会保障局的官网上了解。关于社保的法律法规有《中华人民共和国社会保险法》《关于企业职工养老保险制度改革的决定》《关于建立统一的企业职工基本养老保险制度的决定》《完善城镇社会保障体系试点方案》等。

二、开户转入

第一次参加社保的新员工要开设缴纳社保账户，刚入职的新员工要将原有社保转入。

企业刚注册的，注册一个月后，就可以去当地社保局开通企业社保缴纳账户。现在既可以线下到办事窗口办理，也可以从网上操作。企业在开社会保险户前需要与指定的银行签订《同城特约委托收款付款授权书》，并按照要求从当地社保局官网上下载《社会保险单位信息登记表》，填写企业相关信息。

到窗口办理需要携带公司营业执照原件及复印件、公司公章、经办人证明及身份证，然后填写开户登记表。

网上办理的，登录当地的社会保险服务平台，输入单位用户的用户名、密码之后，按照操作指南操作即可。

员工的户籍性质分为农村和城镇两种，参保的种类会有些不一样。

三、基数申报

缴纳社保的基数，每年申报调整申报手续一次。

新员工无论之前是否参加过社保，缴费基数都要以“劳动合同约定的薪酬标准为准或第一个满月应发数为准”。如果该员工的工资高于当地社会平均工资的60%，应按实际工资为基数缴纳，否则应按社会平均工资的60%为基数缴纳。如果该员工的工资高于社会平均工资的300%，需要按社会平均工资的300%缴纳。

四、缴纳保费

相关人员要每月定期对本企业的参保人员按缴纳费用定额办理缴纳手续。这里要特别注意企业每月社保缴纳人员的增减，避免疏漏。参保人员的增加要填写《社会保险参保人员增加表》，参保人员减少要填写《社会保险参保人员减少表》。这些表单一般都会在网上系统自动生成，下载填写后盖章到当地社保局办理。

五、社保转出

离职员工退出手续办理完毕，其社保就需要从本单位的企业社保账户中移出或暂时封存。

技能点 2
做好开户管理

一、社保开户

企业办理工商注册手续，取得营业执照一个月后，就可以办理社保开户手续了。以北京市为例，社保开户需要做好以下几方面的工作。

1. 确定开户地

一般情况下，企业社保开户需要去企业注册所在地的市 / 区 / 县人力资源和社会保障局。对于在全国各地有多家分公司、子公司及异地分支机构的，企业可以选择在员工长期所在地开设社保账户，为员工缴纳社保。

2. 去银行签托收协议

企业开社保户必须与指定银行签《同城特约委托收款付款授权书》。

3. 填写信息登记表

在人力资源与社会保障局的网站上下载打印《北京市社会保险单位信息登记表》，填写企业相关信息。

4. 提交资料

现场办理需要提交的资料有:《北京市社会保险单位信息登记表》、

营业执照、法人代表身份证、银行《开户许可证》、《北京市社会保险费银行缴费协议》。

网上办理需要的材料有:《北京市社会保险网上申报系统用户承诺书》、《北京市社会保险网上申报业务申请表》、《数字证书一证多用授权书》、单位数字证书(USB Key)。

这些办完之后,会获得《社会保险登记证》。到这一步,算是企业社保开户成功。

二、住房公积金开户

1. 确定开户地

企业可以根据自己的办公地址,就近办理。如北京住房公积金管理中心有29个分中心和管理部。

2. 填写单位登记表

《单位登记表》可以去住房公积金办理点领取,填写企业相关信息后盖章,与其他资料一起提交。

3. 提交资料

办理住房公积金开户需提交的资料有:《单位登记表》、营业执照(副本)、法人代表身份证、经办人身份证。

提交资料后,住房公积金管理中心审核通过,手续办理完毕。

技能点 3
日常办理操作

用工单位应按照当地社保经办机构规定的缴费基数、缴费方式和流程每月按时为员工缴纳社会保险和住房公积金。

参保人员的增加要填写《社会保险参保人员增加表》，参保人员减少要填写《社会保险参保人员减少表》。这些表单一般都可以在网上系统自动生成，下载填写后盖章，到当地社保局办理。

对于未参加过社保的员工，用工单位应该在用工之日起 30 日内为员工办理社保手续。用人单位需要携带资料如下：

（1）员工身份证复印件，如果是北京户籍，还需提供户口簿户主页和本人页复印件；

（2）社保参保人信息登记表 2 份，加盖公章；

（3）社保参保人员增加表 2 份，加盖公章。

已经参加社保的，处于中断状态的，用人单位需要在用工之日起 30 日内为员工办理社会保险增加手续。

无论是员工的社保登记、增加、减少，用人单位都需要在社保网站上按要求真实填写员工信息，并携带相关资料去当地社保经办单位办理。

一、养老保险

1. 养老保险跨省转入

以北京为例，即该员工账户在北京市参保或到达退休年龄领取地确认为北京的。用人单位需提供以下材料：

（1）原参保地社保局开具的基本养老保险参保缴费凭证原件；

（2）用人单位填写《基本养老保险关系转移接续申请表》，盖章后经跨省就业人员签字。

（3）该员工的本人居民身份证原件及复印件，北京市户籍的，还需提供户口簿复印件。

经县市级以上党委组织、人力资源社会保障行政部门批准调动的，除了以上材料外，还需要提供县级以上调动批件。社保经（代）办机构审核后，打印联系函，由北京社保经（代）办机构与转出地社保经办机构联系办结。

2. 养老保险跨省转出

员工流动或离职去外省参保的，北京市的用工企业已经申报减员后，可以申请养老保险跨省转出。

用人单位或者员工个人到社保经（代）办机构窗口办理打印员工个人基本养老保险参保凭证，由员工本人携带基本养老保险参保缴费凭证，到新就业地社保经办机构提交基本养老保险金关系转入申请。

二、医疗保险

1. 医疗保险的转出

在原参保地办理医疗保险关系注销手续，然后由本人向市社保中心提出医疗保险关系转移申请，凭转出地经办机构出具的《参保（合）

凭证》及原参保地医疗保险缴费凭证，填写所在省份的《省医疗保险关系转移申请表》到市社保基金结算中心办理医疗保险关系和个人账户转移手续。更换工作地的人员，可以不必急着转移社保关系，因为原参保地的社会保险关系不会注销，社保机构会记录并保存其缴费信息。参保人员可在确定了退休待遇领取地后再办理社保关系转移合并手续。如果是员工本人办理，需携带本人居民身份证原件。

2. 医疗保险的转入

首先要在原参保地办理医保关系注销手续，然后由本人向市社保中心提出医保关系转移申请，凭转出地经办机构出具的《参保（合）凭证》及原参保地医保缴费凭证，填写《××省（市）医疗保险关系转移申请表》，到市社保基金结算中心办理医保关系和个人账户转移手续。如果是本人办理，需要提供本人身份证、户口簿原件及复印件。

有接收单位的，由单位办理医保手续。没有接收单位的，个人应在终止原基本医疗保险关系后的三个月内参保缴费。如果医保断缴三个月，就会让医保的连续缴费年限清零，在有些地方是会影响买车买房和落户的。同时在断缴的时候是无法享受医保待遇的，再续缴也会有一定的等待期。

三、工伤保险

1. 工伤的认定

用人单位的行业不同，风险程度也不同，因此，工伤保险缴费的费率也不同。人社部［2015］71号文件《关于调整工伤保险费率政策的通知》将行业风险分为了八类。

根据《工伤保险条例》相关规定，关于工伤的认定有以下情形：

《工伤保险条例》相关条款

第十四条 职工有下列情形之一的，应当认定为工伤：

（一）在工作时间和工作场所内，因工作原因受到事故伤害的；

（二）工作时间前后在工作场所内，从事与工作有关的预备性或者收尾性工作受到事故伤害的；

（三）在工作时间和工作场所内，因履行工作职责受到暴力等意外伤害的；

（四）患职业病的；

（五）因工外出期间，由于工作原因受到伤害或者发生事故下落不明的；

（六）在上下班途中，受到非本人主要责任的交通事故或者城市轨道交通、客运轮渡、火车事故伤害的；

（七）法律、行政法规规定应当认定为工伤的其他情形。

第十五条 职工有下列情形之一的，视同工伤：

（一）在工作时间和工作岗位，突发疾病死亡或者在48小时之内经抢救无效死亡的；

（二）在抢险救灾等维护国家利益、公共利益活动中受到伤害的；

（三）职工原在军队服役，因战、因公负伤致残，已取得革命伤残军人证，到用人单位后旧伤复发的。

职工有前款第（一）项、第（二）项情形的，按照本条例的有关规定享受工伤保险待遇；职工有前款第（三）项情形的，按照本条例的有关规定享受除一次性伤残补助金以外的工伤保险待遇。

第十六条 职工符合本条例第十四条、第十五条的规定，但是有下列情形之一的，不得认定为工伤或者视同工伤：

（一）故意犯罪的；

（二）醉酒或者吸毒的；

（三）自残或者自杀的。

2. 单位和个人申请工伤鉴定须提供的材料

（1）工伤认定申请表；

（2）受伤害职工的身份证复印件；

（3）劳动合同文本复印件或其他建立劳动关系的有效证明；

（4）医疗机构出具的受伤后诊断证明书或者职业病诊断证明书（或职业病诊断鉴定书）及初次治疗病历复印件。

工伤认定申请表应当包括事故发生的时间、地点、原因及职工伤害程度等基本情况。

工伤认定申请人提供材料不完整的，劳动保障行政部门应当一次性书面告知工伤认定申请人需要补齐的全部材料。申请人按照书面告知要求补齐材料后，劳动保障行政部门应当受理。

四、生育保险

凡是与用人单位建立了劳动关系的职工，包括男职工，都应当参加生育保险。用人单位按照国家规定缴纳生育保险费，职工不缴纳生育保险费。北京生育保险缴费比例为：企业按照职工缴费基数的0.80%缴纳生育保险费；广州生育保险缴费比例为：企业按照职工缴费基数的0.85%缴纳生育保险费。

1. 职工享受生育保险条件

职工享受生育保险待遇，应当同时具备下列条件：用人单位已为职工缴纳一定时间的社保；各地政策不同，如北京市要求连续缴纳社保9个月，广州市要求累计缴纳社保1年，上海市要求生产当月在缴纳社保即可；已办理参保备案，并在当地生育；当地人社局要求的其他条件。

2. 生育保险报销的范围

（1）生育医疗费。

女职工生育的检查费、接生费、手术费、住院费和药费由生育保险基金支付。超出规定的医疗业务费和药费（含自费药品和营养药品的药费）由职工个人负担。

女职工生育出院后，因生育引起疾病的医疗费，由生育保险基金支付；其他疾病的医疗费，按照医疗保险待遇的规定办理。女职工产假期满后，因病需要休息治疗的，按照有关病假待遇和医疗保险待遇规定办理。

（2）生育津贴。

女职工依法享受产假期间的生育津贴，按本企业上年度职工月平均工资计发，由生育保险基金支付。

生育保险基金不予支付下列费用：不符合国家和省城镇职工基本医疗保险和生育保险的药品目录、诊疗项目、医疗服务设施项目及相关就医管理规定的费用；因为医疗事故发生的费用；分娩期外治疗生育并发症的费用。

3. 申报缴费材料

（1）《社会保险登记表》；

（2）《参加基本养老、工伤和生育保险人员增减表》；

（3）《企业职工基本养老、工伤和生育保险申报汇总表》。

用人单位持申报材料到社会劳动保险处业务大厅申报，工作人员受理申报材料，核准后盖章返回汇总表、增减表各一份，次月到当地地税部门办理缴费。

生育或施行计划生育手术时的所在单位按照规定参加并履行了缴

费义务，且为其缴纳生育保险费累计满三个月的企业职工。生育或施行计划生育手术符合国家计划生育政策的职工。

4. 申报报销材料

（1）计划生育部门签发的计划生育证明（原件及复印件）；

（2）医疗部门出具的婴儿出生（死亡）证明（原件及复印件）；

（3）育女职工、计划生育手术职工本人身份证（原件及复印件）；

（4）《企业职工生育医疗证申领表》；

（5）《企业职工计划生育手术医疗证申领表》；

（6）《企业职工生育医药费报销申请单》；

（7）《企业职工生育保险待遇核准结算表》；

（8）《企业职工生育保险外地就医申请表》；

（9）生育医疗费用票据、费用清单、门诊病历、出院小结等原始资料收款收据。

五、失业保险

2016 年 5 月 1 日起，失业保险总费率降至 1% ～ 1.5%，其中个人费率不超过 0.5%，降低费率的期限暂按 2 年执行。具体方案由各省（市、区）确定。

1. 失业保险的领取条件

（1）按规定参加失业保险，所在单位和个人已按规定履行缴费义务满 1 年；

（2）非因本人意愿中断就业的；

（3）已办理失业登记，并有求职要求的。

其中非本人意愿中断就业的情况包括：

（1）终止劳动合同的；

（2）被用人单位解除劳动合同的；

（3）被用人单位开除、除名和辞退的；

（4）因用人单位以暴力、威胁或者非法限制人身自由的手段强迫劳动、与用人单位解除劳动合同的；

（5）因用人单位未按照劳动合同约定支付劳动报酬或者提供劳动条件，与用人单位解除劳动合同的；

（6）法律法规另有规定的。

《社会保险法》相关条款

第四十六条 失业人员失业前用人单位和本人累计缴费满一年不足五年的，领取失业保险金的期限最长为十二个月；累计缴费满五年不足十年的，领取失业保险金的期限最长为十八个月；累计缴费十年以上的，领取失业保险金的期限最长为二十四个月。重新就业后，再次就业的，缴费时间重新计算，领取失业保险金的期限与前次失业应当领取而尚未领取的失业保险金的期限合并计算，最长不超过二十四个月。

2. 失业保险金的领取

领取失业保险金需要携带以下证明材料：

（1）本人身份证明（户口簿、身份证和一寸证件照两张）；

（2）单位出具的终止或者解除劳动合同的证明；

（3）失业登记及求职证明；

（4）劳动保障行政部门规定的其他材料。

领取失业保险金期间，应终止领取失业保险待遇的情形：

（1）重新就业的；

（2）应征服兵役的；

（3）移居境外的；

（4）享受基本养老保险待遇的；

（5）被判刑收监执行或者被劳动教养的；

（6）无正当理由，拒不接受当地人民政府指定的部门或者机构介绍的工作的；

（7）有法律、行政法规规定的其他情形的。

五、住房公积金

1. 住房公积金的缴纳

2015年《住房公积金管理条例（修订送审稿）》规定，职工和单位住房公积金缴存比例不得低于5%，不得高于12%。2016年2月21日起，职工住房公积金账户存款利率调整为统一按一年期定期存款基准利率执行，上调后的利率为1.5%。

住房公积金需要通过用人单位办理，企业公积金开户及办理流程如下：

企事业单位的经办人到住房公积金管理中心领取《住房公积金、新职工住房补贴汇总表》《住房公积金、新职工住房补贴核定调整表》及开户材料清单；将已填写的《住房公积金、新职工住房补贴汇总表》、《住房公积金、新职工住房补贴核定调整表》及单位开户材料送住房公积金管理中心审核。

由住房公积金管理中心开立单位账户；持住房公积金管理中心审核后的《住房公积金、新职工住房补贴汇总表》《住房公积金、新职工住房补贴核定调整表》及开户材料到受委托银行，由受委托银行开立职工个人账户。单位按月汇缴住房公积金即可。

职工和单位住房公积金的缴存比例均不得低于职工上一年度月平

均工资的 5%；有条件的城市，可以适当提高缴存比例。具体缴存比例由住房公积金管理委员会拟订，经本级人民政府审核后，报省、自治区、直辖市人民政府批准。城镇个体工商户、自由职业人员住房公积金的月缴存基数原则上按照缴存人上一年度月平均纳税收入计算。

单位不办理住房公积金缴存登记或者不为本单位职工办理住房公积金账户设立手续的，由住房公积金管理中心责令限期办理；逾期不办理的，处 1 万元以上 5 万元以下的罚款。

单位逾期不缴或者少缴住房公积金的，由住房公积金管理中心责令限期缴存；逾期仍不缴存的，可以申请人民法院强制执行。

2. 住房公积金的申领条件

（1）城镇职工个人与所在单位必须连续缴纳住房公积金满一年；

（2）借款人购买商品房的，必须有不少于总房价 30% 以上的自筹资金作为房屋首付款；

（3）借款人有稳定的经济收入、信用良好、有偿还贷款本息的能力；

（4）夫妻双方都正常足额缴存住房公积金的，只允许一方申请住房公积金贷款；

（5）一个家庭同一时间只能申请一次住房公积金贷款购买一处住房；

（6）贷款人须有本省（市）城镇常住户口或有效居留身份；

（7）同意用所购住房做抵押。

3. 申领住房公积金所需的材料

（1）借款人及配偶（如有）的有效身份证明、户口簿（第二代身份证需要复印背面页，户口簿应复印扉页、户主页、借款人及配偶页）；

（2）婚姻证明：未婚的由户口所在地婚姻登记处开具单身证明，离婚的提供离婚证明及未再婚证明（离婚证、法院判决书或裁定书，未再婚证明由户口所在地婚姻登记处开具），已婚的提供结婚证；

（3）借款人与售房单位签订的购房合同原件；

（4）借款人本人及其配偶（已婚的）共同填写的借款申请表、单位开具的缴存住房公积金证明、工资收入证明、借款人银行卡最近一年的流水；

（5）借款人先行交付给售房单位的不低于协议规定的首付款收据。

4. 申领公积金的办理步骤

（1）借款人提出书面贷款申请并提交有关资料，可以向贷款银行提出，由贷款银行受理后交住房公积金管理部门审批，也可以直接向住房公积金管理部门申请、等待审批；

（2）经住房公积金管理部门审批通过的借款人，与贷款银行签订借款合同和担保合同，办理抵押登记、保险、公证等相关手续；

（3）贷款银行按借款合同约定，将贷款一次或分次划入开发商在贷款银行设立的售房款专用账户，或直接转入借款人在贷款银行开立的存款账户；

（4）借款人在贷款银行开立还款账户，按借款合同约定的还款方式和还款计划，如期归还贷款本息；

（5）贷款结清后，借款人从贷款银行领取“贷款结清证明”，取回抵押登记证明文件及保险单正本，到原抵押登记部门办理抵押登记注销手续。

《住房公积金管理条例》相关条款

第十三条　住房公积金管理中心应当在受委托银行设立住房公积金专户。单位应当到住房公积金管理中心办理住房公积金缴存登记，经住房公积金管理中心审核后，到受委托银行为本单位职工办理住房公积金账户设立手续。每个职工只能有一个住房公积金账户。

住房公积金管理中心应当建立职工住房公积金明细账，记载职工个人住房公积金的缴存、提取等情况。

第十四条 新设立的单位应当自设立之日起30日内到住房公积金管理中心办理住房公积金缴存登记，并自登记之日起20日内持住房公积金管理中心的审核文件，到受委托银行为本单位职工办理住房公积金账户设立手续。

单位合并、分立、撤销、解散或者破产的，应当自发生上述情况之日起30日内由原单位或者清算组织到住房公积金管理中心办理变更登记或者注销登记，并自办妥变更登记或者注销登记之日起20日内持住房公积金管理中心的审核文件，到受委托银行为本单位职工办理住房公积金账户转移或者封存手续。

第十五条 单位录用职工的，应当自录用之日起30日内到住房公积金管理中心办理缴存登记，并持住房公积金管理中心的审核文件，到受委托银行办理职工住房公积金账户的设立或者转移手续。

单位与职工终止劳动关系的，单位应当自劳动关系终止之日起30日内到住房公积金管理中心办理变更登记，并持住房公积金管理中心的审核文件，到受委托银行办理职工住房公积金账户转移或者封存手续。

第十六条 职工住房公积金的月缴存额为职工本人上一年度月平均工资乘以职工住房公积金缴存比例。

单位为职工缴存的住房公积金的月缴存额为职工本人上一年度月平均工资乘以单位住房公积金缴存比例。

第十七条 新参加工作的职工从参加工作的第二个月开始缴存住房公积金，月缴存额为职工本人当月工资乘以职工住房公积金缴存比例。

单位新调入的职工从调入单位发放工资之日起缴存住房公积金，月缴存额为职工本人当月工资乘以职工住房公积金缴存比例。

技能点 4

社保核查补缴

社保核查，一般重点核查企业是否按国家及地方政府法律法规规定，及时为员工办理社保手续，为全体员工缴纳按规定应缴纳的社保费用，是否按规定对社保缴费的基数进行了申报和调整，是否为新进、转出、转入的人员进行了操作和调整。

如果有遗漏的，需要补齐参保人员人数，补缴相关费用。没有按照全额工资收入为基础缴纳社保的，需要调整基数，补缴相关费用；做到花名册、劳动合同、工资表、社保缴费、个税申报“五统一”。

注意：员工入职后，建立了劳动关系，用人单位应该从用工之日起 30 日内给员工办理社保手续，缴纳社保费用。

试用期员工、外籍员工也都需要缴纳社保，每月 5 日—25 日，除法定节假日外，都可以在网上进行相关手续办理，每月 25 日前，也可以到当地社保中心的办事窗口进行相关手续办理。

外籍员工也需要缴纳社保，为外籍员工缴纳社保，缴费比例与当地的中国籍员工一样，用人单位需提供的材料有：

（1）外籍员工护照、居留证；

（2）外国人永久居留证、海外高层次人才工作居住证；

（3）×× 公司员工社会保险增减表（如表 9-1 所示）；

（4）×× 省（市）社会保险个人信息登记表；

（5）外国人就业证 / 外国专家证 / 外国常驻记者证 /×× 省（市）工作居住证（留学生）。

表 9-1　×× 公司员工社会保险增减表

年初已办理社保人员人数		________人						
月份	日期	姓名	变动原因	增加数	减少数	月末人数	缴费基数	备注
1 月	__月__日		增加					
2 月			减少					
3 月								

技能点 5
到期提取执行

一、医疗费用报销

不同级别医院报销比例不一样，详见表 9–2。

表 9–2　不同级别医院报销比例

	一级医院		二级医院		三级医院	
起付标准	统筹支付	个人支付	统筹支付	个人支付	统筹支付	个人支付
起付标准～3 万元	90%	10%	87%	13%	85%	15%
3 万元以上～4 万元	95%	5%	92%	8%	90%	10%
4 万元以上～封顶线	97%	3%	97%	3%	95%	5%

《中华人民共和国社会保障法》关于基本医疗
保险相关条款

第二十三条　职工应当参加职工基本医疗保险，由用人单位和职工按照国家规定共同缴纳基本医疗保险费。

无雇工的个体工商户、未在用人单位参加职工基本医疗保险的非全日制从业人员以及其他灵活就业人员可以参加职工基本医疗保险，由个人按照国家规定缴纳基本医疗保险费。

第二十五条 国家建立和完善城镇居民基本医疗保险制度。

城镇居民基本医疗保险实行个人缴费和政府补贴相结合。

享受最低生活保障的人、丧失劳动能力的残疾人、低收入家庭六十周岁以上的老年人和未成年人等所需个人缴费部分，由政府给予补贴。

第二十六条 职工基本医疗保险、新型农村合作医疗和城镇居民基本医疗保险的待遇标准按照国家规定执行。

第二十七条 参加职工基本医疗保险的个人，达到法定退休年龄时累计缴费达到国家规定年限的，退休后不再缴纳基本医疗保险费，按照国家规定享受基本医疗保险待遇；未达到国家规定年限的，可以缴费至国家规定年限。

第二十八条 符合基本医疗保险药品目录、诊疗项目、医疗服务设施标准以及急诊、抢救的医疗费用，按照国家规定从基本医疗保险基金中支付。

第二十九条 参保人员医疗费用中应当由基本医疗保险基金支付的部分，由社会保险经办机构与医疗机构、药品经营单位直接结算。

社会保险行政部门和卫生行政部门应当建立异地就医医疗费用结算制度，方便参保人员享受基本医疗保险待遇。

第三十条 下列医疗费用不纳入基本医疗保险基金支付范围：

（一）应当从工伤保险基金中支付的；

（二）应当由第三人负担的；

（三）应当由公共卫生负担的；

（四）在境外就医的。

医疗费用依法应当由第三人负担，第三人不支付或者无法确定第三人的，由基本医疗保险基金先行支付。基本医疗保险基金先行支付后，有权向第三人追偿。

第三十一条　社会保险经办机构根据管理服务的需要，可以与医疗机构、药品经营单位签订服务协议，规范医疗服务行为。

医疗机构应当为参保人员提供合理、必要的医疗服务。

第三十二条　个人跨统筹地区就业的，其基本医疗保险关系随本人转移，缴费年限累计计算。

二、工伤保险费用报销

工伤保险的费用报销包括工伤医疗费、一至四级工伤人员伤残津贴、一次性伤残补助金、生活护理费、丧葬补助金、供养亲属抚恤金、一次性工亡补助金、辅助器具费、工伤康复费、工伤职工劳动能力鉴定费用。

用人单位应当自事故伤害发生之日或者被诊断、鉴定为职业病之日起30日内，向统筹地区社会保险行政部门提出工伤认定申请。企业在提出工伤认定申请时，主要提交以下材料：

（1）《工伤认定申请表》（如表9–3所示）；

（2）劳动合同或劳动关系证明；

（3）医院诊断证明、病历；

（4）员工身份证、企业营业执照副本；

（5）事故报告；

（6）其他证明材料。

表 9-3 工伤认定申请表

申请人： 受害职工： 申请人与受害职业关系： 填表日期： 年 月 日					
职工姓名		性别		出生年月	年 月 日
身份证号				联系电话	
家庭住址				邮政编码	
工作单位				联系电话	
单位地址				邮政编码	
职业、工种或工作岗位				参加工作时间	
事故时间、地点及原因				诊断时间	
受伤害部位				职业病名称	
接触职业病危害岗位				接触职业病危害时间	
受伤害经过简述（可附页）					
申请事项： 申请人签字： 年 月 日					
用人单位意见： 经办人签字： （公章） 年 月 日					
社会保险行政部门审查资料和受理意见	经办人签字： 年 月 日				

三、生育津贴及费用报销

参保女员工需在分娩前连续缴纳9个月或分娩之月后连续缴费满12个月的，才可以由生育保险基金支付生育津贴。生育津贴＝员工所在用人单位月缴费平均工资/30×产假天数；女员工的生育情况不同，产假天数也不同，生育津贴也不同。

生育津贴的领取时间需要在女职工产后3个月内办理。办理需要以下材料：

（1）结婚证；

（2）出生证明；

（3）诊断证明；

（4）生育服务证；

（5）男女双方身份证；

（6）申领生育津贴人员信息登记表；

（7）参保职工生育津贴支付月报表。

女员工住院医疗费用，应由个人支付的，定点医疗机构与参保职工直接结算，门诊产检费用实行实报实销。目前，北京市门诊产检费最高报销额度为1400元，在向单位提供产前检查收费单据时，费用总额要超过1400元。

四、住房公积金提取

1. 住房公积金提取，需要具备的条件

（1）购买、建造、翻建、大修自住住房的；

（2）离休、退休的；

（3）完全丧失劳动能力，并与单位终止劳动关系的；

（4）出境定居的；

（5）偿还购房贷款本息的；

（6）租房，名下无房的；

（7）生活困难的；

（8）进城务工人员与单位解除（终止）劳动关系的；

（9）职工死亡或被宣告死亡的；

（10）正在享受城镇居民最低生活保障或特困救助待遇的；

（11）与单位终止劳动关系一年以上未再就业的；

（12）职工及家庭成员因重大疾病或发生重大伤害事故导致家庭生活艰难的；

（13）因自然灾害或其他突发事件造成家庭生活严重困难的。

2. 住房公积金提取，需要提供以下资料

一手房提取：

（1）购房合同或购房协议的原件及复印件；

（2）购房发票的原件及复印件；

（3）公积金提取职工本人身份证原件及复印件；

（4）公积金提取职工本人的银行储蓄账号；职工配偶公积金提取，除以上资料外，还需提供夫妻关系证明原件及复印件、主买房人公积金提取记录单的复印件。

二手房提取：

（1）房产证的原件及复印件；

（2）契税完税凭证的原件及复印件；

（3）公积金提取职工本人的身份证原件及复印件；

（4）公积金提取职工本人的银行储蓄账号；职工配偶住房公积金提取，除以上资料外，还需提供夫妻关系证明原件与复印件、主买房人的公积金提取记录单的复印件。

职工因购买公有住宅楼房首次公积金提取：

（1）单位房管部门出具的购房协议或者购房证明的原件及复印件；

（2）购房收据的原件及复印件。

一次性还公积金贷款提取住房公积金：

（1）由单位财务或劳资开出的《住房公积金支取申请表》；

（2）身份证原件及复印件一份，若提取配偶的公积金需同时提供结婚证和户口本原件及复印件一份；

（3）借款合同，到贷款银行的贷款部门打印上一年的个人住房贷款还款对账单（提取之月到上年度本月）并请银行盖章；

（4）若用存折还贷款，须提供还款存折及存折复印件一份；若用银行卡还贷款，须提供由银行柜台打出的最近一年的银行卡明细一份；

（5）到贷款银行的贷款部门签《提取住房公积金归还住房公积金贷款协议书》（若夫妻双方都提取，夫妻双方签字按手印，并在开户银行账户上填写完整，直接打到个人账户里）。

注：职工本人需到场在“提取申请表”上签字按手印（公积金汇入个人还款账户）。

大修住房公积金提取：

（1）所属房管或物业部门的大修证明和产权证明的原件及复印件；

（2）购买材料的明细发票或分摊到个人的费用发票的原件及复印件；

（3）公积金提取职工本人身份证原件及复印件；

（4）公积金提取职工本人的银行储蓄账号；职工配偶公积金提取，除以上资料外，还需要提供夫妻关系证明的原件及复印件、主买房人公积金提取记录单的复印件。

自建住房公积金提取：

（1）规划、房管部门宅基地批复或建房批准证明文件的原件及复印件；

（2）购买材料及其他施工费用的发票的原件及复印件；

（3）公积金提取职工本人的身份证原件及复印件；

（4）公积金提取职工本人银行储蓄账号；职工配偶公积金提取，除以上资料外，还需提供夫妻关系证明的原件及复印件、主建房人公积金提取记录单的复印件。

偿还住房贷款本息公积金提取：

（1）借款合同的原件及复印件；

（2）购房合同的复印件；

（3）首付款发票的原件及复印件；

（4）公积金提取职工本人身份证原件及复印件；

（5）公积金提取职工本人银行储蓄账号；职工配偶公积金提取，除以上资料外，还需提供夫妻关系证明的原件及复印件、主买房人公积金提取记录单的复印件。

离休退休公积金提取：

（1）离、退休证或劳动部门相关证明的原件及复印件；

（2）公积金提取职工本人的身份证原件及复印件；

（3）无离、退休证的，男性年满 60 周岁、女性年满 55 周岁的提供职工本人的身份证原件及复印件；

（4）公积金提取职工本人的银行储蓄账号。

完全丧失劳动能力并与单位终止劳动关系的公积金提取：

（1）劳动部门出具的职工丧失劳动能力鉴定证明原件及复印件；

（2）单位解除劳动关系证明的原件及复印件；

（3）公积金提取职工本人身份证原件与复印件；

（4）公积金提取职工本人的银行储蓄账号。

突发事件造成家庭生活严重困难的公积金提取：

（1）《突发事件提取申请表》（单位盖章）；

（2）所属职工配偶或直系血亲发生的突发事件，需提供能够证明与本人关系的证明材料；

（3）职工所在单位或所在街道予以核实后出具的提取证明；

（4）公积金提取职工本人的身份证原件及复印件；

（5）公积金提取职工本人的银行储蓄账号；

（6）如遇重大疾病，除提供本条1至5项证明材料外还须提供：医院的诊断证明；医院提供的个人药费支出清单；其他重大疾病还须提供家庭收入证明，退休人员提供退休证；没有工作的人员由所在街道居委会开具相关证明；

（7）如遇不可预见事故和灾难，除提供本条1至5项证明材料外还须提供：单位、街道办事处或有关部门出具的证明材料；个人承担费用的明细发票；家庭收入证明。

进城务工人员因与单位解除劳动关系公积金提取：

（1）户口证明的原件及复印件；

（2）解除劳动关系的证明的原件及复印件；

（3）公积金提取职工本人的身份证原件及复印件；

（4）公积金提取职工本人的银行储蓄账号。

《中华人民共和国劳动法》相关条款

第九章　社会保险和福利

第七十条　国家发展社会保险事业，建立社会保险制度，设立社会保险基金，使劳动者在年老、患病、工伤、失业、生育等情况下获得帮助和补偿。

第七十一条 社会保险水平应当与社会经济发展水平和社会承受能力相适应。

第七十二条 社会保险基金按照保险类型确定资金来源，逐步实行社会统筹。用人单位和劳动者必须依法参加社会保险，缴纳社会保险费。

第七十三条 劳动者在下列情形下，依法享受社会保险待遇：(一)退休；(二)患病、负伤；(三)因工伤残或者患职业病；(四)失业；(五)生育。劳动者死亡后，其遗属依法享受遗属津贴。劳动者享受社会保险待遇的条件和标准由法律、法规规定。劳动者享受的社会保险金必须按时足额支付。

第七十四条 社会保险基金经办机构依照法律规定收支、管理和运营社会保险基金，并负有使社会保险基金保值增值的责任。社会保险基金监督机构依照法律规定，对社会保险基金的收支、管理和运营实施监督。社会保险基金经办机构和社会保险基金监督机构的设立和职能由法律规定。任何组织和个人不得挪用社会保险基金。

第七十五条 国家鼓励用人单位根据本单位实际情况为劳动者建立补充保险。国家提倡劳动者个人进行储蓄性保险。

第七十六条 国家发展社会福利事业，兴建公共福利设施，为劳动者休息、休养和疗养提供条件。用人单位应当创造条件，改善集体福利，提高劳动者的福利待遇。

其他关于住房公积金的相关法律法规还有《中华人民共和国劳动合同法》《中华人民共和国社会保险法》《住房公积金管理条例》等。

管理技能十

培训管理

技能点 1
培训流程管理

培训的工作流程具体如下：

培训需求调查→培训需求分析→培训计划制订→培训计划实施→培训效果评估。

一、培训需求调查

每年的 11 月底，人力资源部就可以做培训需求调查。培训需求调查是培训工作的起点，人力资源部可以向各个部门下发培训需求调查表。

二、培训需求分析

通过对汇总来的各类培训需求加以分析和鉴别，人力资源经理可以参考有关部门的意见，根据重要程度和迫切程度排列培训需求，为制订培训计划奠定基础。

通过收集各个部门的培训需求，人力资源培训负责人可以对培训需求调查的结果进行汇总分析，做出培训计划安排。

三、培训计划制订

培训计划的制订要有所依据。一般来说，培训计划制订依据有：

企业或部门培训需求分析结果、企业发展战略规划、部门工作计划、企业可利用的培训资源和企业管理理念。

每年的12月底前制订出下一年度的培训计划，并报公司领导审核批准，人力资源部备案。培训计划的内容需要明确培训对象、培训主题、培训时间、培训负责人、培训讲师、培训场地等，要有明确分工，保障培训计划切实可行。

四、培训计划实施

在培训计划通过审批后，就应着手培训工作的实施。包括提前书面通知参训部门和参训人员，执行签到制度。做好现场选择培训课程、落实或支付培训费用、确认培训师、确认培训所需场地、器材、资料的形式和来源等、确认培训相关人员（管理人员、服务人员等）及其他相关的手续。

五、培训效果评估

培训效果评估是一个系统工程，必须有全面的规划，才能保证培训评估的效果。在进行培训效果评估时，可以让现场的参训人员填写培训效果评估表，培训的组织者可以根据培训效果评估表的回收总结，形成培训总结报告。

技能点 2
培训需求调查

培训需求调查要做一些准备工作，打好基础。

一、建立员工培训资料库

员工培训资料库可以帮助人力资源经理在做员工培训时很方便地寻找员工的背景资料，为员工的个人培训需求分析提供材料，也可以为人力资源开发提供数据。员工资料应当包括培训档案、员工的人事变动情况、绩效考核资料、个人职业生涯规划及其他相关资料等。

二、及时掌握员工的现状

人力资源经理只有把培训对象看作是服务对象，及时掌握服务对象的动态，才能更准确及时地提供有效培训。因此，人力资源经理要和其他业务部门保持密切联系，及时更新和补充员工培训资料库。

三、建立收集培训需求信息的渠道

人力资源经理为了及时掌握员工的培训需求，必须建立起通畅有效的培训信息交流渠道。例如，可以通过建立“培训信箱”“培训信息公告牌”、制定“培训申请规定”等方式与员工和部门交流培训信息。有条件的企业利用企业内部网络搭建培训信息交流平台，会更方便快捷。

申请培训需要用到的培训申请表如表 10-1 所示。

表 10-1　培训申请表

填表日期：　　年　月　日

<table>
<tr><td colspan="2">申请人姓名</td><td></td><td>所属部门</td><td></td><td>职位</td><td></td></tr>
<tr><td colspan="2">培训组织机构</td><td colspan="3"></td><td>培训课程</td><td></td></tr>
<tr><td colspan="2">申请理由</td><td colspan="5"></td></tr>
<tr><td rowspan="8">课程内容</td><td colspan="3">名称</td><td>开始时间</td><td>结束时间</td><td>学费</td></tr>
<tr><td colspan="3"></td><td></td><td></td><td></td></tr>
<tr><td colspan="3"></td><td></td><td></td><td></td></tr>
<tr><td colspan="3"></td><td></td><td></td><td></td></tr>
<tr><td colspan="3"></td><td></td><td></td><td></td></tr>
<tr><td colspan="3"></td><td></td><td></td><td></td></tr>
<tr><td colspan="3"></td><td></td><td></td><td></td></tr>
<tr><td colspan="3"></td><td></td><td></td><td></td></tr>
<tr><td rowspan="2">审核</td><td colspan="2">部门意见</td><td colspan="2">分管总监意见</td><td>人力资源部意见</td><td>总经理意见</td></tr>
<tr><td colspan="2"></td><td colspan="2"></td><td></td><td></td></tr>
</table>

四、通过培训需求调查的审批手续

当人力资源经理认为有必要进行培训需求调查时，就要按照企业相关规定向上级主管提出申请，得到许可后就可以着手制订培训需求调查计划。

培训需求调查最常用的是培训需求调查表，如表 10–2 所示。

表 10–2　培训需求调查表

序号	部门	培训内容	培训方式	培训目的	预算（元）	培训时间	培训人数	审核人

技能点 3

培训需求分析

对培训需求进行分析，其实并不难，只要遵循以下几个步骤就可以将这项工作顺利完成。

一、培训需求分析的具体内容

分析培训需求的具体内容是准确确定培训需求的前提。培训需求的内容分析涉及的面很广，但主要包括以下几个方面：

1. 分析全体员工的基本情况

（1）多少人需要参加培训学习？

（2）需要参加什么类型的培训学习？

（3）受训对象的职务、工作岗位及工作经历情况如何？

（4）受训员工的年龄、性别、学历等背景情况如何？

（5）岗位工作的实际需要与任职者能力之间的差距到底有多大？

（6）员工现有能力与胜任工作所应具有的能力的差距到底有多大？

（7）员工现有能力与企业发展趋势不相适应的原因是什么？

2. 分析培训环境

（1）员工对参加培训学习有什么顾虑和具体困难？

（2）培训机构及开设的课程内容能否满足员工的需要？

（3）培训对企业和个人的发展是否有积极的意义？

（4）员工所在单位对此次培训有什么期望？能否满足这种期望？

3. 分析员工的知识、技能和态度

（1）对将要培训的内容的了解和熟悉程度。

（2）以前所学的知识、技能有多少能应用于实践。

（3）对教师和培训机构的了解程度。

（4）对培训的期望、态度是什么。

（5）还有什么特殊的需要希望通过培训予以满足。

以上是进行培训需求分析的基本内容，培训负责人要对此项工作给予足够的重视和认识，以便准确把握培训需求。

二、明确绩效差距

企业之所以需要对员工进行培训，是因为企业的员工与同行业中其他企业的员工相比存在差距，或者企业的各个员工之间存在着明显的绩效差距。这种绩效差距会导致企业的工作效率越来越低，竞争力日益下降，甚至逐渐落后于竞争对手。因此，分析培训需求，第一步就是寻找绩效差距，明确问题所在。一旦在某一方面发现企业的员工存在着绩效差距，就能够明确差距领域，从而了解企业需要进行改进的目标，进而确定是否可以通过培训的方式来消除这种差距。

绩效差距的查找与明确可以通过三个环节来完成：

第一，对企业各个岗位或部门所需员工具备的工作技能、知识水平、能力素质进行分析，即明确最适合的知识技能标准或模式。

第二，对员工在实际工作中所欠缺的知识、能力、素质进行分析。

第三，找出当前员工在工作技能、知识水平、能力素质，以及理想状态下应具备的能力、知识之间的差距，并进行分析。

这三个环节环环相扣，但在进行时应该保持每个环节的独立性，从而确保分析结果的合理性。

人力资源部可以通过以下两种途径来获取有关绩效差距的信息：

途径一：部门经理。

部门经理直接负责业务部门的管理，对部门员工的情况十分了解，也最容易看到本部门员工在绩效方面存在的问题。人力资源总监只要为部门经理提供一定的工具，就能使他们从日常管理工作中提取出有关绩效差距的信息。

人力资源总监可以为部门经理提供绩效差距提问表，可先分发给各个部门经理一个培训候选人的名单，将需要进行了解的信息一一列出，然后由部门经理进行填写。这样可以帮助部门经理和人力资源管理者及时发现存在绩效差距的人员，了解绩效问题的根源、性质，以及严重程度等信息。

途径二：员工。

员工是最直接的信息来源。对于工作中存在的问题和阻力，每个员工自身最清楚。因此，通过员工来了解绩效情况能够获得最真实的信息，这些信息对于绩效差距的界定有着十分重要的意义。

具体方法：人力资源总监可以通过部门经理向每个员工发放培训申请表，由员工根据自己在工作中的实际情况进行填写，然后交给部门经理；部门经理对员工填写的信息进行初步审核，并补充其他的相关信息；最后提交到人力资源部门。

在进行绩效差距的查找过程中，人力资源总监要一直与员工、部门经理等参与者保持沟通，要善于从大量的信息中提取出最有价值、可以利用的信息。

三、确定差距原因

明确绩效差距，是培训需求分析的一个开端。接下来人力资源总监要做的工作是分析出现绩效差距的原因，为制订解决方案提供依据。

绩效差距出现的原因是多种多样的，有的绩效差距是由于企业的工作环境导致，有的绩效差距则由于技术设备存在一定的缺陷导致，还有的绩效差距是因为企业内部缺乏激励机制导致。人力资源总监要清楚，只凭培训的方式不可能消除所有的绩效差距，那些由于员工自身的性格或者能力不足而导致的绩效差距，往往难以通过培训的方式进行改变。

因此，在这一步中，人力资源总监需要对搜集来的绩效差距信息进行认真思考和剖析，判断出现差距的真实原因，最后根据实际情况决定是否需要进行培训。

四、制订解决方案

确定了绩效差距的原因以后，培训负责人可以对培训需求有充分的掌握，然后就能够找出消除这种差距的方法。大部分绩效差距都能够通过培训的方式进行弥补，还有一些差距需要采用非培训的方式来弥补。绩效差距产生的原因不同，解决方案也会有所区别。

五、撰写培训需求分析报告

培训需求分析报告是培训需求分析工作的成果表现，它的目的在于对各部门申报汇总上来的培训需求做出解释和评估结论，并最终确定是否需要培训和培训什么（具体如表 10–3 所示）。因此，培训需求分析报告是确定培训目标、制订培训计划的重要依据和前提。

表 10-3　培训需求分析报告内容一览表

序号	项目	内容
1	报告提要	简明扼要介绍报告的主要内容
2	实施背景	1. 阐明产生培训需求的原因 2. 说明培训需求的意向
3	目的和性质	1. 说明培训需求分析的目的 2. 以前是否有类似的培训分析 3. 说明以前的培训分析的缺陷和失误
4	实施方法和过程	1. 介绍培训需求分析使用的方法 2. 介绍培训需求分析的实施过程
5	培训需求的分析结果	阐明通过培训需求分析得出了什么结论
6	分析结果的解释、评论	1. 论述培训的理由 2. 可以采取哪些措施改进培训 3. 说明培训方案的经济性 4. 培训是否充分满足了需求 5. 提供参考意见
7	附录	分析中用到的图表、资料

对员工培训需求进行分析，主要目的是对员工进行更有针对性的培训，提高企业的绩效。好的培训需求分析能够从中获得一系列的分析成果，确立培训内容，制定出最有效的培训战略，安排最科学的培训课程。值得注意的是，在开始正式培训之前，培训管理者应该建立起一个通用的标准，然后用这个标准来对培训项目的有效性进行评估。

技能点 4

培训计划制订

在进行员工培训的时候，一个完整而又合理的培训计划能够为培训工作提供可靠的依据。因此，制订和实施培训计划是人力资源管理工作中不可或缺的一个环节。

一、确定培训目标

培训的目标包括知识的获得、态度的改变或加强、技术的获得、工作行为的改进及企业、部门或人员绩效的改善。

根据培训目标，人力资源经理应对培训对象进行界定：

第一，是员工还是管理者?

第二，是部分员工还是全体员工?

第三，是新员工还是老员工?

第四，是绩效差的员工还是绩效好的员工?

二、确定培训计划内容

培训计划内容应当考虑以下几方面的问题：

1. 培训方式的选择

根据培训目标和对象选择培训方式：是内部培训还是外部培训?

是业余培训还是脱产培训？是集中培训还是分散培训？

2. 培训机构的选择

以什么标准选择培训机构？有哪些可供选择的培训机构？这些培训机构各有什么优势和劣势？

3. 培训教材的编制

有无现成的教材？如果有，是否需要修改？如何修改？谁来修改？如果没有，如何编制？谁来编制？

4. 培训课程开发

包括课程定位、课程目标、学习策略、教学模式选择、如何评价等内容。

5. 培训师的选择

内部培训师还是外部培训师？培训师的风格怎样？如何考核教学效果？是否需要对培训师进行培训？

6. 培训预算

预算来源有哪些？预算在培训项目上如何分配？如何处理预算与计划的冲突？预算如何管理？

7. 考核方案

谁需要进行考核？何时进行考核？如何考核？考核什么？成绩如何使用？有无奖惩措施？

三、制订培训计划应注意事项

培训计划作为培训实施的纲领，在制订时要注意以下几个问题：

第一，计划的制订要结合实际，具有可执行性。

第二，培训计划既要全面顾及组织的整体需求，又要注意重点解决当前的实际问题。

第三，计划制订要兼顾培训与日常运营的协调，既要完成培训任务，又不能影响企业正常的运作。

第四，计划制订的经济性。注意企业内外部培训资源的开发，既不能因为培训经费的紧张限制培训开发，又不能因为培训经费充足而增加无谓的培训课程。

第五，计划的灵活性。既要克服困难完成总培训计划，又要根据企业的实际变化随时调整培训计划。

培训计划指的是以企业的人力资源战略规划为指导，充分考虑企业的发展目标及内部文化氛围，根据企业人力资源的实际情况，对年度、月度及季度的培训工作进行详细而科学地规划，明确培训时间、培训地点、培训的实施者与参与者，并对培训经费进行初步预算的过程。

培训计划的制订和实施建立在员工培训需求分析的基础之上，人力资源部需要对员工的实际需求及培训经费的预算进行充分考虑与权衡，对各种培训方案进行比较与选择，从而制订出最适合企业的培训计划，以满足企业经营管理的需求，促进企业的发展。

企业的培训计划按照实施时间来划分，可以分为长期计划和短期计划，两种培训计划各有利弊：

1. 长期培训计划

长期培训计划的时间跨度较长，通常以三至五年为期限。长期计划的重要性在于可以确定培训的方向性，明确目标与现实之间的差距，了解资源的配置。这是影响培训最终结果的关键性因素，人力资源总监应对其特别关注。

2. 短期培训计划

相对于长期培训计划来说，短期培训计划的时间跨度比较短，一般控制在一年以内，是针对不同部门和内容的培训活动及课程的具体计划。人力资源总监在制订短期培训计划时需要衡量两个要素：一是可操作性，二是培训效果。再完美的培训计划如果没有得到贯彻与落实，也只能是空中楼阁。

技能点 5
培训计划实施

HR 在确定培训需求后，就应着手培训工作的实施。因为培训的成功不仅仅取决于发现、识别培训需求，更取决于在此基础上进行一流的项目设计和实施。

一、培训计划审批

在这个阶段，要确认由哪些主管部门参与培训计划的审核，审核程序是什么，以及审核完成的时间。这个程序要与企业的培训管理制度相匹配。

二、培训计划落实

培训计划审批后，要进行落实工作，主要包括以下几方面的内容：

第一，选择外部培训课程或机构的培训，应当与相应部门签订合同。

第二，落实或支付培训费用。

第三，确认培训师，与培训师签订合同或协议。

第四，确认培训所需场地、器材、资料的形式和来源等。

第五，确认培训相关人员（管理人员、服务人员等）。

第六，其他相关的手续。

三、培训计划发布

将培训计划发布出去时要确定以下内容：

第一，发布形式：布告栏、网络平台、信函和会议通知等。

第二，发布范围：公司全体员工和对应部门。

第三，发布时间与报名有效时间。

四、培训工作准备

在培训工作实施前最好先准备一份工作清单，对照清单逐项检查需要准备的事情，以免遗漏。

1. 确认培训对象

培训对象经过申请批准后，管理者应当准备一份详细的培训对象的名单，注明个人资料及联系办法。在培训开始以前，把培训通知发放到个人，培训通知包括培训的日程安排、交通路线和联系人等，并确保在培训开始以前所有学员都给予了回复。如果有变动，应当及时通知学员。

2. 确认培训场地和设备

场地的租用和准备应该较早就已经确定了，在开课之前，应当再次进行确认，尤其应当把所有培训可能用到的设施和器材一一试用，以保证它们的正常运行。应当指定一个场地设施的负责人，并保持和设备维护人员的联系，以应对培训过程中的突发情况。

3. 确认培训时间

培训时间要与学员和培训师确认，如果有变动，要及时通知，并为相应的参与人员预留出路程上的时间。

4. 确认培训资料

培训资料包括自行研发的教材的发放，外购教材的准备，课程需使用到的资料，如签到表、调查表、试卷，以及证书的准备等。

5. 确认培训师

最后确认培训师的个人资料，以及培训师是否会变动，安排和培训师见面，沟通培训的内容，了解培训师的准备情况，及时解决培训师提出的问题。

技能点 6
培训方式选择

虽然企业的每个员工都需要培训，而且大多数接受培训的员工都能够从中获益，但是由于企业在人力资源方面的预算及投资是有限的，不可能提供大量的人力、资金及时间来进行长期的培训。因此，在培训的时候，人力资源总监应该进行妥善的安排，要有目的性地确定人才培训计划，根据企业发展目标的实际需求来挑选受培训的员工。

一般来说，在企业中，急需培训的员工主要有三种：

第一种，需要对目前的工作进行改进的员工。培训能够使这些员工更加了解自己的工作，提升自身的技术。

第二种，具有一定的工作能力，并且企业要求他们迅速掌握另一门技能的员工。培训可以使这些员工能够更好地完成接下来要面对的复杂的工作。

第三种，拥有潜力的员工。培训能够挖掘这些员工的潜力，为他们进入更高层次的岗位奠定基础。

一、确定培训内容

在对员工进行培训的时候，内容是多种多样的：

1. 企业文化的培训

人力资源总监针对企业文化为员工提供培训，能够在企业内部构建起一个良好的文化氛围。企业文化的培训主要面对的是新入职的员工，所以该培训又可以看成是对新员工进行的上岗培训活动。

具体来说，企业文化培训又分为两个方面：

第一，企业文化精神的培训。

人力资源总监可以组织新员工了解企业历史，请企业中的优秀员工讲述企业传统，或者由高层管理者来讲解企业的发展目标、遵循宗旨、企业精神等内容。通过这些方式，使得新员工对企业精神及企业作风有了初步的了解，从而明确自己应该以何种精神面貌投入到工作中，应该怎样融入企业文化。

第二，企业文化制度的培训。

在新员工入职之初，人力资源总监应该针对企业的一系列规章制度，以及与生产经营有关的业务制度、行为规范对其进行培训。在学习的基础上组织新员工进行讨论，使他们能够正确地理解这些规章制度，并做到自觉遵守。

通过对新员工进行企业文化的培训，新员工能够形成一种认同企业文化的心理定式，在工作中可以迅速实现与企业核心价值观的契合。

2. 员工技能与素质的培训

在对员工的培训中，最为重要的是技能与素质的培训，这直接决定了员工能否胜任自己的岗位，能否为企业创造价值。

员工技能与素质的培训可以分为三种类型：

第一，工作能力的培训。

培训可提高员工的工作能力，不管是企业的管理者，还是基层员工，都需要接受工作技能方面的培训。比如，员工因工作调动进入另一个部门时，就必须接受岗位培训，使自己具备符合新岗位需求的工作技能。

第二，人际关系能力的培训。

企业要想取得长远的发展，靠的是团队的合力。要使企业中每个员工的力量都能够进行有效的整合，人力资源总监就要提高员工的人际交往能力，使员工掌握更多的沟通技巧，能够互相了解和体谅，减少彼此之间的冲突和矛盾，实现通力合作。

第三，解决问题能力的培训。

通过培训，提高员工发现问题、及时解决问题的能力。这种能力的培训对于企业管理者来说是不可或缺的。

3. 工作态度的培训

除了以上两点，对员工工作态度的培训也是人力资源总监应该侧重的部分。一个员工可能具有比较强的工作能力和丰富的工作经验，但是由于企业给予的待遇不符合他的要求，或者他被安排到与自身发展不适宜的工作岗位上，就会降低员工的工作热情，使他工作态度也不够认真。在这种情况下，即使员工拥有全面而又深入的技能和知识，也不能发挥出应有的实力。这时，工作态度的培训就能够充分发挥作用。通过培训，企业可以建立起与员工的信任关系，提高员工对企业的忠诚度。

二、选择培训方法

选择何种培训方法将会直接关系到培训的效果，正确的培训方法能够使培训事半功倍。因此，培训方法已经成为企业培训体系的重要组成部分。

人力资源总监可以采用的培训方法非常多样化，比如教学法、案例分析法、讨论法、情景模拟法、师父制辅导法、商业游戏法、事务处理训练法、网络培训法等。其中最常用并且收效较大的有以下几种：

1. 教学法

教学法是目前在企业培训中应用得最广泛的一种培训方法。教学法是把接受培训的员工集中在一起，由培训人员向他们授课，在很多企业里，甚至还有专门为培训而设立的教室。

教学法之所以可以得到广泛的应用，是因为它操作起来比较简单，而且拥有许多优点：

第一，教学法花费的成本低，经济实用，使员工在短期内就能够学到充足的知识，能够达到培训的预期效果。

第二，员工能够聚到一起，互相交流与沟通，有利于培养彼此间的默契及团队精神，并且客观上也为员工提供了互相学习的机会。

第三，通过这种方式展开培训，使得培训人员被赋予了更大的权力，能够自主掌握培训的节奏，自由地安排培训进度。

但是，凡事有利就有弊，教学法也存在一些不足之处：教学法是一种单向的传授方式，培训者难以接收到员工的反馈，交流不畅；并且它仅借助语言的媒介来进行知识的传授，使员工缺乏实际操作的机会。

2. 案例分析法

案例分析法以一定的培训目的为依据，把实际工作中经常遇到的真实情景进行典型化处理，形成一些可以让员工进行思考、分析与判断的案例，让他们对此进行研究、讨论，提高员工的分析、解决问题能力。案例分析法首先由哈佛大学提出并且付诸实践，事实证明，这种方法在培训中起到了十分巨大的作用，能够很大程度上加深员工对企业各项业务的了解，促进员工之间形成一种良好的人际关系，提高员工的工作效率，增强企业的凝聚力。因此，很多企业开始采用案例分析法，主要用来培养企业的骨干员工。

3. 讨论法

采用讨论法来进行培训的时候，人力资源总监可以设定一个培训主题，然后召集受训员工针对这个主题展开广泛而热烈的讨论，鼓励他们互相提问、探求问题并做出反应。在这个过程中，员工之间可以分享彼此的知识经验，互相学习，共同提升能力。

相对于其他的培训方法，讨论法所起到的作用是无可替代的，它致力于培养员工独立钻研的能力，又允许员工相互提问、探讨和争论，能够使员工从培训中获益。

4. 情景模拟法

情景模拟法类似于角色扮演，即培训师为员工设定一个培训主题，要求一部分员工担任相应的角色，共同演出一场情景剧。表演结束后要求员工对演出的感受与体会进行总结、汇报、交流，其他作为观众的员工也可以给出评价，进行讨论。

情景模拟法不是针对问题进行讨论的方法，而是为了解决问题而采取的实际行动。情景模拟法为员工提供实战演习的机会，在情景模拟中培养员工处理问题的能力，并且能够及时地进行总结与反馈。可以说，情景模拟法是非常有效的培训方法之一。

情景模拟法适用于企业提高员工人际交往能力的培训。这种方法能够展示人际关系与人际沟通中的不同技艺和观念，它为员工亲身体验各种行为并为这些行为进行评价提供了有效的工具。除此之外，情景模拟法还可以教会员工如何在课堂上交换研究心得。

此外，还有师父制辅导法、商业游戏法、事务处理训练法、网络培训法等多种培训方式可选择。

三、内外部培训渠道选择

到底选择内部培训还是外部培训？可以通过下列问题来判断：

第一，企业是否有培训经费？

第二，员工是否有培训时间？

第三，企业是否有所需的培训资源，包括课程和培训师？

第四，受训人员是适应外部培训还是内部培训？

无论从时间成本还是经济成本上考虑，内部培训都比外部培训占优势，而且内部培训还能增加员工对组织的认同感，增强企业的学习气氛，有利于员工间的知识交流和分享。

外部培训机构非常多，除了专门的培训公司外，还可以选择商务学校、大学中的管理学院、管理咨询公司等，他们都可以为企业提供培训课程。

在选择培训机构时要参考以下因素：

第一，培训机构在行业中的声誉。

第二，培训机构的专业经验。

第三，培训机构的人员构成和员工的任职资格。

第四，拥有的培训项目和客户。

第五，为客户提供的参考资料。

第六，培训效果证明。

第七，培训机构对本行业、本企业发展状况的了解程度。

第八，培训机构能够提供的资料、服务内容。

第九，培训项目的开发能力。

第十，培训项目的开发时间和开发费用。

技能点 7

培训课程开发

一、课程开发原则

培训课程不同于学校教育，它具有服务企业和服务成人的特点，同时要考虑成本收益和时效性。因此在开发时要遵循以下原则：

第一，符合培训需求，包括企业需求、任务需求和员工需求。

第二，以受训者为中心，符合成人学习的特点。

第三，可操作性强，实用性强，避免盲目追求流行。

二、课程开发程序

培训课程开发的工作程序如图 10-1 所示。

三、选择课程要素

课程设计时要根据课程总体目标，选择课程要素。常用的课程要素包括以下几方面：

1. 课程目标

根据培训需求确定，一般用“记住”“了解”“熟悉”“掌握”等词汇描述知识类目标，用“分析”“应用”“评价”等词汇描述应掌握的行为类目标。培训课程描述表如表 10–4 所示。

2. 课程内容

目标指向领域的概念、判断、知识和行为技能等，应围绕课程目标选择和组合各项内容。关键在于内容安排的主次顺序和覆盖范围。培训课程计划表如表 10–5 所示。

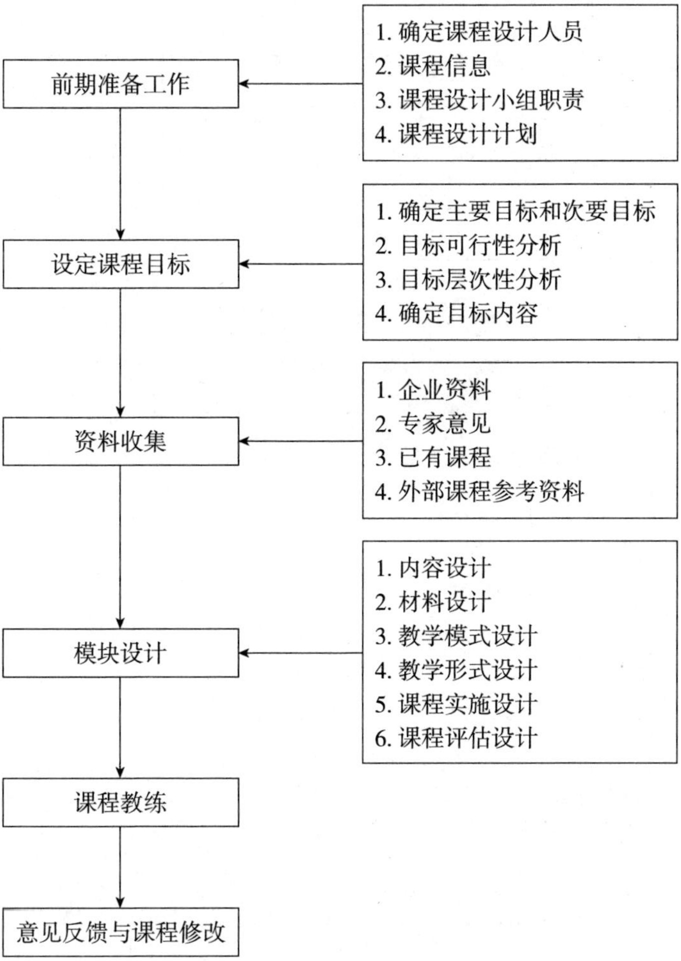

图 10–1　培训课程开发程序图

表 10-4　培训课程描述表

项　　目	内　　容
课程名称	
目标学员	
学习目的	
学习目标	
总计时间	
培训参与人数	
地　　点	
先决条件	
培训教师	

表 10-5　培训课程计划表

<table>
<tr><th>项　　目</th><th colspan="3">内　　容</th></tr>
<tr><td>项目名称</td><td colspan="3"></td></tr>
<tr><td>课程名称</td><td colspan="3"></td></tr>
<tr><td>课程长度</td><td colspan="3"></td></tr>
<tr><td>学习目的</td><td colspan="3"></td></tr>
<tr><td>目标学员</td><td colspan="3"></td></tr>
<tr><td>先决条件</td><td colspan="3"></td></tr>
<tr><td>培训教师</td><td colspan="3"></td></tr>
<tr><td>所需资料和设备</td><td colspan="3"></td></tr>
<tr><td>备　　注</td><td colspan="3"></td></tr>
<tr><td>课程活动内容</td><td>培训教师活动</td><td>学员角色</td><td>时间安排</td></tr>
<tr><td></td><td></td><td></td><td></td></tr>
<tr><td></td><td></td><td></td><td></td></tr>
</table>

3. 课程模式

课程模式指培训活动的安排和教学方法的选择。课程模式要与目标有关，并能够有效体现课程内容。

4. 课程策略

课程策略即教学策略，包括教学程序的选择和教学资源的利用。

5. 课程评价

对课程目标与实施效果进行评价，评价重点应是可计量的测定目标或可观察的行为指标。

6. 时间安排

课程时间的有效分配和充分利用。

7. 空间利用

课程设计应考虑到对培训场地的充分利用，如各种培训游戏的选择和使用。

8. 学员背景

课程设计时要考虑到学员的文化水平、工作经验，在组织中的地位和工作环境等各项因素对学习的影响。

9. 培训者背景

课程设计应考虑到使用者，即培训师或培训者的背景，如资历、教学风格和对课程的理解程度等。

技能点 8
培训讲师选择

不管是聘请外部的培训师还是开发内部的培训师，只有选择合适的培训师才能保证培训的效果。具体操作步骤如下。

1. 选择内部培训师还是外部培训师

在决定从企业内部选择培训师还是从外部聘请培训师之前，要了解内部培训师和外聘培训师的优势和劣势。具体如表 10-6 所示：

表 10-6　内部培训师与外聘培训师的优势和劣势对比表

	优	劣
内部培训师	1. 了解企业和培训对象的情况，培训的针对性强 2. 熟悉培训对象，有利于沟通 3. 成本低	1. 内部培训师不易于在培训对象中树立威信，可能会影响到学员的学习态度 2. 选择范围小，可能会影响到培训的质量 3. 受企业文化影响较大，不利于带来新理念
外聘培训师	1. 选择范围大，质量高 2. 可带来全新的理念 3. 具有“名师”效应，吸引学员，提高培训档次	1. 对企业和培训对象缺乏了解，可能影响培训效果 2. 对培训师的了解度不够，加大了培训的风险 3. 成本较高

从企业外部还是内部选择培训师，应根据培训的内容和教学手段，及经济性和学员的适应性来决定。

第一，专业知识理论等要求较高的培训或前沿技术的培训适合从外部聘请专家。

第二，较小规模的企业，或没有专门培训职能的企业可以从外部聘请专家。

第三，具有成熟培训体系的企业可开发内部培训师资源。

第四，成熟的课程或专业知识水平较低的课程适合从企业内部选择培训师。

第五，企业文化、行为规范方面的培训适合内部培训师。

第六，比较培训师开发成本和聘用成本，决定外聘还是内聘。

2. 确定选择培训师的标准

第一，具备相关的专业理论知识。

第二，对培训所涉及问题有实际应对经验。

第三，具有培训经验和培训技巧。

第四，熟练运用培训工具。

第五，良好的交流和沟通能力。

第六，具有引导学员自学的能力。

第七，善于发现问题和解决问题。

第八，掌握前沿理论。

第九，拥有培训热情。

3. 对培训师进行培训

初步确认培训师后，应针对培训师的特点和本次培训的要求，对培训师进行培训，培训的内容可以从如下内容中选择：

第一，授课技巧。

第二，教学工具的使用。

第三，教学内容的培训。

第四，企业情况和学员背景的培训。

4. 办理培训师的聘用手续

对于外聘培训师，首先进行意向接触，然后进行评估，确定是否聘用，若可行，则签订聘用合同。

对于内部培训师，首先进行意向接触，然后对其实施评估，确定是否聘用，若达标，则签订相关协议，最后由所在部门和人事部门签字确认。

5. 培训师应具备的特点

（1）学科知识。

学员期望培训师能够全面了解他们的工作或学科。

（2）适应性。

有些人学得比其他人更快或更慢，所以教学指导应当与学员的能力相适应。

（3）真诚。

学员通常喜欢真诚的培训师。同时，培训师需要对学员有耐心，在讲述他们所关心的问题时表现出自己的机智。

（4）幽默感。

能够使学习成为有趣的事，通常可以用讲故事或趣闻的方式来讲解一个问题。

（5）兴趣。

好的培训师对于他们所教授的内容有极大的兴趣，这种兴趣可以感染学员。

（6）清楚的指导。

通常，培训师的讲解越清楚，培训就越能快速有效地完成，培训效果维持更长久。

（7）个别辅导。

成功的培训师通常会对不同的学员提供个别辅导。

（8）热忱。

活泼的报告方式和充满活力的人格特点，可以让学员感到培训师热爱培训活动，在热情的氛围中，受训学员也会更主动地响应。

技能点 9
培训预算核定

企业的培训活动，必须要有充足的培训经费作保障，那么 HR 该如何确定培训经费呢？

一、年度培训经费预算

确定全年的培训经费常用的方法有以下几种：

（1）比例法。

对于有固定培训经费的企业而言，一般是根据一个基准值确定一定的比例，比如以员工数量或全年销售额定出一定的比例。例如，某公司是以总销售额的 2% ～ 3% 来确定培训经费的，以 5% 为上限。

（2）人均预算法。

首先确定企业内员工的人均培训费数额，再乘以员工人数，得到总值。

（3）推算法。

根据往年的培训经费，参考新的培训变化来确定今年的培训经费。

（4）需求预算法。

在已确定年度培训计划的基础上，先计算每一项预算，再计算出总的预算。

二、单个项目经费预算

确定单个培训项目的经费时，一般通过成本计算来确定总的培训费用。培训成本包括以下几项：

（1）培训项目开发成本。

① 培训师开发培训课程的成本。

② 招聘和选拔内部培训师的成本。

③ 内部培训师的培训成本。

④ 咨询专家的费用。

⑤ 购买课程的费用。

⑥ 参加行业协会的会员费。

（2）向学员和培训师提供资料的成本。

① 印刷教材的费用。

② 使用有版权的材料时支付的使用费。

③ 培训杂志的订购费。

（3）固定资产使用费。

① 外部培训场地租赁费用。

② 内部培训教室或培训大楼分摊的利息、房租、水电费和清洁费用等。

③ 培训设施费用（如计算机和投影仪等）。

（4）交通及住宿成本。

交通及住宿成本主要包括差旅费用和住宿费用。

（5）培训师及辅助人员工资。

① 外聘培训师的费用。

② 内部培训师在培训期间的工资福利和其他费用。

③ 培训经理、行政人员和办事员的雇佣成本。

（6）培训的机会成本。

① 员工在培训期间的工资和费用。

② 聘请替代培训者的临时工的工资。

③ 员工参加培训降低了生产效率。

（7）其他培训成本。

员工参加外部培训或教育时的学费和开支。

三、培训预算执行

培训预算执行，一般最好有培训预算执行表（如表 10–7 所示）作为执行的依据。

表 10–7　培训预算执行表

培训项目		培训时间		培训地点	
培训方式		培训性质		学员人数	
序号	培训预算项目	预算金额（元）	实际金额（元）	差额（元）	差额原因
1	培训费				
2	培训场地及设备租金				
3	培训讲师食宿交通费				
4	培训学员食宿交通费				
5	培训教材费				
6	培训组织费				
7	……				
	合计				
预算审核	培训负责人意见 签字 年　月　日	人力资源部意见 签字 年　月　日		总经理意见 签字 年　月　日	
备注：培训组织费包括资料费、印刷费、横幅、易拉宝等宣传材料费用等					

技能点 10 讲师队伍建设

随着现代企业的发展，员工培训在人力资源开发与管理中起到的作用与日俱增，也越来越受到人力资源部的重视。但是，即使能够从外部聘请到专业知识丰富的培训师对员工进行培训，也难以做到“量体裁衣”，最终的培训效果往往会大打折扣。因此，在企业内部建设一支经验丰富的培训师队伍，将成为企业培训体系中至关重要的一个环节。

企业内部培训师是指按照一定的选拔标准，从企业内部的管理团队中挑选出的资历深、具有丰富工作经验、专业知识和业务素质过硬的资深技术专家或管理人员。与外部聘请的培训师相比，内部培训师对企业内部的运行管理和外部经营环境有更深入的了解和把握，对企业生产要素和管理元素有更全面、客观地认识和理解。内部培训师的教学针对性强、学习效果好、及时、便捷、成本低并且好管理，能够切实满足企业的培训需求，并且能够使员工培训从“先天不足”的困境中走出来，发挥其应有的作用。

1. 内部培训师队伍的构建

要想在企业内部构建培训师队伍，可以通过建立一套科学而合理的“挑选、培训、管理、评估”制度来实施。

（1）挑选能够胜任的人才。

构建内部培训师队伍的第一个环节就是从企业众多管理者甚至员工中挑选出能够胜任培训工作的人才。在这一环节，HR要能慧眼识才，主要可以从以下两方面入手。

首先，对那些一直奋斗在基层、拥有较高学历、业务素质好、工作能力强而且富有责任心的业务骨干，HR善于发现和挖掘。并且要对这些骨干进行有计划、有目标的培养，请他们在完成本职工作之余兼任内部培训师，为他们创造更多锻炼、提升的机会。

其次，要让那些拥有丰富管理经验，负责企业经营、财务或者技术管理的中层干部，承担所属专业的培训任务；并且让这些中层干部针对各自的专业特点及员工的培训需求，策划本专业培训项目、制定活动方案、设计培训课程，并进行授课；把这些中层干部在工作中总结出来的管理经验转化为理论，撰写成结合企业实际、有说服力、有价值的培训教材。

（2）对内部培训师进行培训。

从企业内部挑选出来的、担任培训师角色的人才，虽然工作经验或业务能力较强，但由于没有直接从事过培训工作，往往在培训的专业技巧上有所欠缺。因此，对内部培训师，需要进行培训，规范、强化他们的培训技能。

对内部培训师进行培训的时候，应该侧重于培养他们培训活动的策划、组织能力，使其掌握培训流程，学习培训师的职责、基本技能、沟通技巧、课堂组织技巧，从而在培训时能够胸有成竹。

（3）建立内部培训师管理体系。

除了对内部培训师进行培训之外，还要建立一个统一的管理体系，对内部培训师进行有效地管理，为培训工作的顺利进行提供有力保障。

可以在企业建立一个完善的内部培训师聘任制度，根据培训需要，明确培训师的任职资格，然后按照这个标准开展内部培训师的聘任工作。在聘任之前，培训师还要进行试讲，以便判断其是否能够胜任培训师工作。对内部培训师进行动态管理，一旦发现有人不能胜任这项工作，就要及时解聘。

（4）设立一定的评估指标，选择合理的评估方法，按照科学的评估程序，对内部培训师进行评估；并且建立培训师的业务档案，对他们的授课时数、授课水平和培训效果进行记录，为续聘或者解聘提供依据。

内部培训师的选拔，给企业的每个员工都提供了机会，每个员工都有成为一名优秀的培训师的可能，这能够最大限度地调动起员工的工作积极性和主动性。而对企业而言，以最小的成本聘请到最了解企业情况、能够发挥最大作用的培训师，可以说是一举多得。

2. 建立培训师激励机制

培训不仅能够提高企业的工作效率，还可以促进企业的良性运转，在企业中发挥着十分关键的作用，而这离不开内部培训师的努力。因此，人力资源部要认可内部培训师的工作并给予充分的肯定，让他们能够时时刻刻感受到企业对他们的重视与尊重。可以建立一个培训师激励机制，对内部培训师实行评级制度，在晋升和待遇上给予激励，最大限度地调动他们的积极性，使他们在竞争中不断丰富自己、完善自己。

建立合理的企业内部培训师激励机制，可以从三方面入手：

第一，在企业中设置激励层级制度。根据培训师的表现和贡献，进行物质及精神上的激励。

第二，对培训师实行薪酬和绩效相互挂钩的动态薪酬机制。通过绩效考核，对培训师进行评级，然后设置不同层级的薪酬标准，级别越高，领取的薪酬越多，得到的奖励也越多；或者在培训师领取固定薪酬的基础上，实行奖励津贴制度，根据考核结果予以奖励，促使培训师不断提高工作质量。

第三，为内部培训师创造各种条件。比如为他们提供参加国内外各类培训的机会，使他们不断提升自身素质，达到更好的培训效果。

第四，为每位内部培训师都设计一个完善的职业发展阶梯，实现其个人职业生涯发展。如“培训师—高级培训师—资深培训师—首席培训师”级别职业阶梯，并与个人职位晋升和待遇提高挂钩，促使他们在竞争中不断完善自己，寻求更好的发展。

技能点 11
培训效果评估

培训效果评估是一个系统工程，必须有全面的规划，才能保证评估的效果。

一、培训效果评估层次

培训效果评估一般在四个层次上进行，具体见表 10-8 所示。

表 10-8　培训效果评估的层次表

层次	标准	解　　释
1	反应层次	评估受训者满意度（培训课程、讲师、培训进度与安排的满意程度）
2	学习层次	评估受训者对培训知识、技能、态度和行为方式的掌握程度
3	行为层次	评估受训者在培训后工作中行为的改进程度
4	结果层次	评估受训者在工作绩效上的改进（可用定量指标和定性指标表示）

评估所费时间和难度从 1 ～ 4 层逐渐加大，可以根据培训项目的具体情况选择效果评估工作的侧重点。

二、培训效果评估流程

1. 设定评估目标

培训效果评估目标包括以下几种：

（1）从总体上对培训投资的有效性进行评价，为以后的培训预算工作提供参考资料。

（2）提高培训管理的效率。人力资源经理通过评估过程获得经验和教训，从而提高工作绩效。

（3）提高培训质量。及时的评估可以为改进以后的培训项目提供参考。

（4）提出培训需求。评估本身就是学习过程的一个部分，通过培训效果评估可以了解原来的培训目标是否已经达到，达到了什么程度？通过对比差距来寻找新的培训需求。

2. 建立培训效果信息库

培训效果信息库能使培训管理人员系统全面地了解培训的全过程，分清主次，把注意力集中在培训带来的变化上。有了基本的数据库，进行下一步评估就会相对容易一些。

3. 制定评估方案

评估方案是实施评估的行动计划，要包含以下内容：

（1）确定评估执行人选。评估的执行者可以是培训管理者、外聘的专家或客户及部门管理者。

（2）选择评估方法和手段。

4. 评估实施

培训效果评估的实施从以下几个层面进行：

（1）反应层次评估。考核学员对培训方案的反应、学员对培训项目结构和培训讲师的看法、培训内容是否合适和方法是否得当的看法等。具体包括培训管理过程评估、讲师评估和自我评估三个方面。

（2）学习层次评估是针对培训内容和培训项目的整体情况及受训者对培训内容的掌握程度进行评估。它在培训结束前进行，并把成绩反馈给学员及其主管。

（3）行为层次评估是针对学员在工作行为和表现方面产生的变化。它是在培训结束后大约 1 ～ 3 个月后进行，甚至可延续至一年后。

（4）结果层次评估。结果层次评估是培训评估中最大的难点。因为对企业经营成果产生影响的不仅仅是培训活动，许多其他因素都会影响企业的经营结果。培训应对组织发展带来可见的和积极的作用，评估的核心问题是评估培训是否对企业的经营成果产生影响。

评估实施后要制作培训学员评估表、培训师评估表和培训主管评估表如表 10–9、10–10、10–11 所示。

表 10–9 培训学员评估表

编号： 填表时间：

姓名		部门	
参加培训项目			
培训时间		培训地点	
培训机构		培训师	
培训课程			
1. 您对本次培训的整体印象是： □非常好 □比较好 □一般 □比较差 □很差 为什么？ 2. 您对课程的内容设计满意吗？ □满意 □比较满意 □不满意 为什么？			

（续表）

<table>
<tr><td colspan="6">3. 您认为本次培训对您的工作有帮助吗？为什么？

4. 您对本次培训的形式满意吗？为什么？

5. 您对课程的深度和广度满意吗？为什么？

6. 您认为培训的时间安排合理吗？为什么？

7. 您认为这次培训的内容方面最大的优点和缺点是什么？</td></tr>
<tr><td colspan="6">培训师评价</td></tr>
<tr><td rowspan="2">评价项目</td><td colspan="2">培训师姓名</td><td colspan="3"></td></tr>
<tr><td>1</td><td>2</td><td>3</td><td>4</td><td>5</td></tr>
<tr><td>您对培训师的整体评价如何？</td><td></td><td></td><td></td><td></td><td></td></tr>
<tr><td>您认为培训师的专业水平如何？</td><td></td><td></td><td></td><td></td><td></td></tr>
<tr><td>您认为培训师的授课技巧如何？</td><td></td><td></td><td></td><td></td><td></td></tr>
<tr><td>您认为培训师的仪表如何？</td><td></td><td></td><td></td><td></td><td></td></tr>
<tr><td>您认为培训师对现场气氛的引导如何？</td><td></td><td></td><td></td><td></td><td></td></tr>
<tr><td>您认为培训师与学员的沟通如何？</td><td></td><td></td><td></td><td></td><td></td></tr>
<tr><td>您认为培训师对教学进度的控制如何？</td><td></td><td></td><td></td><td></td><td></td></tr>
<tr><td>您对培训师还有什么评价？</td><td></td><td></td><td></td><td></td><td></td></tr>
<tr><td colspan="6">在对应的分数上画“√”
打分说明：1—优秀 2—较好 3——般 4—较差 5—很差</td></tr>
<tr><td colspan="6">培训管理与组织</td></tr>
<tr><td>评价（请直接在对应项画“√”）</td><td>非常满意</td><td>比较满意</td><td>一般</td><td>不满意</td><td>非常不满意</td></tr>
<tr><td>您认为这次培训整体管理水平如何？</td><td></td><td></td><td></td><td></td><td></td></tr>
</table>

（续表）

您认为培训前的通知工作如何?					
您认为培训场地和使用设施如何?					
您认为培训的日程安排如何?					
您认为培训管理人员的工作表现如何?					
您对这次培训的组织还有什么评价?					
感想和建议					
您对此次培训还有什么意见和建议？若意见和建议没有包含在上面题目中，请在此详细说明。					

表 10-10　培训师评估表

编号：　　　　　　　　　　　　　　　填表时间：

培训项目			
培训师姓名		所属机构或部门	
培训时间		培训地点	
1. 对课程内容的评价： 2. 对学员的评价： 3. 对培训管理工作的评价： 4. 在培训过程中发现的问题： 5. 对培训效果转化的建议： 6. 对以后的培训的建议： 7. 其他：			

表 10-11　培训主管评估表

编号：　　　　　　　　填表人：　　　　　填表时间：

培训项目			
培训时间		培训地点	
培训机构		培训师	
参加部门		人数	
受训者评价			
1. 受训者的态度如何？ 2. 受训者能否跟上进度？ 3. 哪些人表现较好或较差？ 4. 受训者对培训师的反应如何？			
培训师评价			
1. 培训师是否能吸引学员的注意力？ 2. 培训师对内容的讲解如何？ 3. 培训师的风格是否受欢迎？ 4. 培训师与学员的沟通情况如何？			

管理技能十一

员工关系管理

技能点 1
劳动安全防护

在人力资源管理中，企业必须为员工提供安全、健康的工作环境，以保障员工的身心健康和企业的正常、持续发展。

一、劳动保护目的

劳动保护指的是在生产过程中，为保证员工的安全与健康，改善劳动条件，防止职业病和工伤事故所采取的一系列措施。

劳动保护的目的，大体来说，主要包括以下几个方面：

1. 保证安全生产

在生产过程中，劳动者和一定的生产环境相接触。在这种接触的过程中，有些因素会使员工的安全和健康受到伤害。劳动保护的任务，就是要采取一系列组织与管理措施，消除这些因素，或者将这些因素的危害降到最低，从而使员工身心健康得到保障。

2. 预防职业病

随着现代经济的发展，职业病的种类逐渐增多，对员工的危害日益突出。为此，企业应尽可能根据现有的技术条件，采取根治的办法，消除致病的物质根源。

3. 女职工保护

根据女性的生理特点，在劳动中应给予女职工特殊的保护。这是一项重要的任务。由于女性在生理方面的特殊性，以及她们在生育后代方面的特殊责任，有必要对她们给予特殊的劳动保护。这是为了保证女性在生产过程中的安全和健康，更好地发挥其在生产中的作用。

二、劳动保护内容

员工的劳动保护，一般包括安全技术、工业卫生和劳动保护制度三方面的内容。

1. 安全技术

不同的企业所要注意解决的安全技术是不同的，主要包括以下几个方面的内容：

（1）操作设备的安全问题。

比如员工在使用机动车（叉车）等设备时，应遵守工具的安全操作说明；在进行危险性工作或在危险区域工作时，应按要求穿戴公司的防护服、防护工具。

（2）机器设备的安全问题。

比如避免在使用的过程中发生事故，伤害员工。为此，凡是暴露在机器外部的传动装置、齿轮、正轮等危害部分，都要安装保护装置；机器的转动摩擦部分，要有自动加油装置和冷却装置等。同时，平时要注意机器设备的检修，确保机器设备运转的安全。

（3）电气设备的安全问题。

保证电气设备的安全运转，防止火灾和触电事故。为此，电气设备要有可熔保险器和自动开关；电动工具在使用前必须采取保护性接地措施，必须有良好的绝缘；高压电线经过的地方，必须有安全设置和警告标志等。如有人被关在电梯内，则应立即通知安全和维修部门，由其操作电梯紧急程序。

（4）动力锅炉的安全问题。

防止出现锅炉爆炸事故。为此，每台锅炉都要安装准确有效的压力表、水位表和安全阀；要加强动力锅炉的保养和检修；要采取硬水软化的措施，防止水垢的产生和加强水垢的清除工作等。

2. 工业卫生

企业的生产工艺过程、劳动过程及在生产外界环境中，可能对员工的身体机能和健康水平产生危害的因素称为职业因素。当这些有害的职业因素超过一定程度，就会破坏员工的生理机能和健康。例如，当噪音过大时，员工长时期在这种环境中工作，听力机能会遭受损伤而降低；长期在潮湿环境中工作，有可能导致风湿、关节炎等。职业危害的种类，随着生产技术的发展在不断增加，也随着科学技术的发展逐渐为人们所认识，并加以控制。

企业的职业危害主要有以下几方面：

（1）与劳动过程有关的职业毒害。

比如劳动作业时间过长，劳动强度过大，不合理的劳动制度和不合理的劳动组织等都可能引起员工的身心健康受损。

（2）与环境设备有关的毒害。

例如，未及时清理的废料、垃圾；缺少通风、采暖设备，或虽有相应设备但效果太差；防尘、防毒、防暑的各项设备缺乏或不完善；照明条件不良；安全防护设备不良等。

做好预防工作是防治职业危害的关键环节。预防职业危害可以采取以下几个方面的措施：

（1）搞好工作区的清洁卫生。

这不仅能改善一般的卫生条件，而且可以减少有害物质的污染。

（2）加强个人防护。

这是预防职业危害的重要辅助措施，应根据需要配备工作用品。如使用防护衣、手套、鞋、口罩、帽子、眼镜等，以防止有毒有害物质进入体内；或使用皮肤防护油、膏，以防止职业性皮肤病的发生，防止毒物从皮肤侵入肌体内。

（3）加强医疗预防措施。

医疗预防对于慢性病与多发病，职业危害的早期发现、早期诊断、早期治疗、及时处理和预防是非常重要的。为此，应对员工定期实行健康检查，以便早期发现职业危害或初期可疑症状，并根据其具体情况及时采取措施，以防止疾病的进一步发展。

3. 劳动保护制度

员工的安全和健康不仅与安全技术和企业卫生问题有关，也与劳动保护制度有关。如果劳动保护制度不健全，同样会引起员工过度疲劳，损害健康，甚至导致工伤事故。因此，建立和执行科学的劳动保护制度是员工劳动保护的重要内容。

三、劳动保护管理

1. 建立健全安全经营责任制

安全经营责任制是企业责任制的一个组成部分，也是安全经营规章制度中的核心内容。具体内容可以根据企业各部门的不同情况，予以规定。有关人员必须认真执行，以保证安全经营方针的有力贯彻执行。

2. 编制安全技术措施计划

企业在编制经营计划的同时，必须编制安全技术措施计划。安全技术措施计划编制要根据国家有关政策、法规的规定和要求，以及安全卫生检查中发现而尚未解决的问题。在编制计划时，要分轻重缓急，力求少花钱、多办事。

3. 搞好安全经营教育

安全经营教育的目的是教育员工提高对安全经营重要意义的认识，自觉搞好劳动保护工作，帮助员工更好地掌握安全技术知识。对企业的新进员工必须在上岗前进行安全教育，对调换岗位的员工也要进行新岗位的安全教育，并均需通过合格考试后才能上岗。

4. 安全经营的监督检查

对安全经营的监督检查是推动安全经营的一项重要措施，通过检查，可以提高员工安全生产意识，并可以发现问题，消除隐患，防患于未然。其检查内容是，安全技术措施计划和各种安全技术规章制度的执行情况及各种安全防护设备的完好情况等。检查形式可以分为定期检查和不定期检查。

四、新员工安全教育

新员工必须进行“三级安全教育”。三级安全教育是指对新招收的员工、新调入员工，以及来企业实习的学生或其他人员所进行的厂级安全教育、车间安全教育、班组安全教育。

1. 厂级安全教育

厂级安全教育一般由企业安全技术部门负责，时间为 4 ～ 16 小时，主要内容有：

第一，讲解劳动保护的意义、任务、内容和重要性，使新入厂的员工树立起“安全第一”和“安全生产人人有责”的意识。

第二，介绍企业的安全概况，包括企业安全工作的发展史、企业的生产特点、工厂设备的分布情况、工厂安全生产的组织机构、工厂的主要安全生产规章制度。

第三，介绍国务院颁布的《全国职工守则》和企业职工奖惩条例，以及企业内设置的各种警告标志和信号装置等，介绍企业典型事故的案例和教训，以及抢险、救灾、救人的常识和工伤事故报告程序等。

2. 车间安全教育

车间安全教育由车间主任或安全技术人员负责，授课时间一般需要 4 ～ 8 小时，主要内容有：

第一，介绍车间的概况。如车间生产的产品、工艺流程及其特点，车间人员结构、安全生产组织状况及活动情况，车间危险区域、有毒有害工种的情况，车间劳动保护方面的规章制度和对劳动保护用品的穿戴要求和注意事项，车间事故多发部位、原因、特殊规定和安全要求，车间常见事故和典型案例，车间安全生产中的好人好事，车间文明生产方面的具体做法和要求。

第二，根据车间的特点介绍安全技术基础知识。如加工车间的特点是金属切削机床多、电气设备多、起重设备多、运输车辆多、各种油类多、生产人员多和生产场地比较拥挤等，要教育工人遵守劳动纪律，穿戴好防护用品，小心衣服、发辫被卷进机器，手被旋转的刀具擦伤等，要告诉工人在安装夹具，检查、拆卸、搬运工件特别是大件时，要防止碰伤、压伤、割伤等。

第三，介绍车间防火知识。包括防火的方针，车间易燃易爆品的情况，防火的要害部位及防火的特殊需要，消防用品放置地点，灭火器的性能、使用方法，车间消防组织情况，遇到火险的处理方法等。

第四，组织新工人学习安全生产文件和安全操作规程制度，并应教育新工人尊敬师傅，听从指挥，安全生产。

3. 班组安全教育

班组安全教育由班组长或安全员负责，授课时间大致为 2 ～ 8 小时，主要内容有：

第一，介绍本班组的生产特点、作业环境、危险区域、设备状况、消防设施等，重点介绍高温、高压、易燃易爆、有毒有害、腐蚀、高空作业等方面的危险因素，交代本班组容易出事故的部位和典型的事故案例。

第二，讲解本工种的安全操作规程和岗位责任，提醒员工应时刻重视安全生产，自觉遵守安全操作规程，不违章作业，爱护和正确使用机器设备和工具，介绍各种安全活动、作业环境的安全检查和交接班制度，以及发生事故或发现事故隐患的报告制度。

第三，讲解劳动保护用品的正确使用方法和文明生产要求。如强调机床转动时不准戴手套操作，高速切削要戴保护眼镜，进入车间要戴好工帽，进入施工现场和登高作业必须戴好安全帽，系好安全带，工作场地要整洁，道路要畅通，物件堆放要整齐等。

第四，进行安全操作示范，组织重视安全、技术熟练、富有经验的老员工进行安全操作示范，边示范、边讲解，重点讲安全操作要领，说明怎样操作是危险的，怎样操作是安全的，以及不遵守操作规范将会造成的严重后果。

五、管理人员安全教育

管理人员的安全教育主要包括以下内容：

第一，对企业法定代表人和厂长、经理的教育，主要是进行安全生产方针、政策、法规、规章制度、基本安全技术知识、基本安全管理知识的教育。其目的是提高他们对安全生产方针的认识，增强安全生产责任感和自觉性，使他们懂得并掌握基本的安全生产技术和安全管理方法，促使他们关心、重视安全生产，积极做好安全管理工作，以身作则，遵章守纪，并能积极支持安全技术部门的工作，为安全生产提供良好的条件。

第二，对技术干部的教育，主要内容包括安全生产方针、政策和法律法规，本职安全生产责任，典型事故案例剖析，系统安全生产工程知识，基本的安全技术知识。

第三，对行政管理干部的管理，主要内容是安全生产方针政策和法律法规、安全技术知识，以及他们本职的安全生产责任制。其目的是使他们提高责任感和自觉性，主动支持安全生产工作。

第四，对安全生产管理人员的教育，主要内容是国家有关安全生产的方针、政策、法规和标准，企业安全生产管理、安全技术、劳动卫生知识、安全文化、工伤保险、职工伤亡事故和事故应急处理措施等。

六、工伤伤残评定

1. 工伤事故分类

工伤事故按照伤害后休息时间的长度可分为：

（1）轻伤，休息 1 ～ 104 日的失能伤害；

（2）重伤，休息 105 日以上的失能伤害；

（3）死亡。

按照事故类别划分，工伤事故可分为 20 个类别，如物体打击、车辆伤害、机械伤害、电击、坠落等。按照工伤因素划分，工伤事故可根据受伤部位、起因物、致残物、伤害方式、不安全状态、不安全行为分类。

职业病可分为职业性中毒、尘肺、物理因素职业病、职业性传染病、职业性皮肤病、职业性肿瘤和其他职业病等。

2. 组织伤残评定

如职工因工伤事故或职业病致残，用人单位可委托劳动行政机关的劳动鉴定委员会根据《工伤与职业病致残程度鉴定标准》对致残程度进行鉴定。根据致残后丧失劳动能力程度和护理依赖程度，伤残可划分为十个等级：一至四级的为全部丧失劳动能力；五至六级的为大部分丧失劳动能力；七至十级的为部分丧失劳动能力。

3. 工伤保险待遇

工伤保险待遇分为工伤医疗期待遇和工伤致残待遇。

（1）工伤医疗期待遇。

工伤医疗期待遇有：医疗待遇，报销医疗费用和必要的护理费用；工伤津贴，按照平均工资支付工伤津贴；福利待遇，与本单位其他员工享受同等福利待遇。

（2）工伤致残待遇。

职工因工致残待遇被鉴定为一至四级的，应当退出生产、工作岗位，终止劳动关系，发给工伤伤残抚恤证件。其待遇有：一是按月发给伤残抚恤金，标准分别为本人工资的75%～90%，其中，一级为90%，二级为85%，三级为80%，四级为75%；二是发给一次性伤残补助金，标准相当于本人18～24个月工资，其中，一级为24个月，二级为22个月，三级为20个月，四级为18个月；三是患病时按医疗保险有关规定执行，对其中执行由个人负担的部分有困难的，由工伤保险基金酌情补助；四是异地安家的，发给相当于本省、自治区、直辖市上年度6个月职工月平均工资的安家费，旅途所需车船费、住宿费、行李搬运费和伙食补助费按本单位职工因工出差标准报销。职工因工致残被鉴定为五至十级的，原则上由用人单位安排适当工作，并可以享受一些特殊待遇。

技能点 2
员工意见反馈

员工意见反馈是上下级沟通协调的重要方式，如果没有员工的意见反馈，光靠领导利用权力要求员工有执行力，也只不过是领导的一厢情愿，效率自然也不会太高。

要想获取员工的意见反馈，首先要做员工满意度调查，广泛听取员工意见，这是捕捉员工思想，监控员工心态，改善经营，激发员工参与感的有效管理形式。员工满意度的调查一般包括：工作时间反馈、工作环境反馈、劳动强度反馈、工作感受反馈、薪酬福利反馈、晋升空间反馈、学习培训机会反馈、领导方式反馈、生活保障反馈等。

对于员工的合理化建议，企业也可以做定期的征集。特别是对于企业技术水平、经营水平等方面的合理化建议，企业可以采用多种征集方式，利用微信、邮件、在线系统等填写合理化建议征集表（如表 11-1 所示），汇总至人力资源部。

如果评审组认为设计不科学，实施风险较大，或建议价值不大，不具备实施条件的意见，可以予以否决，由人力资源部通知建议提出人。

表 11-1　合理化建议征集表

建议人		职位		所在部门		提案时间	
建议项目							
建议方向请打（√）	销售提升		技术改进		风险控制		建议实施部门
	成本降低		制度改进		其他		
现状描述分析							
改进建议措施							
关联部门意见							
评审小组意见							
总经理意见							

合理化建议要尽量以数据说话，提出具体可实施的问题解决方案。只提问题不提解决方案的建议可视为无效建议。

建立员工与组织之间的协商机制，是搭建员工与企业单位之间对话的重要桥梁。对于员工的诉求应通过调研、设立员工诉求信箱、与员工谈心、开通官方反馈渠道等解决。建立员工诉求记录跟进表（如表 11-2 所示），根据时间进度做跟踪反馈，并最后做出满意度调查。

表 11-2　员工诉求记录跟进表

受理时间		编号	
受理方式		诉求人	
诉求人所在部门		联系方式	
诉求内容			
诉求人期望			
跟踪时间	状态：　□已完成　□正在进行中　□不具备执行条件		
跟踪时间	状态：　□已完成　□正在进行中　□不具备执行条件		
跟踪时间	状态：　□已完成　□正在进行中　□不具备执行条件		
结果反馈			
诉求满意度	□非常满意　□基本满意　□不满意		

技能点 3 员工援助计划

员工援助计划也叫员工帮助计划，简称 EAP（Employee Assistance Program）。亦称员工心理援助项目、全员心理管理技术。员工援助计划起源于美国，在美国企业中已经比较成熟。不同的企业和行业，有不同的员工需求。企业可以根据自身的情况制订个性定制化的员工援助计划。如对孕期、哺乳期女员工的照顾，对新员工、压力较大岗位员工的援助等。

根据本土化员工和企业的特点，传统的中国企业员工援助计划一般包括压力管理、心理健康、心理危机、灾难性事件、职业生涯发展、健康生活方式、家庭问题、情感问题、法律纠纷、理财问题、饮食习惯、减肥等各个方面。

员工援助计划，从项目的周期角度分为两种：长期的模式一般规划三到五年，短期的模式一般要落实一年。

员工援助计划的实施一般包括心理调查、整体规划、宣传促进、心理培训、心理咨询、评估改进六个步骤及主要三方面的服务内容：

（1）管理员工问题、改进工作环境、提供咨询、帮助员工改进业绩、提供培训和帮助、将反馈信息传递给组织领导者，及对员工和其家属进行有关员工援助计划的教育。

（2）对员工问题进行保密及提供及时的察觉和评估服务，以保证员工的个人问题不会对他们的业绩表现有负面影响。

（3）对那些因为个人问题以致影响到业绩表现的员工，运用建设性的对质、激励和短期的干涉方法，使其认识到个人问题和表现之间的关系。

（4）为那些员工提供医学咨询、治疗、帮助、转介和跟踪等服务。

（5）提供组织咨询，帮助他们与服务商建立和保持有效的工作关系。

（6）在组织中进行咨询，使政策的覆盖面涉及有关不良现象或行为，并进行医学治疗。

（7）确认员工帮助计划在组织和个人表现中的有效性。

技能点 4
劳动争议处理

劳动争议又称劳动纠纷，是指员工与企业之间在履行劳动合同的过程中，发生的权利与义务之间的纠纷。

一、了解劳动争议内容

劳动争议的内容主要有以下几个方面：

第一，因企业开除、除名、辞退或职工辞职、离职而发生的终止劳动关系的劳动争议。

第二，企业和职工之间因执行国家有关工资、福利、保险、培训、劳动保护规定而发生的有关劳动法规的劳动争议。

第三，履行劳动合同的劳动争议，包括企业和员工之间因执行、变更、解除劳动合同而发生的争议。

第四，其他劳动争议。

由于引发劳动争议的原因很多，因此劳动争议也可以从不同的角度进行分类，按照有关惯例，可以将劳动争议分为以下类型。

1. 按照当事人人数划分

根据劳动者一方当事人人数的多少，可以将劳动争议分为个人争议和集体争议。

个人争议，是指劳动者一方当事人人数在 3 人以下的劳动争议；集体争议，是指劳动者一方当事人人数在 3 人以上且有共同理由的劳动争议。

2. 按照内容性质划分

按照争议的内容性质不同，可将劳动争议划分为既定权利争议和待定权利争议。

既定权利争议，是指劳动关系双方主体及其代表对既定权利和义务的实现和履行产生的争议；待定权利争议，是指劳动关系双方主体及其代表对待定权利和义务进行确定时产生的分歧和争议。

3. 按争议事项划分

按照劳动争议的事项，可以划分为因开除、除名、辞退或辞职发生的争议；因工资分配发生的争议；因保险、福利发生的争议；因劳动合同发生的争议等。

二、解决劳动争议原则

根据我国劳动法的规定，劳动争议处理应当遵循下述原则。

1. 调解和及时处理原则

用人单位与劳动者发生劳动争议，当事人可以依法申请调解仲裁、提起诉讼，也可以协商解决。调解是指在双方当事人自愿的前提下，由劳动争议处理机构在双方之间进行协调和疏通，目的在于促使争议双方相互谅解，达成协议，从而结束争议。调解原则适用于仲裁和诉讼程序。

处理劳动争议，还应遵循及时处理原则，防止久调不决。劳动争议案件具有特殊性，它关系到职工的就业、报酬、劳动条件等切身利益问题，如不及时处理，势必影响职工的生活和生产秩序的稳定。所以，我国劳动法规定，提出仲裁要求的一方应当自劳动争议发生之日起 60 日内向劳动争议仲裁委员会提出书面申请。仲裁裁决一般应在收到仲裁申请的 60 日内做出。

2. 合法原则

劳动争议处理机构应当对争议的起因、发展和现状进行深入细致的调查，在查清事实、明辨是非的基础上，依据劳动法规、规章和政策做出公正的处理。达成的调解协议，做出的裁决不得违反国家现行法规和政策规定，不得损害国家利益、社会公共利益或他人合法权益。

3. 公正原则

公正原则包含两层含义：一是劳动争议双方当事人在处理劳动争议过程中法律地位平等，平等享有权利和履行义务，任何一方都不得把自己的意志强加于另一方；二是劳动争议处理机构应当公正执法，保障和便利双方当事人行使权利，对当事人在适用法律上一律平等，不得偏袒或歧视任何一方。

三、解决劳动争议途径

我国劳动法规定，劳动争议处理机构为劳动争议调解委员会、劳动争议仲裁委员会和人民法院，这是解决劳动争议的三个现实渠道。

1. 调解

我国劳动法规定，在用人单位内部可以设立劳动争议调解委员会，它由职工代表、用人单位代表、工会代表三方组成。在企业中，职工代表由职工代表大会（或职工大会）推举产生；企业代表由厂长（经理）指定；企业工会代表由企业工会委员会指定。调解委员会组成人员的具体人数由职代会提出并与厂长（经理）协商确定，企业代表的人数不得超过调解委员会成员人数的1/3。调解委员会主任由企业工会代表担任，其办事机构设在企业工会委员会。

劳动争议调解委员会所进行的调解活动是群众自我管理、自我教育的活动，具有群众性和非诉性特点。劳动争议调解委员会调解劳动争议的步骤如下：

第一步，申请。申请是指劳动争议当事人以口头或书面方式向本单位劳动争议调解委员会提出调解的请求，是自愿的申请。

第二步，受理。受理是指劳动争议调解委员会接到当事人的调解申请后，经过审查，决定接受申请的过程。受理包括三个过程：第一，审查，即审查发生争议的事项是否属于劳动争议，只有属于劳动争议的纠纷事项才能受理；第二，通知并询问另一当事人是否愿意接受调解，只有双方当事人都同意调解，调解委员会才能受理；第三，决定受理后，应及时通知当事人做好准备，并告之调解时间、地点等事宜。

第三步，调查。调查就是经过深入调查研究，了解情况，掌握证据材料，弄清争议的原委，以及调解争议的法律政策依据等。

第四步，调解。调解包括：调解委员会召开准备会，统一认识，提出调解意见；找双方当事人谈话；召开调解会议。

第五步，制作调解协议书。经过调解，双方达成协议，即由调解委员会制作调解协议书。

2. 仲裁

劳动争议仲裁应遵循以下三个原则：

（1）调解原则。

先行调解，调解不成再及时仲裁矛盾，但要贯彻当事人双方自愿的原则。

（2）及时、迅速原则。

劳动争议仲裁委员会必须严格依照法律规定的期限结案，即“仲裁裁决一般应在收到仲裁申请的60日内做出”。

（3）一次裁决原则。

劳动争议仲裁委员会对每一起劳动争议案件实行一次裁决即行终结的制度。当事人若不服裁决,可以自收到仲裁裁决书之日起15日内，向有管辖权的人民法院起诉。期满不起诉的，仲裁裁决书即产生法律效力。劳动争议仲裁一般分为五个阶段：第一阶段，受理案件阶段，即当事人申请和委员会受理阶段。当事人应在争议发生之日起60日内向仲裁委员会递交书面申请，委员会应自收到申请书之日起7日内做出受理或不予受理的决定。第二阶段，调查取证阶段。此阶段工作包括拟订调查提纲，有针对性地进行调查取证工作，审查证据，去伪存真。第三阶段，调解阶段。调解必须遵循自愿、合法的原则。调解书具有法律效力。第四阶段，裁决阶段。调解无效即行裁决。第五阶段，执行阶段。

3. 诉讼

人民法院并不处理所有的劳动争议，只处理如下范围内的劳动争议案件：

第一，争议事项范围：因履行和解除劳动合同发生的争议；因执行国家有关工资、保险、培训、劳动保护的规定发生的争议；法律规定由人民法院处理的其他劳动争议。

第二，企业范围：国有企业；县（区）属以上城镇集体所有制企业；乡镇企业；私营企业；“三资”企业。

第三，职工范围：与上述企业形成劳动关系的劳动者；经劳动行政机关批准录用并已签订劳动合同的临时工、季节工、农民工；依据有关法律、法规的规定，可以参照劳动法处理的其他职工。

人民法院受理劳动争议案件的条件：一是劳动关系当事人之间的劳动争议，必须先经过劳动争议仲裁委员会仲裁；二是必须在接到仲裁裁决书之日起 15 日内向人民法院起诉，超过 15 日，人民法院不予受理；三是属于受诉人民法院管辖。劳动争议仲裁申诉书如表 11-3 所示。

表 11-3　劳动争议仲裁申诉书

申诉人				被诉人			
姓名或单位名称				姓名或单位名称			
单位性质				单位性质			
法定代表人姓名		职务				职务	
性别		年龄		性别		年龄	
民族或国籍		用工性质		民族或国籍		用工性质	
工作单位				工作单位			
地址				地址			
电话				电话			
邮编				邮编			
请求事项：							
事实和理由（包括证据和证据来源、证人姓名和住址等情况）：							

（续表）

此致

××市劳动争议仲裁委员会

申诉人：（签名或盖章）

年 月 日

附：1. 副本 份；

2. 物证 件；

3. 书证 件。

注：1. 申诉书应用钢笔、毛笔书写或打印。

2. 请求事项应简明扼要地写明具体要求。

3. 事实和理由部分空格不够用时，可用同样大小纸续加中页。

4. 申诉书副本份数，应按被诉人数提交。

技能点 5
员工福利管理

福利是企业人力资源管理体系中的一个重要组成部分，能为员工提供方便与保障，能提高员工的工作和生活质量，是增加企业归属感与凝聚力的重要手段。

一、员工福利类型

我国企业为员工提供的福利有以下几种。

1. 福利设施

企业为员工提供的福利设施包括：为员工建立的食堂、单身公寓、托儿所、幼儿园、浴室、理发室、休息室等，以及为满足员工文化娱乐需要所提供的文化馆、俱乐部、图书馆和体育场等。

2. 补贴福利

企业按照国家的有关政策和规定，根据企业的性质和员工的福利水平，发给员工的补贴和津贴包括探亲补贴、交通费补贴、伙食费补贴、洗理费补贴、书报费补贴、独生子女费补贴、生活困难补贴等。

3. 教育培训福利

教育培训福利主要包括企业给予员工在职或短期脱产免费培训、公费进修（部分脱产或全脱产）等。

4. 健康福利

健康福利主要包括医疗福利，如免费定期体检及防疫注射、药费报销等。

5. 假日福利

假日福利是指带薪假日，包括法定假日、病假、产假及每年的带薪事假或休假日，其长短通常因年龄工资的不同而不同。我国法定的休息、休假时间主要有六种：工作日内的休息时间、周休、节假日、探亲假、年休假，以及结婚假或直系亲属去世的丧假。

6. 劳动保险及住房公积金

目前，我国现行的劳动保险制度里的劳动保险主要有养老保险、失业保险、医疗保险、工伤保险、生育保险和住房公积金等。

二、福利管理内容

企业提供的福利反映了企业目标设置、战略和文化，因此福利的有效管理对企业的发展至关重要。福利管理的主要内容包括福利目标设置、成本核算、福利调查与沟通、福利实施等。

1. 福利目标设置

做好福利管理工作，首先必须设定福利管理的目标。一般说来，福利管理目标应满足以下要求：符合国家和地方的法规政策，使福利管理的成本最小化，符合企业长远的发展目标，有较强竞争力，考虑员工的眼前需要和长远需要，能激励大部分员工等。

2. 成本核算

成本核算主要包括：通过销售量或利润计算出企业最高的可能支出的福利总费用，与外部福利标准进行比较，做出主要福利项目的预算，确定每一个员工的福利项目成本，制订相应的福利项目成本计划，尽可能在满足福利目标的前提下降低成本。

3. 福利调查与沟通

福利的调查与沟通有利于使福利项目最大限度地满足员工的需要。只有通过调查才能真正了解员工的需要，并将企业制定的福利项目及时与员工沟通，企业才能让支出的每一分钱都花在刀刃上，福利的效果才能体现。

4. 福利实施

这是企业福利管理中最具体的一个方面。福利实施过程中应注意的是：根据目标去实施，落实预算，按照各个福利项目的计划有步骤地实施，有一定的灵活性，定期检查实施情况。

三、编制福利总额预算

企业向员工提供各种福利，就意味着企业增加投入，因此必须充分考虑到企业的支付能力和薪酬政策。

企业向员工提供的所有福利设施和服务均应包括在预算计划中，比如员工食堂、工作餐、子女教育津贴、企业为员工缴纳的各类社会保险、工作服、通信费、交通费、医疗费等。各项福利总额预算计划的制订包括：该项福利的性质、设施或服务；该项福利的起始日期、执行日期、上年度的效果及评价分数；该项福利的受益者、覆盖面、上年度总支出和本年度预算；新增福利的名称、原因、受益者、覆盖面、本年度预算、效果预测、效果评价标准；根据薪酬总额计划及工资、奖金计划，检查该项福利计划的成本是否能控制在薪酬总额计划内。

企业在计划和设计员工福利时，员工福利成本控制要认识到每一种选择的利弊，慎重地在多种方案中进行比较择优。

编制福利预算时要制作员工福利成本承担方式表，如表 11-4 所示。

表 11-4　员工福利成本承担方式表

方式	分担形式	优点	缺点
完全由企业承担	员工福利费用直接由企业支付	由于不计入员工个人收入而减少了员工缴纳个人所得税和社会保险税的税基，员工可以享受减免税优惠，并且管理简易	员工在福利的使用上缺乏费用意识
企业和员工分担	由企业和员工分担福利费用	可以使员工更好地认识到企业为自己的福利所做的贡献，也更加注意谨慎、节约地使用福利	员工可能出于节约开支的动机，购买较少的福利，甚至不能满足自身基本需要
完全由员工承担	有一些福利，使用的人比较少，费用比较昂贵，不宜由企业负责，可以考虑由员工完全承担费用，企业帮助购买	给部分员工提供了享受这些福利或以批量折扣价购买福利的可能性	员工可能出于节约开支的动机，而不购买此类福利

在员工福利持续增长的趋势中，管理的关键是如何降低福利成本，降低福利成本的措施有以下几种：

第一，共同负担，即由员工承担部分购买福利的费用。

第二，设置起付线和封顶线，即明文规定福利的上下限。

第三，区别对待不同员工，根据需要采取差别福利待遇。

第四，认真审查员工申请享受福利的资格条件。

第五，降低购买福利的成本，如和福利的提供者进行认真的谈判和协调。

四、制订员工福利计划

1. 制订福利计划应考虑的因素

福利计划的制订应考虑各方面的因素：

第一，若希望多吸引流动性比较小的员工，就可以增加退休金在员工福利中的权重。

第二，了解本企业的竞争对手提供了哪些福利，市场上通行的“标准做法”是什么，在了解市场行情的基础上，考虑员工福利体系的吸引力和竞争力。

第三，福利项目的需求强度和成本。

第四，福利体系的纳税因素。

第五，福利津贴体系中的个人偏好程度是否有影响团队精神的危险。

第六，本企业员工有职业的配偶的状况及其职位，以避免某些福利项目的重复选择。

第七，历史因素和福利的刚性特征，历史上已经存在的福利，没有充分的理由不宜轻易取消。

2. 区别对待的标准

为了降低福利成本，企业不必向所有的员工都提供一样的福利，而应根据具体情况，区别对待。

（1）以每周工作时间为准。

全日工享受的福利，半日工、临时工不需要全部享受。

（2）以工龄为标准。

员工福利待遇与工龄挂钩，随工龄的增加而增加。可以要求员工在向企业提供一定年限的劳动之后，如很多公司规定至少工作满一年，才能开始享受某些福利。

（3）以员工对企业的劳动贡献为标准。

对企业贡献大的员工，享受较高的福利待遇。

（4）以在职和不在职为标准。

在职员工享受的某些福利，例如业余教育、带薪休假等，退休员工或因为经济不景气而临时被解雇的员工则不能享受。

合理的福利差别是允许的，但应注意，福利不可以如工资那样明显地与绩效挂钩，过分强调劳动贡献，会引起待遇比较低的员工的不满，影响他们的劳动积极性。

五、员工福利计划实施

1. 宣传

为了准确、详细、及时地宣传企业的福利措施及内容，可以印制《员工福利手册》，向员工介绍本企业福利的基本内容、享受福利待遇的条件和费用的承担。有些企业还在企业总的《员工福利手册》之外，为每个员工准备一本个人福利手册，提醒员工在福利上所做的选择、享受的权利和分配费用的责任，便于个人查询。

为明晰企业员工福利内容及费用，可以将企业员工福利明细制作成表格，如表 11–5 所示。

2. 认真审查

管理者应认真审查和帮助员工获得福利待遇。员工申请享受企业所规定的福利待遇时，福利管理者应首先审查申请者是否符合享受福利的条件。

3. 办理手续

经过审查确实合格的申请者，管理者应为其或协助其办理手续，使其能充分享受规定的福利待遇。

表 11-5　企业员工福利明细表

序号	福利待遇项目	缴费基数 / 服务内容	缴费比例			每月费用
			公司	个人	合计	
1	社会统筹养老保险					
2	基本医疗保险					
3	住房公积金					
4	失业保险					
5	工伤生育保险					
6	档案保管费					
7	门诊医药费报销					
8	人身意外保险附加意外医院保险					
9	家庭财产保险					
10	重大疾病保险					
11	体检费					
12	服务管理费					
合计						

六、员工福利效果评价

1. 评价目的

对员工福利项目的结果进行评估是为了了解某一福利项目是否达到了原定的目标和要求，也可以参与福利享受者的工作态度和工作效率。

2. 评价内容

员工福利效果评价主要包括对福利项目设计、福利计划实施方式和实施效果的评估，以及对福利享受者的定期跟踪反馈。

3. 注意事项

第一，建立每个员工的福利档案，对员工进行定期的跟踪反馈，为以后制订培训计划提供现实依据。

第二，注意福利计划的及时调整和修改，因为并不是所有的福利项目都能体现设计者的初衷，即使是一些曾被员工们强烈要求的福利项目，一旦实施也可能会遭到有些员工的反对。这就要求福利管理者及时注意调整与修改计划。

技能点 6

职业生涯管理

随着社会不断发展，人们对于自身的要求与期望也在发生变化。为了获得良好的发展，越来越多的人开始重视自己的职业生涯规划。然而，在企业中，虽然员工是职业生涯规划的主体，但人力资源管理部门作为员工的管理者，同样也需要承担起沟通、辅导和帮助员工做好职业规划的责任，从理念、制度、方法等层面对员工加以引导，给予员工保证和支持。

员工的职业生涯规划是培训工作中非常关键的一项工作。通过为员工制定切实可行的职业发展规划，人力资源部门对各个岗位上的人才进行有针对性的培养，让员工看到自己在企业中的位置及未来的发展趋势，提高员工的积极性，有利于人力资源的配置与管理。通过对员工进行职业生涯规划，企业不仅能满足自身的人力资源需求，而且还能创造一个高效率的工作环境，营造一个引人、育人、留人的工作氛围。

一、员工职业生涯设计

在设计员工职业生涯的时候，主要开展以下三方面的工作。

第一，在企业中进行员工满意度调查，并对员工进行访谈，通过这两种方式了解员工对个人发展所持的态度及期望；

第二，根据企业的现有职务来进行层级划分；

第三，选择典型岗位，设计员工在企业中的职业发展道路。

具体来说，员工的职业发展道路呈现出三种状态：纵向发展、横向发展及双向发展。

1. 纵向发展

纵向发展指的是员工行政级别的晋升，是一种最为普遍的职业发展道路。当企业内部出现空缺岗位的时候，人力资源总监可以向员工发布岗位信息。对这些职位感兴趣并且满足任职条件的员工可以与自己的部门经理进行沟通，在获得部门经理的许可后，再向人力资源部门提出申请，按照企业内部招聘流程进行笔试和面试，合格以后就可以步入新的工作岗位。企业可以在一定程度上执行竞争上岗制度，只有那些工作努力勤奋、表现优异、能力超群的员工才能通过这种方式获得晋升和发展的机会。

2. 横向发展

随着企业的组织结构出现扁平化趋势，员工已不仅仅追求行政级别的晋升，技术水平、专业能力，以及管理技能的提高也能使他们获得成就感。因此，人力资源总监应该鼓励员工针对自己的优势进行横向发展，不断提高自己的技能。

横向发展包括两方面：

第一，员工现有工作职责的扩大。人力资源总监可以适当地安排员工承担更多的重要任务，执行有挑战性的项目或者探索更多为客户提供服务的方式……让员工在工作中获得更大的进步。

第二，员工的工作轮换，进行新岗位的尝试。在企业内部的不同职能领域为员工做一系列的工作安排，或者在某个单一的职能领域为员工提供在各种不同工作岗位之间流动的机会，使员工能够接触到更多的工作内容。

3. 双向发展

双向发展的职业发展道路适合那些专业性比较强的技术员工。对于这些员工来说，他们既关注自己的技术，希望能够在技术领域充分发挥自己的才能，不断寻求进步；又希望尝试其他的领域（比如管理领域），希望在工作中寻找到一个管理与技术的结合点。因此，人力资源总监可以为他们设计双重阶梯，让他们走上双向发展道路，这不仅符合员工的期望，使他们的能力与岗位匹配，而且能使他们感受到企业的重视，从而提高企业的凝聚力。

在双向发展的职业发展道路规划中，能够晋升到企业中高层职位的员工在数量上大为增加，使各个岗位的员工都能够获得更多的发展机会。双向发展的标志是员工职级的上升，而不是行政级别的变更。员工职级的增长伴随着薪酬的提高，也伴随着责任的加大和工作任务的丰富化。

二、职业生涯规划管理

员工职业生涯规划是对员工的职业发展道路进行精细化管理，它能够把员工个人的发展与企业的发展结合在一起，从而实现双赢。

具体而言，职业生涯规划管理工作包括以下几个步骤：

1. 认识企业环境与员工期望

职业发展体系能够减少企业的限制性因素对人力资源造成的影响，能够充分发挥员工的能力，挖掘其潜能，使员工的个人发展和企业发展实现统一。具体内容包括：

梳理企业目标。分析企业未来的发展方向和发展趋势，并对企业规模及各种资源的变化进行估量，由此分析出企业发展能够为员工带来的提拔晋升、能力提升、职责扩展等机会。

分析岗位体系。在企业目前已经建立起来的岗位体系基础上，结合企业的发展战略与目标，对企业未来的岗位体系进行预测、分析，然后进行职位、层级的划分，为职业发展体系的设计提供一个基本框架。

了解员工对自己的期望。通过问卷调查、访谈等方法，了解员工在职业发展方面的想法及其对自身的期望。

2. 设计职业发展体系

设计各个部门、各个岗位甚至各个员工在企业中的多种发展道路，明确每一条道路的实现条件与步骤，从而设计出一个完善的、多元化的职业发展体系。

3. 编制《职业发展规划书》

在完成了以上两个步骤之后，就可以着手编制《职业发展规划书》了。编制完成后，要把《职业发展规划书》发放到每个员工手中，让他们根据自己的实际情况进行填写，并引导员工进一步明确自身职业发展目标。

4. 开展员工评估

要选择适当的方法和工具，依据员工目标岗位的任职资格与条件，对员工进行综合素质评估，找到员工与职业目标之间存在的差距，并引导员工进行改进。

5. 构建匹配的职业发展支持体系

要根据员工所处的职业发展阶段，对员工进行培训，为他们提供绩效评估、工作实践及建立开发性人际关系等科学而有效的开发手段，不断挖掘员工的潜能，促进他们的发展与进步。

员工职业生涯规划是由员工和人力资源部门共同参与、共同设计的一个整体规划。尊重员工、尊重员工选择的发展方向、协助员工发展是在进行员工职业生涯规划时应该遵守的原则。员工职业生涯规划希望达到的目标是帮助员工确定个人职业发展，不断在工作中为员工提供提升自身职业素质的机会，实现企业的不断发展，进而促进企业目标的顺利实现，实现企业与员工的双赢。

技能点 7
人事档案管理

劳动关系、薪资福利、绩效考核、招聘、培训、日常人力资源管理涉及的资料都要做好档案管理。表 11–6 即为员工档案表。

人事档案一般分为以下几种类型：基本人事档案、薪资档案、福利档案、培训档案、绩效档案、考勤档案等。

主要的内容包括：员工登记表、个人简历、面试意见表、劳动合同、个人证件复印件（身份证复印件、学历学位证书复印件、职称资格证书复印件）、体检证明、离职证明、彩色照片、个人获奖证书复印件、居住证复印件、与公司签署的特殊协议等。

除了劳动合同、员工合同之外，其他的大多数人事材料都可以按月度或年度进行整理。员工档案一般采用“一人一袋”的方式保存，如果员工资料较多，也可以单独放进档案盒。资料多的可以按月归档，资料少的可以按年归档。可以编号装入档案盒，做一份电子版的清单明细，目录上对应档案上的每个页码，即表 11–7 所示的档案归档表。

当员工住址变化、学历提升、取得新培训证书、劳动合同续签、内部调岗、薪资变化、绩效考核等内容变化，以及新员工加入时，员工档案信息就需要更新。有效的管理办法是每年做一次员工基本信息核实变更，其他的资料可以定期更新，提高工作效率。

表 11-6　员工档案表

档案编号：　　　　　　　　　　　　　　　填表日期：　　年　月　日

<table>
<tr><td>姓名</td><td></td><td>所属部门</td><td></td><td rowspan="4">（贴一寸免冠照片）</td></tr>
<tr><td>性别</td><td></td><td>身份证号码</td><td></td></tr>
<tr><td>住址</td><td></td><td>邮编</td><td></td></tr>
<tr><td>联系电话</td><td></td><td>电子邮件</td><td></td></tr>
<tr><td rowspan="5">基本资料</td><td>籍　贯</td><td></td><td>民　族</td><td></td></tr>
<tr><td>出生日期</td><td></td><td>城镇户口</td><td>□是　□否</td></tr>
<tr><td>政治面貌</td><td></td><td>婚姻状况</td><td>□已婚　□未婚</td></tr>
<tr><td>毕业学校</td><td></td><td>学　历</td><td></td></tr>
<tr><td>专　业</td><td></td><td>户口所在地</td><td></td></tr>
<tr><td rowspan="3">工作情况</td><td>职务</td><td></td><td>入职时间</td><td></td></tr>
<tr><td>直接上级</td><td></td><td>合同到期时间</td><td></td></tr>
<tr><td>聘用形式</td><td></td><td>档案所在地</td><td></td></tr>
<tr><td>个人简历</td><td colspan="4"></td></tr>
</table>

表 11-7　档案归档表

序号	责任人	档案盒号	文件名	日期	页码	备注
1						
2						
3						
4						

按照相关劳动法律法规规定，员工离职后，该员工的档案资料至少要保存两年，所以，建议员工离职超过三年以上的，再处理员工资料，处理方式一般放入碎纸机确认粉碎，千万不能以“废纸回收”方式处理，处理时，最好有三人同时在场。

每一个负责保管人事档案的员工都需要注意档案资料的保密，不能随意将资料交予他人，因工作原因需要借阅的，必须做好借阅登记和跟踪归还，归还时要认真检查档案的完整性。此时需要用到档案外借登记表，如表 11–8 所示。

表 11–8 档案外借登记表

序号	借阅人	外借对象	外借文件名	外借理由	借出日期	归还日期	签字

管理技能十二
离职管理

技能点 1
离职工作流程

做好离职员工的管理工作，需有规范的工作流程，一般来说，离职处理流程为以下几个程序：辞职申请→挽留程序→辞职审批→工作交接→离职面谈→离职手续办理。

一、辞职申请

明文规定员工应提前提交辞职申请的时间、辞职申请接收人和辞职申请的基本内容等。

二、挽留程序

接到辞职申请的直接主管应当与辞职员工进行沟通，对于工作称职、业绩良好的员工尽量进行挽留，并了解其辞职的原因，寻找解决的办法，减少企业因员工流失而造成的损失。如果直接主管挽留无效，则可由再上一级主管人员审核是否需要挽留并根据情况再进行挽留谈话。企业还可在批准离职前为员工提供收回辞呈的机会，以便最大限度地挽留人才。

三、辞职审批

经挽留无效或没有挽留必要的员工，可以进入辞职审批流程，按照企业组织程序进行审批。

完成审批流程后，应将有关书面文件交人力资源管理部门确认。

四、工作交接

人力资源管理部门收到书面审批文件后，通知有关部门主管安排辞职员工的工作交接。

交接工作完成后，应由有关交接人员和负责人书面确认，方可视为交接完成。

五、离职面谈

工作交接完成后，应由人力资源部门或公司指定的负责人与辞职员工进行离职面谈，听取离职员工的建议、意见和看法。

六、离职手续办理

离职面谈结束后，由人力资源部门为辞职员工办理办公用品清点、出具工作证明、解除劳动关系和工资福利结算等手续，手续完成后，辞职员工正式离职。

技能点 2
离职面谈技巧

离职面谈是指在员工离开企业时，有针对性地与员工进行的谈话。它是企业员工关系管理工作必做的一项内容，是人性化管理的重要手段，也是发现管理问题的较好办法。

但离职面谈不能漫无目的、随心所欲地进行，要达到好的效果，就要先进行离职面谈表的设计。

离职面谈记录表的内容可以比较简单，也可以设计得比较丰富。可以根据具体情况，设计出适合企业需要的离职面谈记录表（如表 12-1 所示）。

表 12-1　离职面谈记录表

填表日期：　　年　月　日

离职人员姓名		所在部门	
担任职位		员工工号	
入职日期		离职日期	
面谈者		职位	

（续表）

1. 请指出你离职最主要的原因，并加以说明	□薪金 □工作性质 □工作环境 □工作时间 □健康因素 □福利 □晋升机会 □工作量 □加班 □与公司关系或人际关系 其他：________________
2. 你认为公司在以下哪些方面需要加以改善(可选择多项)	□公司政策及工作程序 □部门之间沟通 □上层管理能力 □工作环境及设施 □员工发展机会 □工资与福利 □教育培训与发展机会 □团队合作精神 其他：________________
3. 是什么促使你当初选择加入本公司	
4. 在你做出离职决定的时候，你发现公司在哪些方面与你的想象和期望差距较大	
5. 你最喜欢本公司的哪些方面，最不喜欢本公司的哪些方面	
6. 在你所在的工作岗位上，你面临的最大的困难和挑战是什么	
7. 你对公司招聘该岗位的任职者有什么建议	
8. 你认为公司应该采取哪些措施来更有效地吸引和留住人才	
9. 你是否愿意在今后条件成熟的时候返回公司，为公司继续效力？简单陈述理由	

表中的内容可以根据企业的不同情况而变化，但以下几项基本内容是不可忽略的。

一、离职原因

离职原因询问是面谈中必不可少的部分。该部分问题的形式可以是开放式的，也可以设计封闭式的选项，但最好使用开放式的提法，这样可以给回答者留出足够的空间。如：

您辞职的原因是什么？

二、对所负责工作的评价

在面谈中，离职员工可能会因为心存顾虑而不愿说出真正的离职原因，因而应有针对性地询问其对所负责工作的评价，以此来获得较为详细的材料。也可以从离职员工的谈话细节当中推测其离职的真实原因，同时从侧面了解公司的工作安排和职务设计的合理性。如：

您认为公司目前给您提供的职位适合吗？

您喜欢您现在从事的工作吗？其中您最喜欢的工作内容是什么？最不喜欢的工作内容是什么？

您现在所做的工作是否是您理想的工作？如果不是，原因是什么？

您认为您能胜任现在的工作吗？如果不是，请说明原因。

您在工作中遇到的困难有哪些？您能克服吗？如果不能，原因是什么？

您认为工作中最大的挑战是什么？您是否喜欢面对这样的挑战？

您需要更多的培训来完成现在的工作吗？

您在现在的工作岗位上有安全感吗？如果没有，原因是什么？

三、对部门的评价

同事关系往往也会从很大程度上影响员工的稳定性，而且由于很多矛盾是隐性的，管理者往往无法通过表面观察得知。向离职员工了解这方面的问题，可以获得较为真实的资料，对企业及时化解矛盾、改进部门工作有很大的作用。如：

您是否喜欢现在的工作环境？您认为您能适应吗？
您所在的部门同事关系如何？
您与同事的关系融洽吗？是否有让您难以接受的矛盾？

四、对直接主管的评价

了解离职员工对直接主管的评价，可以从另一个角度评估有关管理者的工作，甚至可以发现一些从未发现的问题。因为平时员工往往不愿表达对主管的负面看法，担心对自己有所影响；但是当他们准备离开公司时，已经没有这方面的顾虑，往往能够说出自己的真实感受。所以可以设计这样的问题，如：

您如何评价您现在的主管？
他（她）能够提供您所需要的支持吗？
您和他（她）能够及时有效地沟通吗？
他（她）对您提出的要求能够激励您努力工作吗？

五、对公司各项政策的评价

离职员工在公司任职期间，对于公司的工作当然也会有自己的看法。了解他们对公司的评价，对于公司改进各项工作肯定会有所帮助，因此在记录表中不妨设置一些这样的问题。如：

您对公司的制度和规定满意吗？有什么建议和意见？

您对公司的福利满意吗？

公司是否还有可以采取的措施，能够促使您改变离职决定？

技能点 3

离职手续办理

办理离职手续首要的问题是不要遗漏任何事项，因为离职手续办理完毕，离职员工与企业的工作关系就正式解除了，如果出现问题，势必还要花大量的时间和精力来弥补。在办理员工离职手续时，可以按照以下程序进行。

一、提交辞职申请

如果是员工主动提出的离职，一般需要递交辞职信，经过各级领导面谈同意后，提交书面辞职申请表（如表 12–2 所示）。

二、工作交接

工作交接包括客户资料、技术资料、源代码、项目文件、工作情况等方面的交接。

三、证件和办公用品收回

具体工作有：收回工作证、名片，检查办公桌椅是否完好，收回钥匙和非低值易耗办公用品，收回借阅图书、资料，收回公司提供的其他使用物品，如宿舍、车辆等。

表 12-2　辞职申请表

填表日期：　　年　月　日

<table>
<tr><td>姓名</td><td></td><td>部门</td><td></td><td>任职岗位</td><td></td></tr>
<tr><td>合同期限</td><td colspan="2"></td><td>辞职日期</td><td colspan="2"></td></tr>
<tr><td rowspan="4">申请说明</td><td colspan="5">离开公司后打算</td></tr>
<tr><td colspan="5"></td></tr>
<tr><td colspan="5">辞职理由</td></tr>
<tr><td colspan="5">申请人签名：　____年__月__日</td></tr>
<tr><td>直接上司意见</td><td colspan="2">□不同意解除劳动合同
□同意解除劳动合同
请说明理由：
从____年__月__日开始办理工作移交手续
签名：
____年__月__日</td><td>分管上司意见</td><td colspan="2">签名：
____年__月__日</td></tr>
<tr><td>人力资源部审查</td><td colspan="2">□符合《劳动合同管理制度》，发放离岗准办通知
□不符合《劳动合同管理制度》的内容，请重新办理。
经办人：
____年__月__日</td><td>人力资源总监</td><td colspan="2">签名：
____年__月__日</td></tr>
</table>

四、财务结算

具体有借款、贷款等应收款项，工资、奖金、福利结算，违约金、承诺合同期未满的补偿费用结算。

五、劳动关系解除

即出具工作证明，办理退工手续，转调人事关系、档案、党团关系、保险关系等。

为了将上述流程梳理清楚，可以在员工离职时填写离职移交清单（如表 12–3 所示）。

表 12–3　离职移交清单

填表日期：　　年　月　日

<table>
<tr><td colspan="7">各相关部门：
请按以下顺序依次为________部门________员工办理离职交接，并在相应的位置签名确认交接完成。
人力资源部：
日期：______年____月____日</td></tr>
<tr><td>离职原因</td><td colspan="6">□合同到期　□辞职　□辞退　□开除</td></tr>
<tr><td colspan="7">以下填写工作移交手续</td></tr>
<tr><td rowspan="5">所在部门工作移交</td><td colspan="6">现指定________交接________的工作，请立即进行交接。
所属部门：　　　　　　　日期：______年____月____日</td></tr>
<tr><td colspan="6">□ 1. 企业的各项内部文件
□ 2. 经管工作详细说明
□ 3. 客户信息表、供销关系信息表
□ 4. 培训资料原件
□ 5. 企业的技术资料（包括书面文档、电子文档两类）
□ 6. 项目工作情况说明（包括项目计划书、项目实施进度说明、项目相关技术资料、其他项目相关情况的详细说明）</td></tr>
<tr><td colspan="6">□附交接清单____页　　　　□不附交接清单</td></tr>
<tr><td>移交人</td><td></td><td>接交人</td><td></td><td>监交人</td><td></td></tr>
<tr><td>日期</td><td></td><td>日期</td><td></td><td>日期</td><td></td></tr>
</table>

（续表）

以下填写事物移交手续	
人力资源部	□解除劳动关系　□保险手续　□员工手册　□档案调出 经理：__________ 日期：__________
本部门	□借用图书　□文件资料　□办公室钥匙　□办公用品 部门负责人：__________ 交　接　人：__________ 日　　　期：__________
行政部	□胸卡　□工作服　□劳保用品　□通迅设备 □宿舍退房及用品验收 经理：__________ 日期：__________
财务部	□欠款清理　□财务清算　□工资发放 经理：__________ 日期：__________
离职员工	我确认上述手续已全部完成，从此解除我与××公司的劳动服务关系。 签字：__________ 日期：__________

二、离职证明开具

员工办完以上离职手续之后，人力资源部可以为离职员工开具《离职证明》，方便离职员工寻找新的就业机会。

离职证明

兹有我公司原员工______，性别____，身份证号________________

于____年__月__日至____年__月__日在我单位__________部门担任__________职位。因__________（主动/被动）而离职，在职期间，无不良表现，经协商一致，已于　　年　月　日办理完离职手续，与我单位解除一切劳动关系。因未签订相关保密协议，遵从自由择业，双方无违约责任。

特此证明。

××公司人力资源部

年　月　日

技能点 4
退休辞退处理

一、退休手续办理

当员工因年老或因工、因病致残，完全丧失劳动能力（或部分丧失劳动能力），可办理退休手续。根据 1978 年 6 月国务院颁发的《关于工人退休、退职的暂行办法》和《关于安置老弱病残干部的暂行办法》（国发［1978］104 号）规定，下列几种情况可以办理退休：

（1）男性干部、工人年满 60 周岁，女干部年满 55 周岁，女工人年满 50 周岁，连续工龄或工作年限满 10 年。

（2）从事井下、高空、高温、繁重体力劳动和其他有害健康工种的职工，男年满 55 周岁，女年满 45 周岁，连续的工龄或工作年限满 10 年。

（3）男年满 50 周岁，女年满 45 周岁，连续工龄或工作年限满 10 年的，经医院证明，并经劳动鉴定委员会确认，完全丧失劳动能力的职工。

（4）因工致残，经医院证明（工人并经劳动鉴定委员会确认）完全丧失工作能力的。根据《工伤保险条例》（自 2004 年 1 月 1 日起施行）规定，职工因工致残被鉴定为一级至四级伤残的，保留劳动关系，退出工作岗位，按月享受伤残津贴；工伤职工达到退休年龄并办理退休手续后，停发伤残津贴，享受基本养老保险待遇。基本养老保险待遇低于伤残津贴的，由工伤保险基金补足差额。

退休年龄对照表如表 12-4 所示。

表 12-4　退休年龄对照表

身份	类别	性别	年龄要求	工龄要求	其他要求
干部	正常退休	男	年满 60 周岁	工作满 10 年	
		女	年满 55 周岁	工作满 10 年	
	因病退休	男	年满 50 周岁	工作满 10 年	医院证明丧失劳动能力
		女	年满 45 周岁	工作满 10 年	
工人	正常退休	男	年满 60 周岁	工作满 10 年	
		女	年满 50 周岁	工作满 10 年	
	从事繁重体力或有害工作环境的工作	男	年满 55 周岁	工作满 10 年	
		女	年满 45 周岁	工作满 10 年	
	因病退休	男	年满 50 周岁	工作满 10 年	医院证明丧失劳动能力
		女	年满 45 周岁	工作满 10 年	

各地的人社部门规定不一样，所以退休办理流程也会略有不同，但一般情况下，都包括以下几个方面。

正常退休的办理流程如下（以北京市为例）：

（1）员工退休当月的 15 号左右，到社保中心打印《北京市养老保险个人账户退休清算单》，填写《北京市社会保险人员减少表》。

（2）员工填写退休申请表，申请表上须贴上一寸免冠照片。人力资源部负责人在每月当地社保局规定时间内，向当地人社部门提交加盖了企业公章的退休人员申请表、退休人员身份证原件及复印件、医保卡复印件、员工档案。

（3）按照社会保险费缴拨关系到所属的社会保险经办机构办理在职职工减员手续，同时下载退休人员的社保信息电子数据；将退休人员的社保信息数据带入退休核准系统企业版（北京市人力资源和社会保障网下载），核算退休人员养老待遇，打印《北京市基本养老保险待遇核准表》。

（4）单位携带申报办理材料向市人力社保局职工养老保险处申报办理退休核准手续；退休核准行政部门按照规定对申报材料进行审核，对不符合退休条件的，由负责审核的工作人员填写《北京市基本养老保险退休核准资格核准告知书》（下称“告知书”），反馈申报单位。领取了“告知书”的单位，可按告知内容补充相关材料后再次申报职工退休手续。

（5）退休资格和待遇核准无误后，由单位到所属社会保险经办机构办理基本养老金申领手续。

因病或特殊工种需提前退休的人员，办理流程需要比正常退休流程多一个提前审核的步骤。人力资源负责人可以到当地社保局根据具体要求提交相关材料。

二、辞退

对严重违反企业规章制度或犯有重大过错的，经处罚、调岗、培训后，仍然无效的，经过通知工会，与员工谈话后，可按照相关法律法规与劳动者解除劳动关系。如果有员工给用人单位造成损失的，企业有权要求员工进行赔偿。

三、经济性裁员

企业遇到生产经营严重困难，或企业转产、重大技术革新、经营方式调整、破产重整的，经变更劳动合同，仍需裁减人员的属于经济性裁员。

《中华人民共和国劳动法》第二十七条规定：

用人单位濒临破产进行法定整顿期间或者生产经营状况发生严重困难，确需裁减人员的，应当提前三十日向工会或者全体职工说明情况，听取工会或者职工的意见，经向劳动行政部门报告后，可以裁减人员。用人单位依据本条规定裁减人员，在六个月内录用人员的，应当优先录用被裁减的人员。

用人单位不得裁减下列人员：

（一）患职业病或者因工负伤并被确认丧失或者部分丧失劳动能力的；

（二）患病或者负伤，在规定的医疗期内的；

（三）女职工在孕期、产期、哺乳期内的；

（四）在本单位连续工作满十五年，且距法定退休年龄不足五年的；

（五）法律、行政法规规定的其他情形。

对于被裁减而失业的人员，参加失业保险的，可到当地劳动就业服务机构登记，申领失业救济金。

技能点 5
离职关系维护

在企业管理实践中，离职员工重新回归企业逐步成为一个普遍现象。因此，离职员工的关系维护，也是人力资源管理的重要组成部分。离职是员工与企业关系的新起点，员工离职之后的工作就显得更加重要。企业可以通过以下步骤进行离职员工关系的管理工作。

一、建立离职人员信息库

信息库的主要作用在于收集离职人员的重要信息，如新的工作单位、工作职位、联系方式、家庭情况等。信息库的建立可方便企业保持与离职员工的联系，有效管理离职人员的信息，让离职人员为企业的发展继续发挥作用。

建立信息库的工作可视企业的规模和需要而定，信息库的规模和复杂程度也视具体情况而定。

二、与离职人员保持密切的联系

以各种形式保持与离职人员的密切联系，维持他们与企业之间的关系，这样在需要的时候，他们会自然而然地站出来，为企业说话或提供帮助。联系的方式多种多样，例如定时通电话、发邮件，或者定期寄给他们企业的内部刊物等。

三、组织离职人员活动

企业可以邀请离职人员参加企业组织的集体活动，或者定期专门组织离职人员活动。活动的内容和目的可以多种多样，既可以是专门的感情联络活动，也可以邀请业内的专业人士讨论某些专业的话题。通过参与这样的活动，离职人员感到企业对自己的重视，从而自觉自愿为企业贡献力量。

四、善用离职员工资源

离职员工信息库建立的目的之一，是为了将离职员工转化为企业的另一部分宝贵资源，并加以妥善管理和利用。一般可通过以下途径达到资源运用的目的。

1. 再聘用

有调查显示，同聘用新员工相比，企业再次聘用离职员工的成本仅为前者的一半左右。因为企业与离职员工彼此知根知底、信息对称，因此基本上可以杜绝由此产生的昂贵招聘费。同时他们拥有了在其他地方的工作经历后，会比以前更能为企业带来新的想法和创意，解决问题的能力可能也会有所提高。

2. 请离职员工为企业介绍合适的员工人选

离职员工了解公司的文化及需求，由离职员工介绍的应征者，可能会比较适合公司，可以为公司减少许多招聘费用。

3. 请离职员工为企业提供知识资本

由于离职员工具有相当丰富的专业知识和从业经验，他们能够帮助企业紧跟市场和技术潮流，以抓住宝贵的投资机会，因此，他们也是企业创新的重要源泉。许多世界知名企业都投巨资于离职员工身上，请他们向企业提交商业计划，以抢先获取有用的信息和创意。也有一些企业通过与离职员工保持紧密联系，利用他们身上千丝万缕的联系，帮助获取竞争者的动向和创业公司的举动，从而能从容决策。

4. 间接使离职员工成为企业的特殊公关人员

同在职员工一样，离职员工，特别是在企业工作时间足够长的员工，在树立企业形象、宣扬企业理念及对外界评论所采取的行动上，也能发挥积极作用。离职员工有机会影响外界对企业的看法，因为他们曾在企业工作，他们目前的雇主或客户，很可能征询他们对曾任职企业的看法，于是离职员工成了向外界传达企业形象的桥梁。

5. 离职员工可以帮助提升企业的士气

企业与离职员工保持良好关系，会传达出正面的信息给在职员工。在职员工会觉得，即使他们将来到其他地方发展，公司还是重视员工的贡献，这样将增加在职员工对企业的忠诚度。

6. 离职员工可以作为企业的投资者

对实施股票期权的企业而言，员工离开公司时往往还持有公司股票。因此，企业增强与他们的联系，便能够极大地提高他们继续持有公司股票的概率。

技能点 6
“不辞而别”应对

在企业管理过程中，会有一些员工，连起码的招呼也不打，就不见了人影。对于这些“不辞而别”的员工，作为人力资源管理者，确实在管理的操作过程中会有诸多不便。其实，关于“不辞而别”员工的管理方式，关键在于企业人力资源管理者的预防意识。一般来讲，当已经有规章制度的规定、入职培训的教育、劳动合同的约定，劳动者基本上就不会再采取“不辞而别”的方式离职了。

那么，人力资源管理者该如何管理和处理这类事件？有哪些可行的办法可以事先设计预防？具体操作如下。

一、在劳动合同中约定

对于员工不辞而别、未办理离职手续的行为，人力资源部可以要求此类员工前来办理工作交接，办理了离职手续之后，才支付其应得的工资。

如果有违反本合同约定的条件，给公司造成任何经济损失的，依照法律法规约定和合同约定，该员工应承担的赔偿责任，公司有权从其工资、奖金及津贴、补贴中做相应的扣除，但该扣除部分，不得违反法律法规的规定。不够扣除的，公司仍然有权就剩余部分向劳动者追偿。

二、在企业规章制度中约定

没有办理书面获准请假手续的，连续旷工 3 天或累计旷工 3 天以上的，属于严重违反公司规章制度，公司以此事实为准解除劳动合同，不支付经济补偿金。

企业也可以在规章制度中明确约定：对于未事先书面请假或未经批准的休假者，连续超过 3 个工作日，则将被视为旷工。直接主管可以亲自联络该员工查明原因，并于第 4 个工作日上午将情况报告人力资源部，由人力资源部会同工会及部门共同决定。

在一个自然月内，员工累计旷工 3 天以上者，公司可以按解除劳动合同处理。

三、在入职培训时强调

企业在对新员工进行入职培训时，应详细将企业的规章制度和劳动合同中关于没有办理书面获准请假手续的，连续旷工 3 天或累计旷工 3 天以上的，属于严重违反公司规章制度的行为进行解读，并进行考试。让新员工明白，很多规定是不能违反的。

四、寄发劳动合同解除通知书

员工已经连续 3 天未请假，也未上班的，且用任何联系方式都联系未果时，人力资源部可以发出解除劳动合同的通知书，以书面方式寄往劳动合同中约定的紧急联系人地址及联系人，并保留快递信息存根作为凭证。

企业的人力资源管理者可以根据以上四种方式，对不辞而别的员工进行退工、退出社保和住房公积金等人事事务的处理。

技能点 7
经济补偿管理

一般情况下，对于员工因家里有急事不能继续工作的，企业都会采取“同情”的措施办理离职处理，不会追加其违约责任。但员工离职后，与本企业解除了劳动关系，人力资源管理者在处理相关事宜时一定不能出错。

特别是在核算经济补偿金的时候，企业针对离职员工，到底是否需要支付经济补偿金，补偿多少，相关法律都有明确的规定。

如果劳动合同期满，企业不同意续签的，需要向劳动者支付经济补偿金；如果劳动合同到期，劳动者不同意续签的，企业无须支付经济补偿金。

劳动者单方解除劳动合同，企业无过错的，不需要支付经济补偿金；如果企业有违法行为和过错的，需要向劳动者支付赔偿金。

用人单位单方解除劳动合同的，劳动者无过错的，需要支付经济补偿金；如果劳动者有过错，企业不需要向劳动者支付赔偿金。

劳动合同终止的，如果是企业方原因，企业需要向劳动者支付经济补偿金；如果是劳动者原因，企业不需要向劳动者支付经济补偿金。

非全日制用工的，双方可以随时通知对方终止，企业不需要支付经济补偿金。

在追究劳动者违反服务期约定责任时，对于事实的认定，企业是需要负举证责任的。所以，人力资源管理者要提前做好追究处理责任的相关资料。

《中华人民共和国劳动合同法》相关条款

第四十条　有下列情形之一的，用人单位提前三十日以书面形式通知劳动者本人或者额外支付劳动者一个月工资后，可以解除劳动合同：

（一）劳动者患病或者非因工负伤，在规定的医疗期满后不能从事原工作，也不能从事由用人单位另行安排的工作的；

（二）劳动者不能胜任工作，经过培训或者调整工作岗位，仍不能胜任工作的；

（三）劳动合同订立时所依据的客观情况发生重大变化，致使劳动合同无法履行，经用人单位与劳动者协商，未能就变更劳动合同内容达成协议的。

第四十六条　有下列情形之一的，用人单位应当向劳动者支付经济补偿：

（一）劳动者依照本法第三十八条规定解除劳动合同的；

（二）用人单位依照本法第三十六条规定向劳动者提出解除劳动合同并与劳动者协商一致解除劳动合同的；

（三）用人单位依照本法第四十条规定解除劳动合同的；

（四）用人单位依照本法第四十一条第一款规定解除劳动合同的；

（五）除用人单位维持或者提高劳动合同约定条件续订劳动合同，劳动者不同意续订的情形外，依照本法第四十四条第一项规定终止固定期限劳动合同的；

（六）依照本法第四十四条第四项、第五项规定终止劳动合同的；

（七）法律、行政法规规定的其他情形。

第四十七条 经济补偿按劳动者在本单位工作的年限，每满一年支付一个月工资的标准向劳动者支付。六个月以上不满一年的，按一年计算；不满六个月的，向劳动者支付半个月工资的经济补偿。

劳动者月工资高于用人单位所在直辖市、设区的市级人民政府公布的本地区上年度职工月平均工资三倍的，向其支付经济补偿的标准按职工月平均工资三倍的数额支付，向其支付经济补偿的年限最高不超过十二年。

本条所称月工资是指劳动者在劳动合同解除或者终止前十二个月的平均工资。

第七十一条 非全日制用工双方当事人任何一方都可以随时通知对方终止用工。终止用工，用人单位不向劳动者支付经济补偿。

第九十七条

……

本法施行之日存续的劳动合同在本法施行后解除或者终止，依照本法第四十六条规定应当支付经济补偿的，经济补偿年限自本法施行之日起计算；本法施行前按照当时有关规定，用人单位应当向劳动者支付经济补偿的，按照当时有关规定执行。

《中华人民共和国劳动合同法实施条例》相关条款

第二十六条 用人单位与劳动者约定了服务期，劳动者依照劳动合同法第三十八条的规定解除劳动合同的，不属于违反服务期的约定，用人单位不得要求劳动者支付违约金。

有下列情形之一，用人单位与劳动者解除约定服务期的劳动合同的，劳动者应当按照劳动合同的约定向用人单位支付违约金：

（一）劳动者严重违反用人单位的规章制度的；

（二）劳动者严重失职，营私舞弊，给用人单位造成重大损害的；

（三）劳动者同时与其他用人单位建立劳动关系，对完成本单位的工作任务造成严重影响，或者经用人单位提出，拒不改正的；

（四）劳动者以欺诈、胁迫的手段或者乘人之危，使用人单位在违背真实意思的情况下订立或者变更劳动合同的；

（五）劳动者被依法追究刑事责任的。

第二十七条　劳动合同法第四十七条规定的经济补偿的月工资按照劳动者应得工资计算，包括计时工资或者计件工资以及奖金、津贴和补贴等货币性收入。劳动者在劳动合同解除或者终止前12个月的平均工资低于当地最低工资标准的，按照当地最低工资标准计算。劳动者工作不满12个月的，按照实际工作的月数计算平均工资。

计算经济补偿金是以劳动者的实发工资为准，包括计时工资或计件工资及奖金、津贴和补贴等货币性收入。劳动者在劳动合同解除或者终止前12个月的平均工资低于当地最低工资标准的，按照当地最低工资标准计算。劳动者工作不满12个月的，按照实际工作的月数计算平均工资。

经济补偿按劳动者在本单位工作的年限，每满1年支付1个月工资的标准向劳动者支付。6个月以上不满1年的，按1年计算；不满6个月的，向劳动者支付半个月工资的经济补偿。

对于月收入高于当地上年度平均工资3倍的，经济补偿金按封顶补偿金支付。即劳动者月工资高于用人单位所在直辖市、设区的市级人民政府公布的本地区上年度职工月平均工资3倍的，向其支付经济补偿的标准按职工月平均工资 3 倍的数额支付，向其支付经济补偿的年限最高不超过 12 年。

现在很多公司因自身的原因终止劳动合同，都是按“终止合同没有补偿金的办法”方式处理，这种做法是有问题的。因为员工在离职的一年内都是可以向公司讨回补偿金的。如果公司不给，员工还可以向劳动仲裁委员会申请仲裁。

技能点 8
离职风险规避

在离职手续的办理过程中，有时候往往会与个别员工发生一些纠纷。如果离职过程中操作不当，就可能会出现以下几种风险。

一、违法解雇风险

为了避免这种风险，企业需要保留好员工离职时的辞职申请书，离职证明上要写明离职原因和离职时间。

特别是员工因违反企业规章制度而离职的，还需要保留员工违反企业规章制度的证明、企业内部的公告，以及向员工发放通知的全部证据材料。

二、经济补偿的风险

需要用人单位支付经济补偿金的，企业应该严格按照法律法规要求支付。员工在职期间给企业造成经济损失的，也需要员工在离职前进行赔偿。

特别是员工未提前 30 天向企业提出辞职申请而离职的，企业不能扣押员工工资，应在员工离职时，一次性结清员工工资。

当然，对于违反培训服务协议责任的员工，在履行培训服务协议期间离职，造成违约行为，企业可以追究其责任，要求其赔偿培训费（含有凭证的培训费、培训期间的差旅费、脱产培训支付的工资、福利、社保公积金等），约定违约金的总数不得超过用人单位支付的培训费。

三、竞业禁止的风险

企业与员工在职期间签订的《竞业禁止协议》要约定经济补偿金的金额，员工离职后，用人单位要履行按月给予经济补偿金的义务。若企业没有支付竞业限制补偿金，则竞业限制约定无效，等于没约定。同时，如果相关企业录用了有竞业限制的劳动者，并且是明知其有竞业限制的，则需要承担连带责任。

《中华人民共和国劳动合同法》相关条款

第二十三条 用人单位与劳动者可以在劳动合同中约定保守用人单位的商业秘密和与知识产权相关的保密事项。

对负有保密义务的劳动者，用人单位可以在劳动合同或者保密协议中与劳动者约定竞业限制条款，并约定在解除或者终止劳动合同后，在竞业限制期限内按月给予劳动者经济补偿。劳动者违反竞业限制约定的，应当按照约定向用人单位支付违约金。

四、泄密的风险

企业的商业秘密必须制定相关的管理制度加以监管。如果与企业的商业秘密接触者签订了保密协议，明确约定违反保密协议将承担由此给企业造成的经济损失的赔偿责任，直至追究刑事责任。

为了避免员工离职后的风险，用人单位可以在员工离职时，让员工签订一份《离职承诺书》。

离职承诺书

本人________，身份证号________________。原在________公司从事________工作，因个人原因于______年____月____日离职。在此离职之际，本人同意做出如下保证：

1. 本人已同意与________公司解除合同，并配合人力资源部办理相关手续，相关一切费用已结算清楚。

2. 本人在职期间，若有任何损害公司权益的行为，即使已离职，公司仍然保留追究责任的权利。

3. 离职前本人将配发的任何物品、负责的所有工作及相关资料等已移交给相关负责人，不存在任何隐瞒、错漏、遗失等。

4. 办理离职手续期间及今后，不再以公司名义从事任何活动，否则一切后果由本人承担。

5. 本人承诺在离职后留存有效联系方式，在职所经办未了的事务需要提供协助，本人愿意尽力协助。

6. 承诺离职后遵守保密制度，保守在任职期间所知悉的商业秘密，绝不泄露。

7. 自离职之日起任何时候不侵犯公司的合法权益，维护公司的声誉，不做有损于公司利益的行为。

我将恪守以上承诺，如有违反，我愿意赔偿因此造成的损失并承担由此引起的一切法律责任。

承诺人签名：

签字日期：

管理技能十三

人事表单模板

技能点 1
内部岗位竞聘表

表 13-1　内部岗位竞聘表

填表日期：　　年　月　日

<table>
<tr><td>姓名</td><td colspan="2"></td><td>所属部门</td><td colspan="2"></td></tr>
<tr><td>申请职位</td><td colspan="2"></td><td>申请日期</td><td colspan="2"></td></tr>
<tr><td>直接上级</td><td colspan="2"></td><td>入职时间</td><td colspan="2"></td></tr>
<tr><td colspan="6">在本公司的工作情况</td></tr>
<tr><td>职位</td><td>所属部门</td><td>工作起止时间</td><td colspan="2">工作职责描述</td><td>薪酬水平</td></tr>
<tr><td></td><td></td><td></td><td colspan="2"></td><td></td></tr>
<tr><td></td><td></td><td></td><td colspan="2"></td><td></td></tr>
<tr><td colspan="6">培训经历</td></tr>
<tr><td colspan="3">培训课程</td><td>培训起止时间</td><td colspan="2">培训部门</td></tr>
<tr><td colspan="3"></td><td></td><td colspan="2"></td></tr>
<tr><td colspan="3"></td><td></td><td colspan="2"></td></tr>
<tr><td>所受的奖励与惩罚</td><td colspan="5"></td></tr>
<tr><td>申请原因</td><td colspan="5"></td></tr>
<tr><td>自我评价</td><td colspan="5"></td></tr>
<tr><td>推荐人</td><td colspan="5"></td></tr>
<tr><td>将为公司做出何种贡献</td><td colspan="5"></td></tr>
</table>

技能点 2

面试成绩评定表

表 13-2 面试成绩评定表

填表日期：　　年　月　日

姓名		性别		出生日期	
毕业院校		专业		学历	
应聘职位		应聘时间			
评定项目	面试问题			评分	
仪容仪表	要求应聘者进行自我介绍，对应聘者的穿着、打扮、言谈举止等进行观察并做出判断			□优　□良 □合格　□不合格	
教育背景	1. 毕业院校、专业及对自己专业的认识 2. 你认为你所受的哪些教育或培训将帮助你胜任现在应聘的这份工作			□优　□良 □合格　□不合格	
工作经验	1. 简要地介绍一下你的工作经历 2. 你在工作之中主要取得了哪些成绩			□优　□良 □合格　□不合格	
求职动机	1. 选择本公司的原因 2. 选择工作时，最重视的因素有哪些			□优　□良 □合格　□不合格	

（续表）

专业知识和技能	询问与职位要求相关的专业知识和相关领域的问题	□优　□良 □合格　□不合格
语言表达能力	1. 请做一个简单的自我介绍 2. 谈谈你的优缺点	□优　□良 □合格　□不合格
人际沟通能力	1. 谈谈你的同事或朋友对你的评价 2. 你认为良好沟通的关键是什么	□优　□良 □合格　□不合格
灵活应变能力	1. 如果我们公司的竞争对手也决定录用您，您将做出如何抉择 2. 请列举一个工作或生活过程中你面临过的两难的处境，最后你又是如何解决的	□优　□良 □合格　□不合格
兴趣爱好	业余时间的安排	□优　□良 □合格　□不合格
考核意见	1. 综合评价　2. 录用决策 □予以录用　□有待进一步考核　□不予考虑 面试者签字： 日期：　年　月　日	

技能点 3

工作调动申请表

表 13-3　工作调动申请表

填表日期：　　年　月　日

<table>
<tr><td>申请人</td><td colspan="2"></td><td>职务</td><td colspan="2"></td></tr>
<tr><td>申请调离单位</td><td colspan="2"></td><td>申请调入单位</td><td colspan="2"></td></tr>
<tr><td>调动理由</td><td colspan="5"></td></tr>
<tr><td>调离单位意见</td><td colspan="5"></td></tr>
<tr><td>调入单位意见</td><td colspan="5"></td></tr>
<tr><td>人力资源部核实</td><td colspan="5"></td></tr>
<tr><td rowspan="2">审批</td><td>原部门主管</td><td>原单位分管领导</td><td>新单位分管领导</td><td>人力资源部</td><td>总经理</td></tr>
<tr><td></td><td></td><td></td><td></td><td></td></tr>
</table>

技能点 4
员工离职分析表

表 13-4 员工离职分析表

填表日期：　　年　月　日　　　　　　　　　　匿名填写，请打√

离职类别	离职原因	选择
个人原因	企业制度不规范，管理不完善	
	对直接领导不满，同事之间关系不好	
	工资低，福利差	
	意见不被认可，没有民主程序	
	同工不同酬，分配不公平	
	没有新知识和内容可学了	
	体制和运作方式局限，论资排辈现象严重	
	企业不重视人才	
	个人已无发展空间，晋升无望	
	工作没有挑战性	
企业原因	不看好公司前景	
	公司在同行业已无竞争力，没有发展空间	
	企业现金流紧缺，发展资金不足	
	企业发展战略有问题，注定失败	
	企业被强大竞争对手压制，难以翻身	
	企业领导力不足，没有强有力的带头人	
	企业内部氛围不好，没有归属感	
	企业人才配置不合理，没有人尽其用	
	企业运营方式有大问题	
	企业已无力提供基本的工资和福利	

技能点 5

员工福利明细表

表 13-5　员工福利明细表

序号	福利待遇项目	缴费基数 / 服务内容	缴费比例			每月费用
			公司	个人	合计	
1	社会统筹养老保险					
2	基本医疗保险					
3	住房公积金					
4	失业保险					
5	工伤生育保险					
6	档案保管费					
7	门诊医药费报销					
8	人身意外保险附加意外医院保险					
9	家庭财产保险					
10	重大疾病保险					
11	体检费					
12	服务管理费					
合计						

技能点 6
人员机构统计表

表 13-6　人员机构统计表

制表人：______　　制表日期：____年__月__日　　单位：人

序号	部门	总人数	男	女	高中	大专	本科	硕士	博士	主管	经理	总监	总经理	技术员	助理工程师	工程师	高级工程师	资质证书
1																		
2																		
3																		
4																		
5																		
6																		
7																		
8																		
9																		
10																		
合计																		

技能点 7
人工成本汇总表

表 13-7　人工成本汇总表

统计日期：　　月 1–31 日　　　　　　　　　　　　　　单位：元 / 月

序号	部门	人数	基本工资	浮动工资	加班费	补贴	津贴	奖金	社保	公积金	劳动保护	培训费	招聘费	补偿费	小计
1															
2															
3															
4															
5															
6															
7															
8															
9															
10															
合计															
制表人：										制表日期：　　年　月　日					

技能点 8
年度人工预算表

表 13-8　年度人工预算表

项目＼人数	不同职系人员成本分类								小计	
	高级管理	中级管理	一般管理	技术研发	生产操作	生产辅助	后勤	其他	月度	年度
1. 工资总额										
（1）车补										
（2）饭补										
（3）通讯										
2. 社会保险										
（1）城保										
（2）小城镇保										
（3）过渡时期保险										
（4）补充医疗金										
（5）商业保险										
3. 职工福利费（14%）										

（续表）

项目 \ 人数	不同职系人员成本分类								小计	
	高级管理	中级管理	一般管理	技术研发	生产操作	生产辅助	后勤	其他	月度	年度
4. 培训教育费（2.5%）										
5. 劳动保护费										
（1）工服费										
（2）高温补贴										
（3）小劳保										
6. 职工住房										
（1）住房公积金										
（2）住房补贴										
7. 疾病保障基金										
8. 其他人工成本费										
（1）工会会费										
（2）招聘费										
（3）咨询费										
（4）外聘人员劳务费										
（5）过节费 / 年终奖										
（6）补偿金										
合计										

制表人：　　　　　　　　　　　　日期：　　年　月　日

技能点 9
在职员工工龄表

表 13-9 在职员工工龄表

序号	部门	各种劳动合同订立人数					工龄年限人数				备注
		试用期	第一份固定期限	第二份固定期限	无固定期限	非全日制用工	1 年内	≥ 1 年，＜ 3 年	≥ 3 年，＜ 5 年	＞ 5 年	
1	生产部										
2	财务部										
3	研发部										
4	销售部										
5	人事部										
6	采购部										
7	行政部										
合计											

技能点 10

月度人事变动表

表 13-10 月度人事变动表

制表日期：　　年　月　　　　　　　　　　　　制表人：

<table>
<tr><td rowspan="3">新进</td><td>序号</td><td>编号</td><td>姓名</td><td>性别</td><td>部门</td><td>岗位</td><td>入职日期</td><td>人员类别</td><td>学历</td><td>任职资格</td><td>出生年月</td></tr>
<tr><td>1</td><td></td><td></td><td></td><td></td><td></td><td></td><td></td><td></td><td></td><td></td></tr>
<tr><td>2</td><td></td><td></td><td></td><td></td><td></td><td></td><td></td><td></td><td></td><td></td></tr>
<tr><td colspan="2">本月合计</td><td></td><td>人</td><td></td><td></td><td>至上月末人数</td><td></td><td>人</td><td>本年合计</td><td></td><td>人</td></tr>
<tr><td rowspan="3">离职</td><td>序号</td><td>编号</td><td>姓名</td><td>性别</td><td>部门</td><td>岗位</td><td>入职日期</td><td>人员类别</td><td>学历</td><td>任职资格</td><td>出生年月</td></tr>
<tr><td>1</td><td></td><td></td><td></td><td></td><td></td><td></td><td></td><td></td><td></td><td></td></tr>
<tr><td>2</td><td></td><td></td><td></td><td></td><td></td><td></td><td></td><td></td><td></td><td></td></tr>
<tr><td colspan="2">本月合计</td><td></td><td>人</td><td></td><td></td><td>至上月末人数</td><td></td><td>人</td><td>本年合计</td><td></td><td>人</td></tr>
<tr><td rowspan="3">调动</td><td>序号</td><td>编号</td><td>姓名</td><td>性别</td><td>部门</td><td>岗位</td><td>入职日期</td><td>人员类别</td><td>学历</td><td>任职资格</td><td>出生年月</td></tr>
<tr><td>1</td><td></td><td></td><td></td><td></td><td></td><td></td><td></td><td></td><td></td><td></td></tr>
<tr><td>2</td><td></td><td></td><td></td><td></td><td></td><td></td><td></td><td></td><td></td><td></td></tr>
<tr><td colspan="2">本月合计</td><td></td><td>人</td><td></td><td></td><td>至上月末人数</td><td></td><td>人</td><td>本年合计</td><td></td><td>人</td></tr>
</table>

后　记

亲爱的读者朋友，当您翻阅这本《老HR手把手教你从有证书到会干活》时，我们作为作者，感到十分欣慰。本书的出版，是源于北京时代光华图书有限公司“中国企业管理培训全案”编委会的盛情邀请，我们觉得，这是一个可以把十余年人力资源实践经验积累的专业知识及对人力资源管理工作的思考进行表达的机会。

这本书并非是深奥的、充满概念的专业读本。我们对本书的定位是，一本让HR初级从业者从有证书到会干活的实用书。接触这本书的大部分读者，更愿意把这本书作为放在工位上的工作速查词典。正如，这个世界上只有少数人是电脑编程专家，大部分人只需要成为电脑使用者一样。我们尽可能减少深奥的名词，以避免给大家的阅读造成障碍。我们希望您在阅读本书的过程中既能收获到学习价值，还能拥有轻松愉悦的阅读体验。

感谢黄俊发、黄伟芳、刘珍、郝慧文等多位老师，是这几位老师所著图书之中的知识带我们更深入地认识和了解了人力资源管理这门学问。感谢这几位老师在我们学习和写作的过程中给予的至关重要的帮助。

感谢李安亮、李琳、庞素荣、山景华、熊亚玉、张鑫鑫、肖芳、何艳平、宫静、段敏、刘立强、刘锐等众多人力资源从业者同学及朋友的意见和建议，是你们的信任及帮助让这本书有幸面世，并传送到每一位读者手里。

感谢业界所有前辈、同人的研究分享，你们的工作和积累，拓展了我们的视野、提升了我们的认知、丰富了我们的知识。

最后，感谢自己，感谢让我们能持续涌出这些文字和思想的不尽源泉。

崔学良　任红波

参考资料

1. 应秋月 . 老 HR 手把手教你搞定 HR 管理［M］. 北京：北京大学出版社，2012.
2. 黄俊发，黄伟芳 . 人力资源总监实战手册［M］. 广州：广东经济出版社，2011.
3. 刘珍，郝慧文 . 人力资源经理岗位培训手册［M］. 广州：广东经济出版社，2011.
4. 任康磊 . 人力资源管理实操从入门到精通［M］. 北京：人民邮电出版社，2018.
5. 张明辉 . 人力资源管理从入门到精通［M］. 北京：清华大学出版社，2015.
6. 郑芳 . 资深 HR 手把手教你做人力资源管理［M］. 天津：天津科学技术出版社，2017.
7. 闫铁卿 . 老 HRD 手把手教你做人力资源管理［M］. 北京：中国法制出版社，2015.